分类农产品物流品控集成技术

王国利　秦玉鸣　张长峰　著

本书由国家高技术研究发展计划（863 计划）项目："农产品生产加工及物流销售信息化应用示范与技术验证"（2011AA100702）资助出版。

科学出版社

北京

内 容 简 介

农产品物流是一门跨专业、跨行业、多学科门类的交叉学科，目前学术界缺少能和产业发展相适应的、系统完整的专著。这导致了科学研究和学科建设严重落后于产业发展。本书在作者多年探索的基础上，根据农产品物流产业发展的规律和新需求，构建了科学适用的基础理论和集成技术体系，系统介绍了农产品物流学科体系建设和工程应用中所必备的各学科的基础知识；在集成体系思维的指导下实践了多项典型案例；在此基础上提出了如何构建农产品物流标准化体系。

本书适于从事农产品物流专业的教师、科研人员、在校大学生参考，同时也适用于广大从事农产品物流的工程技术人员阅读。

图书在版编目(CIP)数据

分类农产品物流品控集成技术 / 王国利,秦玉鸣,张长峰著. —北京:科学出版社,2017. 8

ISBN 978-7-03-052770-7

Ⅰ. ①分… Ⅱ. ①王… ②秦… ③张… Ⅲ. ①农产品-物流-技术集成 Ⅳ. ①F724. 72

中国版本图书馆 CIP 数据核字(2017)第 100424 号

责任编辑：刘 超 / 责任校对：彭 涛
责任印制：张 伟 / 封面设计：无极书装

科学出版社出版
北京东黄城根北街 16 号
邮政编码：100717
http://www.sciencep.com

北京东华虎彩印刷有限公司 印刷

科学出版社发行 各地新华书店经销

*

2017 年 8 月第 一 版 开本：720×1000 1/16
2018 年 1 月第二次印刷 印张：12 1/2
字数：252 000

定价：88.00 元

（如有印装质量问题，我社负责调换）

序

如果说第一次工业革命和第二次工业革命都产生在能源领域，以计算机、互联网为标志的第三次工业革命，所带来的颠覆性变革是更加巨大的。平台经济到来，供给侧和需求则向着逆向化、快变化、精准化、个性化方向和共享化快速发展。当前，我国正处于经济增速趋缓、结构调整、动能转换的重要拐点。发展互联网+高效农产品物流，是扩大总需求、保障食品安全和促进消费升级、推进供给侧结构性改革的重要举措。移动互联网技术带来的时空价值颠覆和信息对称，使商流和资金流实现了全时空 24 小时在线，采购交易的社会属性即物权和价值转移实现了在线化。但是物流的物理属性依然受到时空差别、品类差别、昼夜差别、城乡差别、境内外差别等影响。所以平台经济到来，使物流业得到了快速发展，但由于天网和地网的发展速度不同，同时也成为制约新经济发展的短板。农产品物流和普货物流相比，具有技术集成度高、跨时空、多环节、多业态和学科高度交叉的特点，成为短板中的短板。果蔬、畜禽和水产等生鲜农产品需要通过低温流通才能最大限度地保持其新鲜度、色泽、风味、营养和降低损耗。因此，无论是食品物流企业还是食品企业物流，冷链、温控、品控物流都是一个增加成本、保证品质、降低损耗，提高性价比的极具商业价值的专业物流。近年来，随着农业供给侧结构调整和居民消费水平的提高，农产品的产量和流通量逐年增加。随着电子商务等新业态的发展，常温食品快递与普货混装普遍，挤压、震荡、串味的等影响品质和安全的现象严重。在传统业态食品物流诸多问题还没解决的情况下，全社会对农产品、食品物流安全和品控技术提出了更高的要求。

近年来，国内外理论界对农产品物流的相关研究往往只强调某个局部的功能要素，缺乏综合性、系统性研究，影响产业的快速发展。对存在问题的表面现象研究多，深层次原因研究欠缺，往往是找到了痛点，却除不了病根。目前，国内科教界目前系统的研究架构和专家队伍尚不完善，学术界没有一本能和产业发展相适应的、系统完整的理论专著。对适合中国国情的冷链、温控、品控物流理知识论尚缺乏深入研究，导致了科学研究和学科建设严重落后于产业发展。因此迫切需要加强农产品冷链、温控、品控物流理论基础研究，探索农产品物流产业发展的规律和新需求，构建科学适用的基础理论和集成技术体系。

在农产品物流领域，就急需建设储运及时空移动价值实现的服务体系（包括金融和供应链服务等）；冷链物流（物品储、运、配、销都处在相对冷环境下）服务体系；温控物流（物品在不同时空移动过程中，储、运、配、销都处在最适合温湿度）的服务体系；属于物流品控集成技术（农食产品在储、运、配、销过程中，安全品质保障的集成技术）体系等。随着农村电子商务和生鲜电商的快速发展，农产品产地上行和销地下行的冷链品控物流技术备受关注，甚至成为县域农业新经济的竞争焦点，平台经济时代造就形成了全国、甚至世界的巨大在线超市。但农产品的电商物流与传统的商贸物流有较大的差别，如品类多、频次繁、物流速度快、时空跨度大、人工成本更高、逆向物流量更大等。电子商务对县域经济发展的贡献率日趋增高，物流冷链、温控、品控技术对传统商贸物流和电商农产品上行最初一公里和下行最后一公里都非常重要。区域农特产品上行量(率)，对当地利税、就业、农民增收都有着至关重要作用。

农产品供应链管理与工业品供应链管理有着很大的区别。农产品都是经过种植或繁殖的自然生长过程获得的有机体，采后仍有生命活动的延续，因此农业产品都是生鲜易腐产品，商品寿命短，保鲜困难。为保持农产品的鲜度、品质及功效，要求尽量减少装卸搬运次数，在储存期间与运输途中需要特有的物流设备(如冷库、冷藏车等）和专门的技术（如保鲜、包装、储藏技术等)，同时对物流过程的要求也非常苛刻。

正因为农产品与工业品的物理属性不同，供应链规模和技术保障要求也不相同。农产品供应链管理运行的根本目标就是以最小的物质、人力、时空消耗去扩大物流辐射半径和延长产品保鲜期，以满足不同季节和不同地域消费者的有效供给，从而保证农产品市场价格的稳定，同时最大程度的实现和提高农产品市场价值。由于要保证在分散的产销之间满足消费者在不同时空上的要求，我国的农产品品储藏和移动价值的实现，一直都面临着时间、空间、品种、数量和质量的巨大挑战。食品冷链、温控、品控物流必须走数据化、标准化、品牌化和透明供应链（安全透明、品质透明、价格透明、成本透明）一体化之路。优化区域供应链集成技术和生态体系是实现优质优价和名优品牌走出去，保障我国食品安全和消费升级的必由之路。

因此，《分类农产品物流品控集成技术》较系统的提出了分类农产品冷链、温控、品控物流的基础理论构建思路和集成技术体系工程化的实现路径，为本领域的知识标准、人才标准、产业标准的研究、制定和实施提出了一个初步的架构。更为重要的是编著团队是一个真正产学研结合的“顶天立地”理论和实践高度结合的群体，在新经济时代到来之际，为我国科教与产业的结合提供了一个很好的模式和范例。

中国物流与采购联合会副会长兼秘书长

二零一七年六月

前　　言

本著作为应对时代的变革和新经济的挑战，针对本领域新理念、新业态、新需求、新技术进行了有益的探索和研究。提出的核心创新理念主要包括：第一是涉及的整体建构和要素的基本概念以及之间的逻辑关系，又派生出新的关系概念和模型。第二是分类农产品物流品控集成技术体系构建及应用。“分类”有着三重含义：首先是农产品的分类；其次是业态的分类；最后是技术的分类。第三是“三硬一软”。“三硬”（装备、工艺、信息属于自然科学）是冷链、温控、品控技术的集成要素和实现手段，“一软”（社会科学）是支撑传统和电商两大业态供应链承载着各区域不同品类农产品、食品的时空移动价值的实现透明供应链管理。第四是最后要依据品类和业态时空移动价值实现需求，构建一个供应链品控集成技术体系。第五是集成技术体系在传统和电商两大商业模式打造更多的典型案例。第六是体系和案例构建的人才、标准的支撑。第七是供应链各环节和商流主体、价值链、利益链、责任链、风险链描述。

本书由王国利教授提出基本构架，下列同志参与完成各章节的撰写。第一章由张长峰、郭风军、于怀智、张玉华、秦玉鸣、李胜、刘飞、于凤龙、孔德磊、王国利撰写；第二章由张玉华、张德生、徐红、朱旭刚、陈恩修、王鑫、郭风军、张长峰、张咏梅撰写；第三章由张长峰、郭风军、聂小宝、黄宝生、张德生、于怀智、侯成杰、林琼撰写；第四章由范志强、张长峰、于怀智、王国利撰写。全书由张长峰和郭风军统稿；王国利审定。承蒙中国物流与采购联合会副会长兼秘书长崔忠付先生和浙江大学校长助理、国家冷链食品产业技术创新联盟理事长陈昆松教授拨冗分别为本书撰写序和跋；济南大学申涛教授对全书提出了参考性的意见。在此，对上述参与撰写的同志一并致谢！

国家农产品现代物流工程技术研究中心副主任

王国利

2017 年 5 月

目　　录

第一章　技术集成体系与产业发展需求*

物流产业是个很大的范畴，是一个跨专业、跨地区、多环节、多主体的复合型产业。必须把行业的基本概念搞清楚，才能摸清各业态的发展状况。传统物流产业包括：①企业物流与自营产业物流。企业物流是指从企业角度上研究与之有关的物流活动，是具体的、微观的物流活动的典型领域，也称为第二方物流，它的集合就是自营产业物流。自营产业物流的目的是服务于各产业自身的发展，带有企业和产品的显著特征。②物流企业与第三方物流产业。物流企业是指专业从事物流仓储、运输、包装加工、配送等物流活动的经济组织，从事物流概念范围内的某种经营业务，也称为第三方物流，它的集合就是第三方物流产业。第三方物流产业是为各产业提供专业化服务、运输、仓储等业务的第三方物流企业的集合。

随着人民群众对作为食品的农产品优质优价的需求日益增长，冷链物流近年来呈现出蓬勃发展的态势，冷链物流的产业角色也日趋明晰。冷链物流是指采用综合设施和管理手段，使农产品、食品等从生产、流通、销售到消费者的各个环节中始终处于规定的温度环境下，保证质量，减少流通损耗的特殊供应链系统。冷链物流产业是传统物流产业细分的专业领域，包括：①企业冷链物流与（自营）产业冷链物流。企业冷链物流是从企业角度出发，研究与之主导产品有关的冷冻、冷藏、温控运输等冷链物流活动的主体完成单元。产业冷链物流是企业（自营）冷链物流的集合构成，多为第一方和第二方冷链物流活动的集合。②冷链物流企业与第三方冷链物流产业。冷链物流企业是指专业从事冷链物流活动的经济组织，也称为第三方冷链物流，它的集合是第三方冷链物流产业。

近年来，传统的商贸流通业不论是企业冷链物流还是冷链物流企业都有了快速发展。更令人振奋的是，随着我国电子商务的迅速发展，一个生鲜电商冷链市场正在形成。电商冷链物流包括：①电商企业冷链物流与电商产业冷链物流。电商企业冷链物流是电商企业物流细分的专业冷链领域，多为第一方和第二方物流，如生鲜电商领域的沱沱工社、本来生活网等自营冷链物流，众多电商企业冷链物流业务构成了电商产业冷链物流。②冷链电商物流企业与第三方冷链电商物

---

* 本章由张长峰、郭风军、于怀智、张玉华、秦玉鸣、李胜、刘飞、于凤龙、王国利撰写。

流产业。专门服务于电商的冷链物流企业目前国内不多，如顺丰优选、九曳冷链、快行线、众萃物流等，它们的集合是第三方电商冷链物流产业。目前，行业细分下的冷链电商物流企业发展并不理想，淘宝、天猫、京东等大型平台型电商规模化后，国内还没有一家与之匹配的全国性的线下电商冷链物流企业，严重制约了农产品生鲜电商的发展。与垂直电商线下匹配的企业电商冷链物流规模也不大，多为企业电商自营的同城配送物流。所以说企业电商冷链物流发展同样也制约着食品和生鲜电商的发展。更加细分的产业（企业）电商冷链物流和冷链电商物流产业（企业）的发展，是农产品生鲜电商发展的重要支撑。不论是电商企业冷链还是电商冷链企业，都需要解决生鲜农产品配送、温控物流的技术问题和整个物流系统的运行问题，否则，生鲜电商们只能望“蓝海”而兴叹。

冷链物流具有社会需求大、配送范围广、储运种类多等特点，广泛应用于水产、果蔬、肉类、乳制品及医药流通领域。冷链物流是企业提高品类跨时空销售服务能力、扩大市场范围、增加企业收入的有力保障手段。目前，在“互联网+”背景下，传统业态和电子商务都对农产品冷链物流提出了新的产业和技术需求。长期以来，冷链物流在整个物流体系中所占比重偏低；技术装备落后；专业化服务水平不高；标准、法律法规和诚信体系不健全；缺乏有效监管等多方面的问题；“断链”现象比较普遍；市场竞争环境亟待规范，成为现代流通方式的“短板”。冷链物流是一项系统工程，从涉及的产品看，既包括果蔬、肉禽蛋、水产品等初级农产品，也包括速冻食品、包装熟食、奶制品、快餐原料等加工食品，还包括药品等特殊商品，比一般常温的物流体系要求更高、技术更复杂。从涉及的环节看，包括生产、储藏、仓储、运输、消费等，生产到消费前的各个环节都需要始终处于规定的低温环境下。哪个环节出现问题，整个冷链的链条就会不完整，就可能影响到商品的质量。从涉及的企业看，既有生产企业，也有物流企业，还有商场、超市等销售企业，冷链设施投入不足，也会对冷链物流体系的完整性带来影响。从涉及的管理部门看，冷链物流涉及发改、经信、农业、海洋与渔业、商务、交通、质量监督、科技等部门，需要形成整体合力，共同推进。在深化供给侧改革和推动消费升级的新形势下，大力发展服务于水产、禽畜产、生鲜果蔬流通的冷链物流业，是构建中高端透明供应链、健全流通体系的有效途径。只有构建出健康的商业生态体系，建立透明的供应链，让生产者诚、消费者信，才能实现食品安全，进而推进中国从无毒消费到品质消费的进程。

第一节　分类农产品物流品控技术集成体系构建

物流包含有成本控制的概念，管理学大师彼得·德鲁克早在 1962 年就预言："物流领域是经济增长的'黑暗大陆'，是降低成本的最后边界，是继降低资源消耗，提高劳动生产率之后的'第三利润源泉'。"近年来，物流产业更被视为未来企业发展的核心竞争力。中国自20世纪80年代初由日本引入物流概念，尽管已有几十年的时间，但对物流的基础理论、物流系统之间的关系，特别是微观物流及物流信息系统的研究还远远不够。物流指的是物品储运及时空移动价值实现的服务体系，包括金融和供应链服务等；农产品冷链物流是指产品从产地采收（或屠宰、捕捞）后在生产、储藏、运输、销售等消费前的各个环节始终处于适宜的低温控制环境下，最大限度地保证产品品质和质量安全、减少产品损耗的一项系统工程；从商业流通的角度讲，冷链物流是指物品储、运、配、销都处在相对冷环境下的服务体系。冷链物流中温度条件的控制和实现与时空目标的自然环境关联：对于特定时空目标下的物流过程，或需要通过人工（机械）制冷维持低温环境；或只需采用保温的方式实现产品所需的低温；或兼用这两种方式实现（维持）低温物流。从严格意义上讲，冷链物流应为温控物流（temperature-controlled logistics），它通过应用最新前沿技术和装备、提供专项特殊服务、拥有科学服务模式的物流服务流程与模式，以及物品在不同时空移动过程中储、运、配、销等各环节都处在最适合温（湿）度的服务体系，来保障产品（农产品、生物医药、特型和危险产品等）的品质和安全要求。温控物流为满足不同品类产品物流（模式）的需要，对新物流技术、设备、服务和新标准、规程提出了新要求。随着电子商务技术的发展，商品交换的时空跨度和范围的扩大，人们对农产品品质提出了更高的要求，使得生鲜农产品物品在流通的过程中不仅需要适宜的温度，还需要提供防止串味、挤压等技术保障，因此在实践中需要有新的物流品控技术做保障。物流品控技术是指农产品、食品在储、运、配、销过程中，能够保障品质的集成技术体系。

目前美国、加拿大、德国、意大利、澳大利亚、日本、韩国等国家已经形成了完整的农产品冷链物流体系，有些国家的生鲜易腐农产品冷链流通量（以价值论）已经占到销售总量的50%，并且仍在继续增长。中国的农产品冷链物流还未形成体系，目前大约90%的肉类、80%的水产品、大量的牛奶和豆制品基本上还是在没有冷链保证的情况下运销。在冷链物流领域尚无一个统一的可供参考与执行并具有广泛约束力的标准，如在冷链能损与效率、作业操作规范、食品卫生安全、温度控制、管理要求、设备标准、运营流程等都方面都没有明确和统一的规定，从而制约了中国冷链物流业的健康发展。在经济持续发展和生活质量不断提高的形势下，冷链物流应如何快速健康发展，已成为一个紧迫的课题。近年来，国内外理论界对农产品物流的相关研究往往只强调某个局部的功能要素，缺乏综合性分析；对存在问题的表面现象研究多，深层次原因研究欠缺。对适合中国国情的冷链（温控）物流和品控物流理论尚缺乏深入研究，导致了科学研究和学科建设落后于产业发展。因此迫切需要加强农产品冷链（温控）物流和品控物流理论基础研究，探索农产品物流产业的发展规律，构建科学适用的技术集成体系。

农产品物流涉及冷链装备工程、品控安全工艺、信息技术和物流供应链管理各个方面，目前的研究团队往往都集中于单品类、单环节和单技术领域的研究，交叉集成性的研究团队有待进一步培育。有效技术需求和产业服务对象的成本承受力尚不明晰，相关产业创新技术联盟目标任务、成员结构还需进一步明确与完善，基础理论研究的严重滞后制约了理论体系对工程技术构架的有效指导，急需建立一个交叉学科的复合型专家队伍和科学完整的理论、工程技术体系。本节主要阐述在综合考虑农产品物流当前的技术需求与社会发展需求的基础上，基于涉及农产品物流领域的多个制约元素，凝练形成的分类农产品物流温控、品控技术集成体系。

一、分类农产品物流品控技术集成体系

农产品品类繁多，自然属性差异较大，既有粮食、棉花、油料等量大、面广、生化性能相对稳定的大宗农产品，又有水果、蔬菜、畜禽等易腐易烂、生化性能不稳定的生鲜农产品。农产品品类不同，与消费者衔接的特点不同，其物流特性和交易特性也不尽相同。因此，依据生物特性对农产品的种类进行划分，是农产品物流技术集成研究得以深入的前提条件。另外，农产品自然生产的季节性、生产区域的专业化等特点，决定了生产者和消费者之间存在时间和空间的“距离”，克服这一时间和空间上的“距离”障碍，使此时（此处）的生产者生产的农产品满足彼时（彼处）消费者的消费需求。农产品温控物流运行时空目标关联的自然环境主要决定于产品原产地、销售地和运行区域所在的地理位置（如热带、温带和寒带；高原和平原；陆地和水域等）、气候条件和运输时间（如季节变换和昼夜更替等），同时也受到国家或地区制度和体制、农村与城市基础设施、技术与人才等社会因素的影响。

分类农产品物流品控技术集成体系集农产品品类、时空目标、温控装备工程、品质安全工艺、智能信息化和供应链管理六大“主题元素”为一体（图 1-1），是以分类农产品（1）为对象，研究其在特定的时空目标下（2），所需的温控（品控）装备工程、品质安全工艺和智能信息化技术的关联和集成（3～5）及供应链管理的优化等（6）；在技术路径“走通”，并“消化”物流过程中各项成本

（品类成本、时空成本、工艺成本、温控成本和信息化成本）的基础上，实现分类农产品温控物流商业模式运作，从而保证其品质安全、减少损失、降低成本，最终实现农产品高效生态和优质优价产业链的科技支撑体系（图 1-2）。

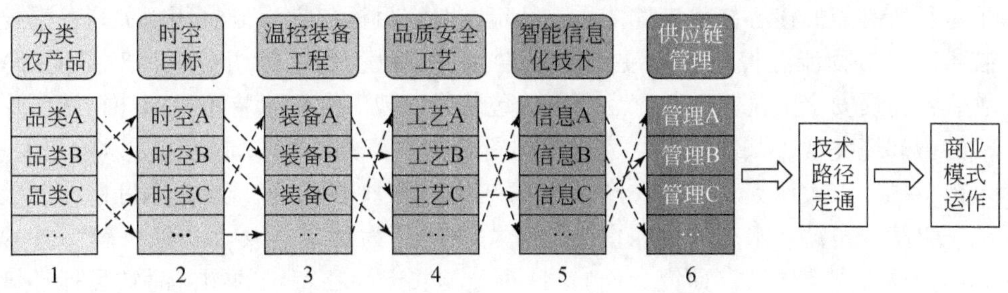

图 1-1 六面魔方为模型的系统研发框架

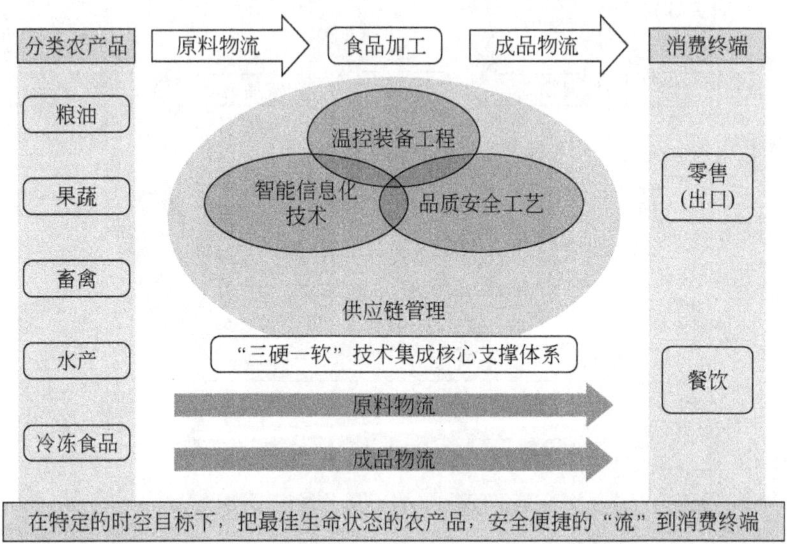

图 1-2 分类农产品物流品控技术集成体系示意图

针对具有特定生物学特性和物流特点的农产品，需要研究在具体的时空目标下的物流过程中，所需要的温控装备工程及其配套的工艺。温控物流过程中相对于分类农产品品质的允许时间与温度的程度可用“3T”（time-temperature-tolerance index①）指数来描述。“3T”指数用以衡量在温控物流中分类农产品品质变化情况，并确定产品在特定温度条件下储藏、运输和销售等各环节的最大时

① 即时间-温度-品质忍耐度。

间限度和品质下降后的等级划分。在技术支撑体系中，温控装备工程、品质安全工艺和智能信息化技术属于自然科学的范畴，简称“三硬”；供应链管理属于社会科学的范畴，简称“一软”。“三硬一软”构成了分类农产品在特定时空目标下运行所必需的核心技术支撑体系。特定的时空目标与物流自然环境关联；温控装备工程与物流温控环境（主要是温度条件，也包括气体组分、相对湿度等）关联；品质安全工艺关联与产品所需的包装袋、智能微型包装箱或泡沫箱等所形成的微环境关联。该体系以“完成面向行业的农产品现代物流工程技术的研发、示范、推广三大任务，实现农产品的精准物流和放心消费”为总体目标，以粮油、果蔬、畜禽、水产和冷冻食品等分类农产品为对象，以“三硬一软”技术集成为核心支撑体系（研究方向），针对分类农产品在特定的物流时空目标环境下的需求，为企业、行业冷链物流工程提供一揽子解决方案（如技术、人才支持和服务）（图 1-3）。

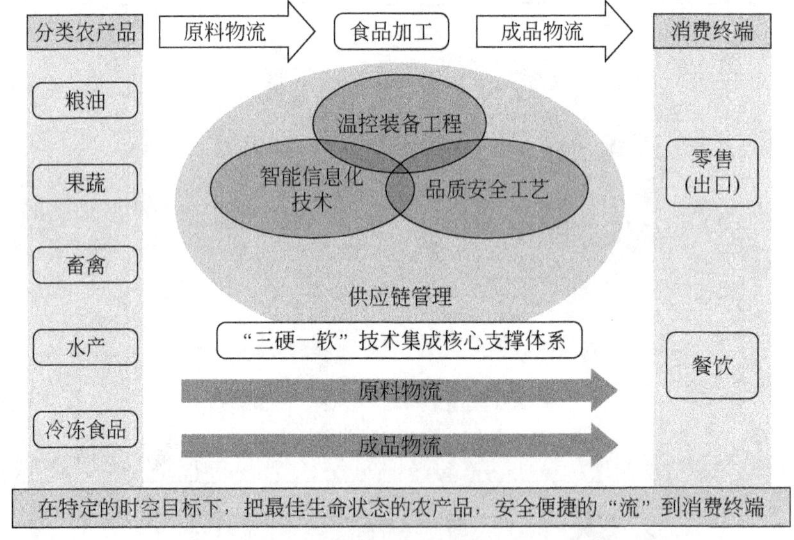

图 1-3　分类农产品物流品控技术集成体系（关联）模式图

二、农产品物流品控监测大数据平台的建设

在物流行业中，能否以最低的成本和最高的效率将农产品从生产商运送到消费者手中，并在该过程中实现端到端的品质检测，对于国家农产品市场的健康发展以及民众对农产品的信任有着决定性的作用。面对大量的货物，如果没有相应

的数据支撑，就不可能实现低成本和高效率的品质监测目标。特别是当今社会，由大量货物产生的海量数据［如 RFID（射频识别）数据、条形码数据、GIS（地理信息系统）数据、冷链运输的环境温度监测数据、货物运输路线数据等］，对物流业的发展提出了更高的要求。只有处理好农产品品质监测大数据，才能保证农产品安全，实现质优价优的目标。

在农产品冷链流通中，信息化是物流的灵魂，它决定了物流的现代化程度。“十三五”时期，随着“互联网+”战略的实施，我国物流信息化建设迎来重要的发展机遇期。物流信息化投资将进一步扩大，投资重点从初级的数据信息化逐步向流程信息化、服务网络化和供应链一体化转移；物流新技术将加快推广应用，物联网、云计算、大数据、移动互联网、位置服务等新兴技术成为应用热点，带动物流新模式、新业态、新产业创新发展；“互联网+”高效物流将变为现实，智慧物流通过产业链上下游的广泛联接和深度融合，创造开放共享、合作共赢的新生态；平台经济将进入新阶段，单纯的信息匹配型平台逐步向更具价值的业务交易型平台转型，资源平台化、运力社会化助推产业平台化发展，智慧与共享物流时代已经到来。农产品质量信息化已经成为农产品安全监管、农产品生产、农产品消费、分析检测等不可或缺的部分，如何将海量检测数据、与产品质量安全相关的信息内容、农产品安全标准体系等信息通过信息化手段和大数据策略整合到信息系统中，在数据收集、数据管理、信用跟踪、信息服务、技术评价等方面发挥作用是农产品行业、信息行业、检测行业面临的共性问题。目前国内外都重视利用信息化手段实现农产品安全领域的信息共享和信息透明。

基于农产品物流品质安全在线监测技术需求，国家农产品现代物流工程技术研究中心建立了“农产品物流品控技术与监测大数据平台”。通过采集水果、蔬菜、肉类、水产、粮油和速冻食品六大品类在产、加、储、运、销、消六个环节的各类信息数据，以三个环境（时空、包装和微环境）和“3T”指数为重点，打造“2623”工程，包括流通方式、仓储数据、物流过程的环境监测数据、品质指标数据以及仓储物流的优化设计等，并支持农产品物流供应链的管理。

将采集到的各类数据抽取到大数据平台中，并实现对这些数据的结构优化和规范化存储，对物流企业、操作人员和客户群体提供对数据的查询和展现。进行各类数据的统计、筛选、挖掘与分析，通过对农产品损耗历史数据的分析，结合物流和仓储规律，建立农产品品质损耗/变质模型，找出导致农产品损耗的首要因素，并有针对性地给出改善建议，降低仓储和物流过程中农产品不必要的损耗。另外，根据实时的气象温度数据，从损耗模型中可以预测出可能会发生变质的农产品，从而提前采取措施（如降低存储温度，加快物流速度等）。对物流过程中的监测数据进行实时监控，并对出现异常的数据通过短信、邮件等方式提前进行预警，防止损失的实际发生；实现对物流过程全链路的追踪，周期性地统计物流过程的多种数据和因素（如物流周期、运输成本、货品保鲜率等），分析其短板和瓶颈之处，并给出优化的建议（如对物流线路的优化规划）；对农产品供应链进行自动整合和追踪，实现农产品在加工、运输、销售过程中的流程一体化管理（图1-4）。

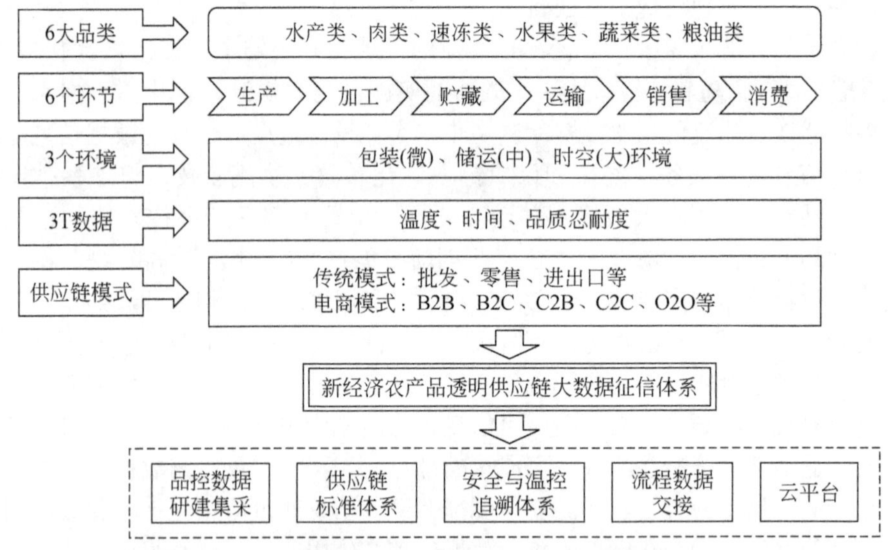

图1-4 农产品物流一体化管理大数据征信系统构建及功能

农产品质量安全追溯平台，使农产品质量安全信息透明化，从而保证了农产品的质量安全，消费者可通过溯源平台查询农产品在供应链各个环节上的信息，了解农产品的生产、加工、检测、存储、配送、运输等信息，从而提高消费信心。追溯平台通过对企业信息、农产品的各环节信息进行采集梳理，可为企业的生产经营提供可靠的数据支持，以对市场的需求做出准确分析判断，从而提高企业的管理效率，增强产品质量。

农产品安全状况综合评估是指根据多个指标的检测数据，采用农产品安全综合评价模型，对农产品的安全状况进行综合等级认定，实现依靠科技保障冷链适宜温度（“温度打假”）、安全评估、安全预测等功能，以便对农产品的安全监控和检测更加有效和科学。农产品优质优价供应链解决方案是指根据特定品类农产品在特定的时空目标环境内，为保障农产品的品质安全和质量，对品类成本、时空成本、工艺成本、温控成本和信息化成本等成本因素进行供应链成本分析，探索技术产业链与优质农产品产业链双链双延、双链双赢的发展模式，最终为企业、行业冷链物流工程提供一揽子解决方案（图1-5）。

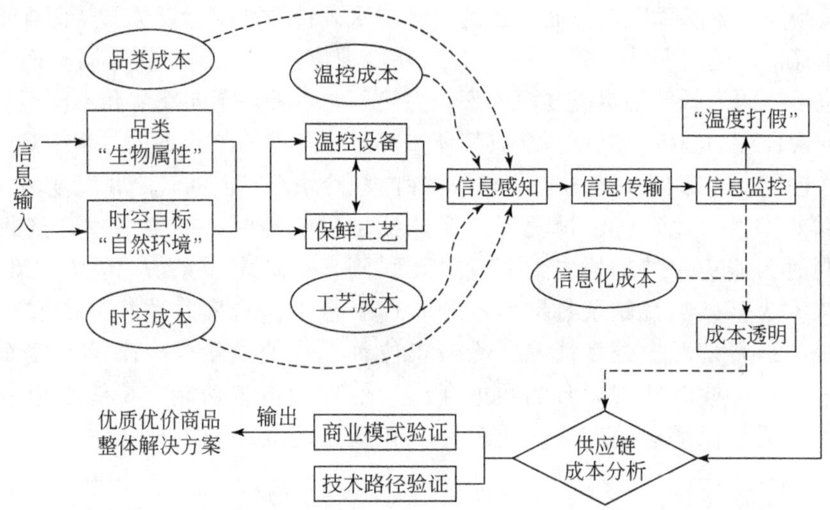

图 1-5　农产品温控物流专家决策系统功能实现示意图

三、技术集成体系的功用

本节在综合分析中国农产品温控物流产业存在的问题的基础上，根据目前农产品物流产业发展的实际需求，提出了分类农产品温控物流集成技术体系构架。该集成体系可以引导六大“主题元素”的分类属性和“主题元素”之间的关联研究；并对农产品温控物流工程技术体系提供指导，在此基础上提出了基于数据库的分类农产品温控物流商业智能系统的构建和功能实现。该体系可引领本领域前沿技术的研发，从而推进集成技术的工程化和产业化进程，带动整个行业的技术进步。

为解决当前农产品温控物流领域中科学研究与学科建设落后于产业发展的问题。分类农产品温控物流技术集成理论体系与基于数据库的商业智能系统构建，为科教界形成一支全面系统的研究队伍，开展冷链物流研究和技术集成应用提供了指导。一支完整的农产品冷链（温控）物流研究队伍应该由从事温控装备工程的专家、品质安全工艺的专家、智能信息化技术的专家和供应链管理的专家组成；相应地，在学科的设置和人才的培养上也应该遵循这个框架的指导。在科学研究方面，技术集成理论体系指导的最典型的案例就是采用冰温技术进行水产品无水保活运输的绿色冷链技术路径验证和商业模式的实现。实现鱼类无水保活运输，不仅需要精准冰温生物学技术作支撑，而且需要精准冰温微环境控制技术做保障。国家农产品现代物流工程技术研究中心围绕“冷驯化”技术，使活的水产品（海水鱼、淡水鱼和虾贝类等）休眠；储运中保持其休眠状态以及在目的地将其唤醒，解除休眠三方面所需的关键技术设备展开联合攻关，从而保证在整个无水保活运输过程中，产品既不会因环境温度高于所需的临界温度而不能休眠，也不会因为低于临界温度而冻死。为使不同鱼种在不同季节和不同运输线路都达到最合理的温控，对每一个典型环节都制定合理的制冷方式、制冷量、温控方式、包装、装卸和码放方式，优化冷库内和冷藏车箱内的气流和温度场，以期在装卸效率性价比最佳的情况下，保证到达目的地时鱼的复活率达到最高水平。同时为避免意外的损失，配置以互联网、全球定位系统、数据库和移动通信技术为基础的视频及数据监控和管理平台以实现实时监控冷库和冷藏车用冷机的运行情况、温度情况、冷藏车位置、燃油油量、冷库及冷藏车厢门开关情况，并同时实现后台的数据存储、处理和报告功能，最终形成不同水产品冰温无水保活运输产业化技术标准和操作规范（图 1-6）。

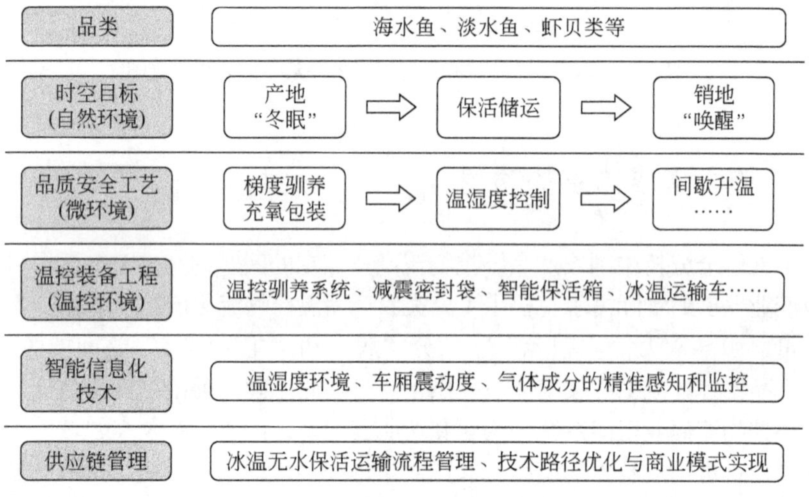

图 1-6　水产品冰温无水保活运输流程管理技术、路径优化与商业模式实现示意图

为政府制定冷链物流政策、标准和公平竞争环境的打造与治理提供科学依据。中国冷链物流目前面临的最大的问题是如何使分类农产品物流技术与装备标准化，温控物流成本透明化，以及消化物流成本，真正实现优质优价。尽管目前已经出台了与农产品冷链物流相关的一些地方和国家标准，但还缺乏一个由基础理论和数据库指导下的统一标准制定架构，致使标准可操作性差。主要表现如下：在制定标准时，没有考虑农产品分类学和产品属性等生物学因素，从而影响到实际操作时的品质安全工艺和温控装备工程的配套；没有考虑到不同时空自然环境对品类、装备温控性能（智能）影响等因素，由此使得供应链流程各环节可操作性较差或根本无法操作。这些问题使得标准的执行与供应链成本产生矛

盾，无法将保障品质安全的物流成本与优质优价相关联的变量统筹换算。由此，在当前诚信体系薄弱的农产品冷链物流产业领域，由于各环节成本信息不透明，往往让执行标准的正规冷链物流的企业增加了温控成本而得不到相应的价格回报，致使标准成为一纸空文。因此，理论体系支撑下的基于数据库的农产品温控物流商业智能系统无疑为政府部门对农产品冷链产业的振兴与治理起到较好的决策辅助功效。已经出台的国家标准《物流企业冷链服务要求与能力评估指标》（GB/T 31086—2014）要求冷链物流企业根据分类农产品在特定的物流时空目标环境运行时，从温控装备工程、品质安全工艺、智能信息化技术和供应链管理等方面为客户提供有针对性的服务。该标准既可作为农产品等各类货主企业选择和管理冷链物流专业服务商的依据，又可作为冷链物流服务企业自我管理和评价的依据。

为生产经营企业提供物流成本与销售价格换算的决策数据。不同品类的农产品，其成本价值不一样，当然消化成本的能力也就不同。冷链所需温度的“每一度”都是成本，如果按“冷链”标准严格要求运营者，使其不能实现优质优价而更多获利，必将导致“劣币驱逐良币”。导致供给者不诚，消费者自然不信。冷链成本不透明，且没有优质优价的依据，直接影响冷链物流产业的发展。因此，要以企业为主体，建设冷链温控装备工程、品质安全工艺、智能信息化技术和供应链管理一体化的冷链物流服务体系，实现温度、时间、品质变化全程感知与监控，作为合理确定成本和农产品优质优价的科学依据，为物流企业针对性地提供专业物流技术支持以及农产品温控物流整体决策和解决方案。不同品类的农产品在不同时空物流目标的实现中有着不同的温控成本。而不同品类的农产品是最终商品的价值实现与品类的价值，时空目标成本，温控成本和供应链各环节成本控制有着密切的二律背反因果关系。农产品温控物流规范的盈利模式形成是一个风险较大、较复杂的系统工程，必须综合考虑品类自身的成本、不同时空目标成本、温控成本（装备工程成本、品质安全工艺成本、智能信息化技术成本）和不同环节供应链成本。精准感知是成本透明的前提，成本的透明又是控制温控物流成本的前提，而在统一规范温控标准下，物流过程中不同品类农产品能否消化各类成本又是商业盈利模式实现的前提。除乱收费、乱罚款、路堵塞车等社会因素外，感知成本、控制成本、消化成本以实现优质优价已成为中国农产品温控物流健康发展的关键。

为消费者提供性价比选择与品质主张的凭据。消费者是农产品流通价值实现终端，也是冷链体系成本的最终承担者。目前消费者还没有现场对生鲜食品品质快速识别和检测的精准方法。中国在道德自律相对欠缺、法制法律体系尚不完备和冷链成本不透明的条件下，消费者面对食品品质和安全性问题，由于缺乏主张的凭据，从而失去了主张的权利。在这种背景下，如何才能营造优质优价的良性商业环境，确实让老百姓花“明白”钱，吃“放心”食品，不为劣质食品买单，需要靠科技创新走出一条食品安全监管的新路来。形成法律约束、道德自律、科技监控三管齐下的管控机制，运用法律、道德、科技“三驾马车”打造食品安全流通诚信体系。利用科技手段感知违法行为和监督道德良心，用科技支撑法律、道德规范的建设与实现。进一步提高生产者的诚信度和消费者的信任度，从而解决生产流通领域“生产者不诚，消费者不信”的问题。民生科技就是要为消费者主张自己的权利，选择优质食品，保护自身利益，提供有力的凭据。

第二节　中国冷链物流行业发展环境、现状及趋势

一、冷链物流政策与标准环境分析

全国现代物流工作部际联席会议积极发挥协调作用，支持物流业发展的部门间合力有所加强，物流业政策环境持续改善。2016 年中央和各级政府出台的关于冷链物流发展的一些政策和标准情况。针对交通物流融合发展、多式联运、电子商务物流等重点领域及物流业补短板、降本增效等重点问题出台了一系列政策措施。如“营改增”试点全面扩展，无运输工具承运业务和道路通行服务开票资格获得承认。商贸物流标准化试点推进，标准化托盘扩大使用范围。快递市场清理整顿工作开展，寄递物流渠道安全要求升级。中央和各级政府对冷链物流发展的支持力度在不断加大，各专项政策的出台将为冷链行业的发展提供强大的助力作用，同时冷链行业标准显著提升，标准化程度越来越高。

（一）国家部委冷链政策分析

从“十二五”开始，冷链物流被提到空前的高度，从 2010 年的《农产品冷链物流发展规划》到 2016 年中央一号文件，“冷链物流”“农产品冷链物流”多次出现在重要文件与规划当中（图 1-7）。

2016 年以来中央和地方政府因势利导出台多项冷链产业政策，在国家层面，全年共出台冷链相关政策、规划 11 项，提出了加速冷链物流体系建设、基础设施建设、追溯体系建设、标准化建设等多项促进冷链产业全面发展的指引性内容，明确了“十三五”期间冷链产业的发展方向。较之前的政策相比，2016 年的冷链政策更关注政策本身的落地和可实施性，在涉及冷链产业的 11 项政策中，《关于申报 2016 年重要农产品追溯体系建设示范的通知》《关于开

2010年　国家发展和改革委员会发布《农产品冷链物流发展规划》，提出“十二五”期间各类农产品冷链物流发展目标，规划到2015年，果蔬、肉类、水产品冷链物流流通率分别提高到20%、30%、36%以上

2013年　国务院出台《关于2013年深化经济体制改革重点工作意见》，将冷库用电价格由商业电价调整为工业电价，进一步降低农产品冷链物流成本。中共中央、国务院出台《关于加快发展现代农业进一步增强农村发展活动的若干意见》，对示范建设鲜活农产品仓储物流设施给予补助

2014年　国务院常务会议通过的《物流业发展中长期规划》提出到2020年物流发展的目标和任务，在部署的12大工程中，第一大工程就是冷链物流。年底，国家发展和改革委员会联合商务部、交通运输部等十大部委及中物联发布《关于进一步促进冷链运输物流企业健康发展的指导意见》

2016年　中共中央一号文件中指出要完善跨区域农产品冷链物流体系，开展冷链物流标准化示范、实施特色农产品产前预冷工程

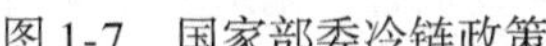

图 1-7　国家部委冷链政策

展农产品冷链流通标准化示范工作的通知》《〈财政部商务部关于中央财政支持冷链物流发展的工作通知》三项政策直接推进具体城市和企业的冷链项目示范、试点工作，通过试点示范，以点带面、由易到难的总体思路，最终形成布局合理、紧密衔接、功能完善、标准健全的冷链物流体系。2016 年冷链物流相关政策信息非常密集，显示出了国家对冷链物流行业的高度重视，2017 年冷链物流行业政策仍将是不断利好的一年，行业也将不断整合，政策驱动的冷链物流标准化、平台化、透明化将逐步凸显，资本驱动的行业资源整合与市场竞争将更加激烈。

（二）区域冷链政策分析

从区域冷链政策角度分析，2016 年同样是值得关注的一年，上海、福建、山东、云南、黑龙江等数个省区市区发布了冷链物流相关政策。与中央政府和各部委出台的政策基调一样，各地关于冷链物流的有关政策也主要集中在健全冷链物流体系，支持发展农产品冷链物流，支持仓储物流设施建设等方面。部分农产品主产区加大对产地冷库等冷链基础设施的支持力度，而部分主要消费

地则加大对农贸市场冷库、冷链物流配送中心等冷链物流基础设施建设的支持力度。

同时，冷链物流体系建设第一次从单一省市行政区提升到区域联动的高度。2016 年 7 月 4 日，在京津冀协同发展的大背景下，国家发改委等六部门联合印发《京津冀农产品流通体系创新行动方案》，将打造环首都 1 小时鲜活农产品流通圈，提高对冷链运输的需求与要求，建立安全稳定、创新高效的首都农产品冷链流通体系。

2016 年 6 月 8 日，根据《财政部商务部关于中央财政支持冷链物流发展的工作通知》（财建〔2016〕318 号）要求，山东、河南、重庆、宁波、新疆、河北、广东、四川、青海、宁夏等地分别获得 2 亿元中央财政支持，将更好地发展当地冷链物流基础设施建设，特别是对于比较滞后的中西部冷链物流市场来说，迎来冷链物流发展的新机遇。

（三）冷链物流标准情况分析

2015 年《国务院办公厅关于印发国家标准化体系建设发展规划（2016—2020 年）的通知》（国办发〔2015〕89 号）后，上海、河北、山东、江西、福建、山西、沈阳、吉林、重庆等地相继出台地方标准化体系建设发展规划（2016—2020 年），均将冷链物流标准化应用推广作为重点领域，同时各地区（标准化主管部门）对标准应用企业将加大对标准化成果应用的考核与奖励力度。2016 年，冷链物流标准化又迈入了一个全新的历史阶段，商务部、国标委共同出台了《关于开展农产品冷链流通标准化示范工作的通知》，联合开展农产品冷链流通标准化示范工作。该通知提出按照“以点带链，由易到难”的总体思路，重点围绕肉类、水产、果蔬等生鲜农产品，培育一批设施先进、标准严格、操作规范、运营稳定的农产品冷链流通标准化示范企业和示范城市，发挥示范带动作用，推动完善农产品冷链流通标准体系，探索建立农产品冷链流通监管机制，营造优质优价的市场环境，形成可复制、可推广的农产品冷链流通标准化模式。

农产品冷链流通标准化是农产品冷链流通体系的重要组成部分和基础。在当前经济发展进入新常态的背景下，开展农产品冷链流通标准化示范，有利于加快完善农产品冷链流通标准体系，促进农产品冷链流通行业的规范化发展，提升农产品流通现代化水平；有利于实现农产品优质优价，推动农业结构优化调整，促进农业现代化和农民增收；有利于推进农产品供给侧结构性改革，补齐农产品流通短板，提高农产品供给质量和效率，满足全面建成小康社会人民生活水平普遍提高的客观需要。

2016年，国家发展和改革委员会正式发布了由中物联冷链委、冷标委组织编写的《餐饮冷链物流服务规范》《肉与肉制品冷链物流作业规范》《道路运输食品冷藏车功能选用技术规范》三项行业标准；2017年年初，《冷链物流从业人员能力要求》团体标准也正式发布。其中，《餐饮冷链物流服务规范》试点工作已经全面展开，以此积极推动标准的宣贯实施。

二、中国冷链物流行业发展综述

（一）冷链物流基本情况概述

2016年我国冷链市场需求进一步扩大，冷链物流总体呈现健康、快速、平稳的发展态势，基础设施规模进一步增加，设施建设更趋理性，冷链物流体系不断完善，行业发展模式日趋多元化。在2016年经济环境缺乏明显起色的情况下，冷链物流行业的稳步发展，一方面得益于国家相关部门和各地方政府对冷链物流的重视，出台多项冷链利好政策规划、加大资金扶持；另一方面则与冷链相关企业勇于创新、积极转型求变、沉下心来修炼内功有很大关系。

据中物联冷链委调研统计，2016年我国冷链物流需求总量达到12 500万吨，同比增长13.3%。2016年我国冷链物流总额3.4万亿元，占整个社会物流总额的1.5%。2016年冷链物流业总收入2250亿元，占2016年整个物流业总收入的2.84%。2016年全国冷库新增305万吨，总量达到4015万t（折合10 037万m^3），同比增长8.2%。2016年全国冷藏车保有量预计新增21 600台，将达到115 000台，比2015年同比增长23.1%（图1-8～图1-10）。

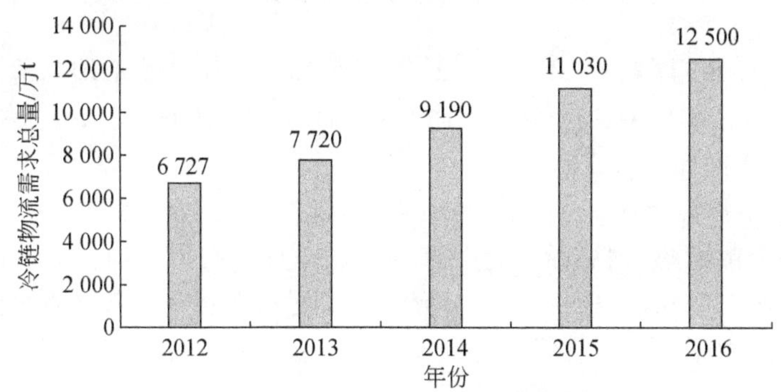

图1-8　2012～2016年冷链物流需求总量

资料来源：中物联冷链委

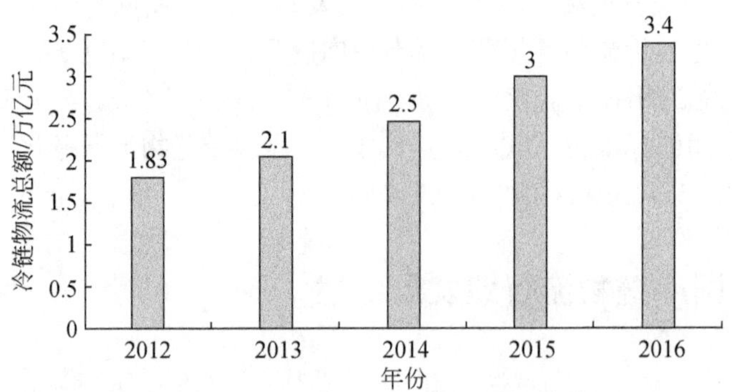

图 1-9 2012～2016 年冷链物流总额

资料来源：中物联冷链委

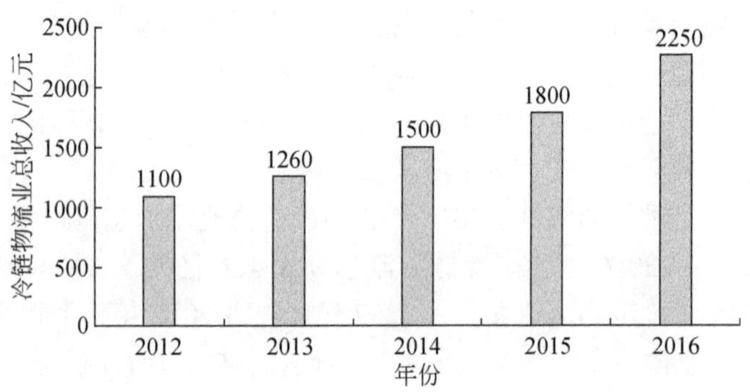

图 1-10 2012～2016 年冷链物流业总收入

资料来源：中物联冷链委

2016 年全国冷库新增 305 万 t，总量达到 4015 万 t（折合 10 037 万 m^3），同比增长 8.2%。2016 年全国冷藏车保有量预计新增 21 600 台，将达到 115 000 台，比 2015 年同比增长 23.1%。

从图 1-11 可以看出，一方面 2016 年冷链物流百强企业营业总收入为 205 亿元，仅占整个市场的 9.1% 百强企业市场份额一直没有明显地扩大，这说明我国冷链物流行业市场规模仍旧不大，且行业集中度不高。另一方面通过分析增长速度，发现冷链物流百强企业营业总收入增长速度正在放缓，其背后释放出的信号必须令行业警惕，一个主要原因就是冷链物流企业结构固化问题没有得到根本改变，同质化竞争激烈，外部环境（比如大客户流失、门店关闭等）一旦发生变化会对大部分企业造成显著影响。

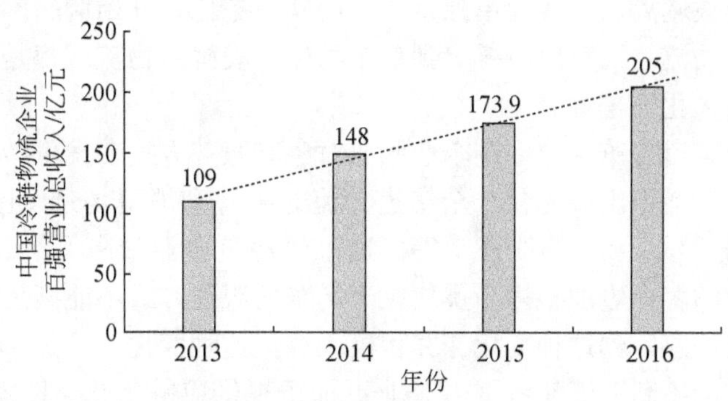

图 1-11　2013～2016 年中国冷链物流企业百强营业总收入

资料来源：中物联冷链委

此外，据调研统计，2016 年我国从事冷链物流的企业法人单位数量约为 3500 家，冷链物流岗位吸纳的从业人员超过 12 万人，是增长速度较快的实体行业之一。其中山东、河南、广东、上海、北京等地冷链物流企业数量较多，从业人员密集。但总体来看冷链行业企业和从业人员数量仍然非常少，毕竟我国综合物流企业已超过 30 万家，从业人员超过 3000 万人。现有的企业和人员数量不足以支撑和服务我国巨大的食品市场需求。

冷链物流从业人员整体学历很低，一线操作员工多为初中、高中毕业，大专、本科乃至研究生等学历的人员偏少，基层与管理层之间断档现象严重。冷链物流涉及食品、制冷、物流等多个专业，需要综合能力强的复合型人才，当前大专院校在培养冷链物流人才方面还有很多工作要做。

（二）冷链物流发展现状与特点

2016 年我国经济发展所面临的内、外部环境依然复杂，世界经济虽已呈现出回暖迹象，但步履维艰，贸易保护主义风潮仍旧有蔓延趋势。国民经济处于潜在增长率下移、结构调整和深层次改革的叠加阶段，结构性矛盾突出，经济运行存在着特有的复杂性和不确定性，仍然存在较大的下行压力。

在宏观经济的大环境之下，冷链物流市场中部分传统业务受到一定的影响，比如速冻食品、肉制品加工制造的合约冷链物流业务。但由于国家对食品安全的监管和消费水平的不断上涨，整体依然处于稳步发展态势，现状呈现出几方面的发展特点。

一是企业自建冷链物流体系逐步走向第三方服务。过去很长时间，企业自建物流往往服务于内部业务体系，随着专业能力的提升和体量的增大，很多企业的内部物流部门被剥离出来成为单独企业，内外服务比例开始倾斜。比如原来的双汇物流、领鲜物流、蜀海供应链，到京东物流、安鲜达物流等都是如此，物流的资源正在被最大化的挖掘。

二是流通渠道变革导致冷链企业服务对象和服务方式在发生转变。移动互联网零售、餐饮，衍生出多元化、全渠道的流通模式和消费场景，比如生鲜电商、零售 O2O（线上线下）、餐饮外卖等。这也给冷链企业带来了新的机遇和挑战，机遇在于服务的客户更加多样，挑战在于传统的服务方式不能满足新需求。有很多冷链企业已经感知到这种变化，并积极去拥抱这种变化。

三是成本的不断上涨使得甲方企业更加重视供应链优化。以零售企业为例，随着租金、人工、物流费用的上涨，企业开始在供应链管理上寻求破解之道，而自建冷链 DC（配送中心）就是其中妙招。以前是由厂家或者经销商直接送货给各地门店，现在则需要将货物送到 DC，再统一配送到门店，降低成本的同时也提高了效率。这种由供应商直配门店方式，向零售企业主导的配送中心模式转变，沃尔玛、大润发、家乐福等都开始尝试。

四是行业竞争加剧企业抱团发展。“抱团合作”是 2017 年冷链圈内的“热词”，为什么要抱团？一方面因为行业竞争越来越激烈；另一方面客户需求正在发生变化，客户从单一的服务需求上升到全面的需求，从区域的需求发展到全国性的需求。像海航冷链产业基金、新希望冷链物流板块等，都是抱团发展方面的实践者。

五是传统物流大鳄跨界冷链物流市场。近几年，顺丰、中通、中国邮政、中远等相继进入冷链物流市场，铁总和各地铁路局更是开通多条线路的冷链班列，未来还将有更多的传统物流企业分羹冷链市场，他们有庞大的基础网络和设施，有雄厚的资金，有大量的人才，必将对今后的冷链物流市场格局产生影响。

六是自贸区和跨境电商带动冷链新业务增长。上海、福州、广州、天津自贸区的食品贸易业务日益增多，很多冷链企业和设施已经在自贸区建立并运营，比如洋山港冷链交易中心、福建马尾电子保税冷链库，有的甚至已布局冷链海外仓，以便在跨境冷链业务中占得先机。而继杭州之后，国务院于 2016 年同意在天津市、上海市、重庆市、郑州市等 12 个城市设立跨境电子商务综合试验区，也给冷链发展提供了绝佳的发展机会，大连港、郑州机场等也已经率先开展冷链布局。

七是与冷链相关的平台型企业陆续出现。随着冷链行业向精细化、细分化方面不断发展，平台型企业的价值越来越凸显，一类是物流平台型企业，如码上配、唯捷城配；一类是信息流平台企业，比如刚上线的链库、冷链马甲；一类是商流平台型企业，如良中行、格利食品网、美菜等。它们利用各自掌握的核心平台价值，正在影响和改变现有的冷链模式。

八是零担、宅配业务成为冷链市场强力增长点。冷链零担的爆发，主要取决于生鲜电商的快速发展，以及餐饮、零售品牌在全国门店的扩张，据调研统计2016年冷链零担市场规模突破50亿元。冷链宅配市场也成为很多企业新的增长源，像京东、易果等都在发力布局冷链“最后一公里”。

三、冷链物流发展趋势分析

2016年是冷链物流发展的“政策年”，为了使冷链物流体系更完善，冷链基础设施更健全，不断实现农产品冷链物流的规模化、标准化，国家发改委、财政部、商务部、交通运输部等陆续推出相关政策助推冷链物流产业新发展，上海、北京、福建、云南等区域也先后出台相关政策，加速当地冷链物流发展。同时，从产业层面来看，果蔬、肉类、水产品等需要冷链物流服务的相关产业增长迅速，规模化趋势明显，冷链物流需求激增；从资本层面来看，越来越多的产业基金相继成立，外部资本进入到冷链市场，积极推动冷链物流，特别是第三方冷链物流市场的整合。2017年将是物流大发展的一年，行业整合、网络建设、集约化、人才培育仍是行业发展的重点。

一是行业整合加速。政府监管力度的加大，竞争的加剧，资本的大量投入，加快了行业的整合。未来没有核心竞争力和差异化服务的中小企业生存将愈加困难。冷链行业竞争还处在小组赛，全国性、综合性冷链龙头企业还没有出现。企业想要迅速脱颖而出，进入半决赛甚至决赛的竞争，加速整合势在必行。

二是网络化扩张。物流是规模经济，健全的网络是物流企业降本增效、升级转型的基础前提。只具备单点或区域服务能力的企业，越来越无法满足客户扩张需求，价值越来越小。

三是国际化发展。食品进出口贸易、食品跨境电商的爆发，是冷链国际化发展的主因。有能力的冷链企业逐步在“走出去”，先是空运、航运、铁路，然后是公路运输。“一带一路”沿线国家和地区，将是企业未来布局的重要地区，比如广西就是要发展成为东盟冷链物流中心。同时将会有更多国外冷链企业涌入国内市场。

四是集约化发展。提高资产的运营效率是未来的方向，集约化是很好的方式，在一定区域或范围内，把个别的、零碎的、分散而同质的客户集中起来形成规模优势，是冷链物流企业需要思考的方向。

五是向多元化和个性化发展。冷链物流因其专业化程度高、前期投入大、回报周期长，决定了它进入门槛高、经营难度大。但一旦做好，其关联好的网点布局、上下游渠道、客户资源、设施设备等优势便体现出来，往往可以另辟蹊径，拓展贸易、快递、医药物流等新的领域。

六是冷链物流人才越来越稀缺。随着冷链市场竞争的日益激烈，无论是一线的驾驶员、操作工、搬运工，或是中层的车辆主管、仓库主管等管理人员，还是负责整体运营管理的高级人才，都会越来越难招，人才的流动性也会越来越大，企业必须建立自己的冷链人才培养梯队，完善留住人才的激励制度。

总之，在我国经济发展新常态背景下，伴随着供给侧结构性改革政策的提出，冷链行业发展问题受到越来越多的关注。探究冷链物流在发展过程中的供需结构矛盾，寻求如何在新形势下进行创新发展，实现冷链物流行业“换挡升级”和“弯道超车”的改革目标，必须从冷链物流业态创新中寻求其可持续发展的动力。

第三节　农产品电商冷链品控物流的产业需求

生鲜电商被称为是电商领域的最后一片蓝海，从而备受瞩目。生鲜电商的飓风刮起，大企业渴望借势扶摇直上，创业者希望凭借好风飞得更远。生鲜电商的热度从 2014 年开始便是有增无减，电商巨头都在布局生鲜业务，天猫、京东、亚马逊、顺丰优选、一号店、我买网等综合型电商无一缺席；同时，垂直型生鲜电商像本来生活、天天果园也相继拿到融资。未来随着生鲜电商产业链的不断完善，各方将大力推广生鲜电商以及用户习惯的养成。

随着中等收入人群的增加，消费者对于生活品质的提升和对生鲜果品品质的关注，以及“90 后”逐渐成长为主流消费者，由此带动的消费习惯和消费行为的变化，对于网上购买，精确讲对于终端购买更加依赖。然而不得不面对的现实是，贴着“蓝海”标签的生鲜电商市场，初期的圈地成本依然很高，冷链设施的购置、全程冷链的设计与配送、消费者理念的培育等，都需要大量的时间和资金成本，甚至有统计称 99% 的生鲜电商都在亏损。根据行业不完全统计，2015 年至今，生鲜电商领域公开的融资额竟高达近 30 亿元。然而，2015 年上半年 4000 家生鲜电商中只有 1% 的企业盈利，4% 的企业盈亏持平，88% 的企业略亏，7% 的企业巨亏，也就是说 95% 的企业在赔本吆喝。因生鲜的价值在于“鲜”，故从生鲜产品出货到消费者入手必须在短时间内完成。在当前的生鲜电商中，从下单到收到货物，最短需要半天时间，最长则多至三天。所购买商品的“鲜”也无从寻觅，故在现阶段，物流速度已成为生鲜电商最大的矛盾。另外，从当前的配送能力来看，生鲜电商所能承受的配送范围普遍仅在本市内进行，对于异地订单则无法支持，不能一网通全国，其精细化的定位自然也无法设定。生鲜配送本身就是个行业难题，将其与电子商务结合在一起更是难上加难。尤其是当前国内还未具备成熟的冷链仓储及配送条件，专业的冷链第三方企业缺乏，一直是生鲜食品 B2C 发展的一个软肋。推进生鲜电商市场发展的关键在于冷链物流体系的完善，冷链配送的建立。电商企业要想在这一领域抢得先机，必须率先具备仓储、物流能力，并解决商品运输、保鲜难题。此外，还需要通过供应链整合在终端渠道和配送模式上不断寻求创新，将各个环节高度黏合。

一、生鲜电商行业背景

生鲜行业是一个非常宽泛的行业，涉及的产品品类比较多，包括蔬菜、水果、肉类、禽蛋类、海鲜、河鲜类等；还有一些是需要特别处理的产品，如花卉、豆腐等。在日常运营管理中，不同品类的生鲜产品，需要的质量管控体系、标准、工序、温区等都各有不同。近几年，随着互联网应用已逐渐渗透到各个领域，针对家庭用户、餐饮用户、批发市场生鲜电商行业的蓬勃发展，生鲜电商企业层出不穷。尽管其中已经有些企业倒了下去，但由于看好这个行业，越来越多的企业涉足生鲜电商行业，各大资本巨头也纷纷加大投资。然而，生鲜行业里规模比较大的企业却比较少，盈利的生鲜企业更是微乎其微。究其原因，主要痛点为：①生鲜产品标准化程度低，地区差异大，标准和规范难以复制；②生鲜产品保质期短，需要多温区储藏运输与质量管控。目前，生鲜农产品主要是在城市配套的批发市场交易，通过当面看货后完成，大大影响了生鲜产品的交易效率，同时也增加了交易成本。尽管生鲜电商可以很好地解决这些问题，但无论是餐饮客户、社区周边的市场类客户，还是家庭类客户，对于非即视化的生鲜电商产品都抱着极大的不信任态度。因此，解决所有这些矛盾的根本，是需要一个专业生鲜类服务公司，对源头的生鲜产品进行分级、整理，严格按标准化进行质量挑选与甄别，不但要保证生鲜产品外观质量稳定，也能解决风味质量控制问题。

建立完善冷链物流配送体系是生鲜电商发展的一个重要方向。尽管生鲜市场容量巨大，但是冷链物流配送仍然限制着生鲜电商的发展。生鲜电商的损耗率在 5%～8%，物流成本为 20%。目前，国内还没有完整的生鲜物流配送体系，而冷链高昂的建设成本成为生鲜电商最头疼的问题。据了解，一个 4000m^2 左右的冷仓的建设成本就在 2000 万元以上，如此高昂的成本投入让很多电商企业望而却步。正因为如此，冷链配送也被称为电商物流的珠穆朗玛峰。虽然建设成本高昂，但冷链物流配送是生鲜电商平台的核心力量，谁做得越快，做得越好，谁就将迅速获得市场份额。从商品采购层面上看，需要从源头对商品进行严格筛选，加强商品的品质控制，保证商品的新鲜度和实效性。在物流运输层面上，一方面要提升整体仓储的能力，保证各类生鲜商品的有效保存；另一方面也要提升整体生鲜配送的技术，尤其是冷链配送技术，基于全国的分布式仓储网络，实现区域的生鲜宅配，在“最后一公里”利用循环冷链包装方案降低商品在运输环节出现的损耗，并实现绿色环保物流。

二、生鲜电商物流存在的问题

生鲜电商从发展之初到红极一时再到现在的沉淀期，虽然过关斩将解决了很多的问题，但是因其产品特性和目前的市场状况，一些老大难的问题仍未解决。不同于发达国家具有的先进零售和便利店系统以及已经成型的消费习惯，我国生鲜电商市场还需要在摸索中前进，在市场格局尘埃落定之前，这些问题还需要面对和不断讨论。

（一）产品、服务非标准化

产品的非标准化严重影响生鲜配送的流转效率，这也是造成流通过程中损耗率居高不下的原因，一方面是由生鲜品本身的特性决定的，果蔬不是工业品，不具有统一的规格大小、形状和包装，导致流转中不能标准作业。另一方面是由生鲜电商发展阶段决定的。我国果蔬在产地还是粗放型的管理方式，不注重产品产地预冷、包装、初级加工，缺乏附加值和商品化，这不仅损害了生产者的利益，也为生鲜品流通带来不便，提高了损耗率。除此之外，全国冷链物流公司的服务缺乏统一的标准，不同物流公司的服务水平参差不齐，同一物流公司在不同地区服务标准也不相同。在发达地区，物流网络搭建完善，冷链物流发展较为标准和完善，而二三线城市的冷链物流甚至是伪冷链。产品和服务的标准化问题亟待解决。

（二）损耗率高、物流成本高

生鲜商品的保存对于温度和湿度的要求比较高，尤其像草莓、桃子、芒果等一些较为柔软的水果如果不在既定的温度范围内，在分拣、装卸、搬运过程中极易发生腐烂。目前行业平均腐烂率达到10%～20%，但是目前也有个别生鲜电商平台通过自建物流、直配、预购等模式使腐损率降低到3%～5%。根据统计，生鲜商品冷链物流配送成本占到30%～50%，相对普通货物而言过高。订单量不足和客单价不够高导致冷链配送的成本过高。根据顺丰的计算，单在北京市六环内平均每单冷链配送的成本在40元以上，而客单价必须超过200元才可能盈亏平衡。提高订单量和单价的障碍是产品价格和整体消费水平，这两条都很难改变。但相对而言，降低产品价格的可能性更大一些。

(三) 第三方冷链物流市场不规范

无论是生鲜电商平台自建物流，还是采用灵活的外包专业第三方的方式，大家都是在成本中博弈，在收支中权衡。有些企业出于战略规划建设圈地，而有些企业确迫于无奈选择外包，行业内第三方冷链物流市场尚不规范这一事实影响着电商平台的选择和发展。主要表现在冷链物流公司尤其是城市配送和宅配多数地域性企业，不同地区要寻求不同的合作伙伴，不同企业又有不同的操作标准；因同质竞争从而发生物流商价格战；配送过程中甚至出现“伪冷链”；冷链物流公司集中度很低；这些问题都反映出目前第三方物流市场尚不规范，一定程度上制约着生鲜电商平台的发展。

三、当前的几种电商物流模式及冷链宅配的发展

(一) 当前的几种电商物流模式及特点

1. 电商自建物流系统

这种模式是典型的重资产模式，固定资产投资大，回收期长，管理难度和成本高，具有较高的进入门槛。该种自建冷链系统的模式当然也具有圈地特性、管理灵活、服务品质易控制等优势。典型的代表有综合电商平台京东，垂直类电商平台易果生鲜、天天果园，新起之秀河马生鲜等。中粮我买网也在逐渐进入这个行列，斥巨资投入供应链建设中。天天果园通过自建物流系统将损耗率降低到3%～5%。

2. 物流商发展线上业务

这种模式的典型代表就是顺丰优选，凭借顺丰冷运铺设的全国性密集配送网络和庞大的配送团队实现快速高效的冷链配送，由物流带动商流的发展。其在海外的物流网络和航空物流优势让海外直采和直采直配成为可能。

3. 外包专业第三方物流企业

这种模式也分为两类，一类是电商平台完全将配送业务外包，典型的代表有电商巨头天猫生鲜超市，接单后由商户自行选择合作快递或者物流公司进行生鲜

配送；根据天猫生鲜超市披露，其占据生鲜电商市场80%的销售额。另一类是平台将部分生鲜配送业务外包，用户平台下单后，由当地专业的第三方冷链物流公司完成配送，顺丰冷运、中冷极客猫、安家宅配、黑狗等冷链物流公司都积极加入这个行列。代表的电商有本来生活、沱沱工社、每日优鲜等。

4. 第四方物流平台

第四方物流平台与完全自建物流系统相对应，这种模式是绝对的轻资产模式，并不投入资金和人员从事物流和配送业务，这种模式的公司更像是信息技术公司，建立订单、配送系统和管理标准，做出最优配送决策后由第三方物流公司完成配送。代表企业有从事餐饮食材集采集配的众美联商城和从事全国生鲜配送的九曳供应链。

5. 社区宅配模式

这种模式是生鲜O2O① 的典型代表，电商平台定位社区、学校或者办公楼这样的小范围内的用户，用户通过移动端快速下单，平台通过社区微仓自己配送或者通过众包的方式在1～2h完成配送。这种模式更能满足消费者尤其是年轻消费者及时性、多样化的要求，另外平台也可以通过预定模式，通过减少库存降低损耗，代表企业有与当地便利店合作的本来便利、每日有鲜旗下的有鲜宅配、定位办公区的一米鲜及定位高校及社区的预定模式的许鲜网。

（二）冷链宅配的发展

随着生鲜电商与餐饮外卖的快速兴起和人民消费水平的提高，消费方式逐渐从线下分流到线上，尤其是移动终端的普及加速了分流，由此带来的生鲜宅配需求形成巨大的市场。冷链宅配提供优质的蔬果、肉类、海鲜、速冻食品，让消费者足不出户就能体验到田间到餐桌的各类生鲜食品。宅配服务改变了就餐方式和购物模式，让都市白领在办公室享受午餐和下午茶。冰激凌、蛋糕等高品质产品的宅配需求也逐渐凸显。目前，冷链物流的成本高等多方面因素严重制约了冷链宅配的快速发展。根据统计，2015年餐饮外卖市场和生鲜外卖市场规模可超过1000亿元，按照目前行业平均配送成本10%来计算，宅配冷链物流潜在市场可达100亿元，2016～2018年将保持不低于30%的增速快速发展，市场空间巨大。全程冷链已逐渐成为业界共识，其关键是要与终端消费者实现无缝对接。据了

---

① O2O即Online to Office，是指将线下的商务机会与互联网结合，让互联网成为线下交易的平台。

解，冷链宅配这种从源头直接与消费者对接的冷链配送方式在日本、澳大利亚、中国台湾等地区非常普遍，众多上班白领在办公余暇，通过网上订单，便可以在下班后享受送货上门的生鲜食品，既免去了市场的疲惫，还保证了生鲜的品质。

1. 冷链宅配存在的问题

（1）配送品质难以保证

目前，在冷链宅配“最后一公里”的配送上，很多公司并未配小型冷藏车等设备，现在市场上许多经销商用非专用车辆等进行配送，对常温件、冷藏件的配送也没有具体规定，只要当天送到即可。由于货物较多，部分冷藏包裹暴露于室外环境中，过分依赖泡沫箱和冰袋。运输过程中，由于多种原因，不能保证全程制冷，全程温度跟踪记录也没有普及，如冷藏车频繁开门、装卸货物时冷链中断等；使用单温区冷藏车进行冷藏、冷冻混车配送导致冷藏食品冻伤，冷冻食品融化；使用泡沫箱或纸箱加冰、冰瓶，有的甚至不放冰块降温，难以保证配送温度，食品安全也令人担忧。

（2）配送成本居高不下

城市配送“最后一公里”问题，如果算上储存、分拣、送达三部分费用，城市配送的成本是整个物流过程中最高的；国内油价持续上涨，油价的变动直接影响物流配送成本的高低；国家物价水平持续高涨，人工费用支出逐年增加；加之冷链宅配的配送量小、配送范围散、冷藏车的装载率低等因素，导致配送成本高。

（3）收货时间不稳定

生鲜品类由于其对配送要求较高，代售点通常都是拒绝代收，需要配送到家，由于大部分消费者都是白天上班，所以商品需要下午或晚上配送，或者只能周末在家等待，而周末又是快递的高峰期，配送经常迟到；有时配送到家，遇到客户不在的情况，等待浪费效率，还会影响生鲜质量，如取消投递，则会造成更大的损耗。

2. 冷链宅配模式分析

冷链宅配的巨大市场带来的发展机遇让众多企业跃跃欲试，综合平台开拓生鲜电商业务，垂直类生鲜电商深耕供应链，外卖平台整合订餐需求，“小而美”的社区 APP（应用程序）层出不穷，这都吸引着冷链物流企业甚至外界人士关注、探索宅配新模式。

（1）智能系统+众包宅配

这种模式的应用场景是多个配送员需从多个不固定的配送点出发为多个消费者进行配送，配送范围一般较小，利用移动终端终极定位功能，应用大数据处理快速决策以智能调配，实现配送效率最高的目标。目前采用这种模式的主要是饿了么、美团外卖、京东到家等类似平台型电商，平台不雇佣配送人员而是与众包商合作，对众包人员进行订单分配和调度，由其完成对消费者的配送服务。目前餐饮外卖是采用专用保温箱、简易折叠箱、塑料箱配送到楼下，然后送到消费者手中，生鲜品等对温度要求高得多，采用纸箱加冰块的方式。该模式一般在短时间内快速完成配送，响应快，对于温控的要求相对较低。这种模式的优势是可以在全国范围内快速实现扩张。

（2）城市站点+微物流

这种模式也称为 B2B2C[①] 模式，其应用场景多为产品经干线或者区域运输到达城市配送中心分拣配送到城市站点，有站点完成站点末端最后的配送，挑战在于是否可以实现全程冷链 。一般由专业第三方物流公司承接，完成具有 2C（送达客户）业务的商家和电商平台的宅配任务。在配送中心送往城市站点过程中多由冷藏车或者常温车+冷藏箱的方式完成，但是在“最后一公里”的宅配过程，服务水平则参差不齐，有些使用冷藏三轮车配送到楼下然后配送给消费者，实现全程冷链，如极客猫、黑狗、安家宅配是这种模式中完成较高的宅配品牌，可保证当日送达、全程冷链、全程温度监控，满足消费者高品质冷链服务。也有一些采用冷藏箱+冰块的“伪冷链”的方式，对于水果等一些敏感度较高的也有一些采用泡沫箱配送，末端冷链无法保障。这种模式的发展依赖于区域冷链物流商的水平，扩张速度受限制。

（3）便利店/社区仓+宅配

这种模式是 O2O 社区电商自建社区仓库或者与便利店合作以实现库存前置，通过冷链运输配送到便利店或者社区仓库后，以此为起点完成线上订单送货，配送员为电商平台自营人员、便利店加盟人员或者众包人员，配送方式多采用泡沫箱+冰块的方式。目前，应用这种模式的多为蔬菜、水果、冷冻品等物品。这种模式的企业有爱鲜蜂、每日优鲜等。

（4）冷链快递

这种模式是指具有冷链物流配送能力的快递企业，承接全国范围的冷链收发和配送业务，较前面几种模式覆盖区域广，结合电商平台打造单品爆款进行冷链配送。该模式典型代表是顺丰冷运，依托空运+公路和全国性网络实现快速联运，以冷藏车和专用冷藏箱结合实现全程冷链配送。目前一些冷链宅配企业也开始涉足区域冷链快递业务。

---

① B2B2C 是一种电子商务类型的网络购物商业模式，B 是 business 的简称，C 是 customer 的简称，第一个 B 是指商品或服务的供应商，第二个 B 是指从事电子商务的企业。

(5) 超市+宅配

这种模式依托大型超市的仓库、库存商品、会员资源实现线上下单，由线下宅配企业完成配送，配送人员有自营和众包两种模式。覆盖范围比社区范围更广，因出发点固定从而配送路径优化简单。这种模式配送物品覆盖全品类，冷链商品只是一部分，所以冷链配送全程冷链难度大。

3. 冷链宅配发展建议

纵观以上，我国冷链宅配市场潜力巨大，但现在行业尚不成熟和规范，冷链末端断链、消费者冷链意识薄弱、配送成本高、损耗率高、难以下沉等问题尚未解决。针对上述问题，对于冷链宅配的发展有如下建议。

(1) 进行消费者教育增强冷链意识

我国冷链“最后一公里”发展相对滞后、服务质量参差不齐不仅是发展阶段和经济环境决定的，其中消费者也扮演了重要角色。消费者不为冷链宅配买单也并非仅仅是经济条件限制，而是对于冷链重要性不甚了解，不了解水果、蔬菜等肉眼不明显可见鲜度损失与冷链物流的关联，对于食品品质更加不敏感，从而不愿为冷链物流买单。消费者需求才是促进市场发展的健康力量，应通过消费者教育，让其认识冷链物流的价值，刺激需求拉动冷链市场发展，当整个市场实现全程冷链后，价格上升空间也一定能保持在消费者承担范围内。

(2) 发展专业第三方冷链宅配企业

O2O 业务的发展使得城市“最后一公里”配送不断向下延伸，逐渐从 2B 到小 B 再到 2C，面对庞大而分散的终端，宅配需求日趋增长，商户自营配送往往面临配送成本高、温度不易控制等问题，具有分拣、包装、共配等综合服务功能的第三方冷链宅配企业可以提供更专业的配送服务，提高社会配送效率，而目前第三方冷链宅配市场尚不完善，还需加强建设。

(3) 众包宅配整合资源

目前，O2O 宅配业务有商户个人配送、自营团队配送和众包配送三种，餐饮配送时间比较集中，会出现高峰人力不够，低估人员闲置的情况，而生鲜配送对于时间要求不是那么敏感，可利用餐饮闲余时间配送。众包模式可以结合不同配送需求，整合社会碎片资源，优化运力结构，提供专业服务，运用互联网思维链接供需双方，使其更具竞争力，这将是未来的发展趋势。

四、“互联网+”生鲜电商

平台经济到来，供给侧和需求则向着逆向化、快变化、精准化、个性化和共享化方向快速发展。伴随经济的全球化，物流设施的国际化和物流服务的全面化，物流活动并不仅仅局限于一个企业、一个地区或一个国家。企业间的竞争已经上升到供应链与供应链之间的竞争。当前，我国正处于增速趋缓、结构调整、动能转换的重要拐点。以“互联网+”为代表的新技术、新产业、新业态、新模式成为发展新引擎，助推中国“新经济”发展。“十三五”时期，随着“互联网+”战略的实施，我国物流信息化建设迎来重要的发展机遇期。物流信息化投资将进一步扩大，投资重点从初级的数据信息化逐步向流程信息化、服务网络化和供应链一体化转移；物流新技术将加快推广应用，物联网、云计算、大数据、移动互联、位置服务等新兴技术成为应用热点，带动物流新模式、新业态、新产业创新发展；“互联网+”高效物流将变为现实，智慧物流通过产业链上下游的广泛连接和深度融合，创造开放共享、合作共赢的新生态；平台经济将进入新阶段，由单纯的信息匹配型平台逐步向更具价值的业务交易型平台转型，资源平台化、运力社会化助推产业平台化发展，智慧与共享物流时代已经到来。

“互联网+”冷链、温控、品控的具体内容和流程是怎样的？我们应该用什么样的技术？加什么？如何去加？最终达到什么目的？简言之：①传统生产、流程环节的电子化，即物流地网要在互联网的技术基础上，增加冷链物流所涉及的品类、时空、储运、“3T”指数，实现传统产业数据的电子化和单元化。②传统贸易流通模式的电子化，即运用互联网技术，将传统线下产业移植线上，实现线上交流、洽谈、撮合直至形成有效交易。③通过传统产业和贸易流通的电子化，通过云技术手段，形成“天网电商，地网物流”的云服务体系或平台。具体到冷链物流领域，即形成电商品控（冷链、温控）物流的云服务体系。④利用数据和流程服务的电子化去证明产品安全、减少企业风险、管控供应者的诚信度，最终形成冷链物流的透明供应链，增强消费者的信任度，净化生鲜食品的市场环境。⑤挖掘大数据，提升、总结、整理、归纳，形成（国家、行业）标准去指导和规范企业、消费者和市场，让生鲜电商企业不再亏损，摸索出一条具有市场竞争力的生鲜电商发展壮大之路。

新常态下，政府高度重视食品安全，中产阶级人口数量不断增加，对冷链产品和品质消费需求越来越大，政府和消费者对冷链物流理念的认识越来越深，冷链市场规模继续扩大。但当前全国真正有竞争力的品牌电商冷链物流企业还不多，严重制约着生鲜电商发展。随着新的《食品安全法》的颁布实施和标准化建设的完善，未来几年冷链物流产业将有一个非常快的发展期，冷链品控供应链和品牌竞争，将成为主流。冷链物流企业特别是陆、海、空多式联运的冷运企业国内几乎是空白，有着很大的发展空间。各地方将加快探索打造具有核心竞争力的冷链物流品牌企业来支持当地的特色农产品上行和跨境出口。随着全社会对

"优质优价"农产品的需求不断增长。农产品生产企业的期盼是优质优价；消费者的需求是物美价廉；政府要求的是既保物价平稳，又保食品安全；总之就是要探索不伤民也不伤农的最佳产销模式。随着国民经济全面转型升级和互联网、物联网发展，以及基础设施的进一步完善，冷链物流需求保持快速增长，服务质量和创新能力有望进一步提升，农产品电子商务和冷链品控物流一体化建设透明供应链，将进入全面服务社会生产和人民安全消费的新阶段。

生鲜电商物流技术要求最高：第一级是普货物流基本技术，第二级是食品安全要求（包装食品），第三级是冷链、温控、品控的生鲜初级农产品，还有不同的品类和时空差异，所以说生鲜电商物流是最难的。电子商务需要快速移动，它的微环境（包装）、中环境（储运装备）和时空环境（季节地域）对食品的生命状态、品质都是有影响的。传统的"货-流-人"模式，由于物流标准不健全，快件在装载时不分区，所以"一双鞋也能毒死人"。现在亟待建立相关装载的标准，哪些可以混装，哪些不能，哪些在上，哪些在下等，要逐步规范。

生鲜电商发展之所以步履艰难，是受了冷链品控物流技术研发滞后这块物流领域最短板的制约。要实现农产品的移动价值，"时空"和三个环境对冷链物流品质的影响尤为重要。我国疆土纵跨热、温、寒三个温度带，同一时间在不同区域会有不同季节的温度变化，如各品类农产品从海南到哈尔滨，各环节应该用什么样的储运装备和包装？"3T 指数"是怎样的？"最初一公里"和"最后一公里"的问题是否有效解决？成本是否在控制范围内？温控品控大数据就成了实体冷链物流企业实操的弱项和雷区，尤其是冷藏运输，难度极大，不仅对装备、工艺提出了更高的要求，对驾驶员和快递员也提出了很高的专业要求。因此，为了进一步指导冷链物流企业的实际操作和温控设置，减少损耗和浪费，保障安全与品质，研究、采集、建立冷链品控大数据和相关数学建模工程，互联网、物联网、大数据等信息技术还将为消费者提供食品优质优价的准确数据和品牌凭证。数据支撑标准，标准支撑品牌，产业链共建共生，品牌企业共同打造诚信透明的冷链品控供应链。

第二章　品控物流技术基础*

第一节　农产品的生物学基础

一、农产品及食用农产品的概念

根据《中华人民共和国农产品质量安全法》规定，农产品是指来源于农业的初级产品，即在农业活动中获得的植物、动物、微生物及其产品。农产品作为农业生产的产品，与工业产品相对应。它的范围十分广泛，既包括植物类、畜牧类、渔业类等食用农产品，又包括干草、香精油、动物皮毛等非食用类农产品。

《中华人民共和国食品安全法》将食用农产品定义为供食用的源于农业的初级产品。由于原料来自农产品，通常食用农产品也称为农产食品，一般包括天然食品和加工食品。天然食品是指在农业生产活动中直接获得的未经加工的供人食用的产品，如谷物、水果、蔬菜、禽蛋和鲜奶等；加工食品则是指为了便于流通和销售，经过宰杀、脱毛、清洗、分拣、分割、保鲜、冷冻和包装等初级加工，只改变其物理状态未改变其生化特性的可供人食用或饮用的产品，如小麦粉、净菜、保鲜肉、冷冻鱼虾、动物内脏、巴氏灭菌奶和果汁饮料等。

二、农产品的分类

国际上对农产品的划分标准很严格，对农产品的质量要求包括耐储性、运输环节、口感以及纤维含量等一系列指标。在中国，农产品贸易统计部门和农产品分类问题的研究人员依据不同的分类基础，结合自身统计和研究目的的需要，采用了多种不同的分类方法。程国强认为按照产品属性可将农产品分为谷物产品、园艺产品、畜产品、水产品及其他产品五类，按照产品的要素密集性可将农产品

---

* 本章由张玉华、张德生、徐红、朱旭刚、陈恩修、王鑫、郭风军、张长峰、张咏梅撰写

分为土地密集型产品和劳动密集型产品。卢锋等将农业贸易产品分成大宗农产品、作为食物的动物产品、非食物动物产品、鱼类产品、蔬菜水果等园艺类产品、饮料和烟草以及其他农产品七个子类，并给出了农业贸易产品分类方法。以产品性质作为农产品分类的基础，按照产品属性和要素密集性对农产品进行分类是目前使用较为广泛的分类方法，具有很强的适用性。农产品还可以按农产品标准编码系统分类，分为家禽、家畜、粮食及特用作物、林产品、水产、蔬菜、水果、花卉八大类。各大类又可依品种细分，品种再依中文名称、英文名称、学名名称等综合细分。

农产品种类繁多，自身属性差异巨大，既有粮食、棉花、油料等生化性能相对稳定的大宗农产品，又有水果、蔬菜、畜禽等易腐的生鲜农产品。农产品的种类、生物属性以及与消费衔接的特点各不相同，导致其交易特性和物流特性也各有差异。如上所述的这些分类方法将农产品划分得过于宽泛，对于研究农产品贸易的结构特征和农产品的比较优势等问题比较适用，若在农产品物流的研究中仍然沿用该分类方法，则会使农产品与物流之间的对应关系不够明确。因此，作者立足国内农业生产实际，首次以生物学、食品加工学和物流学的理论知识为基础，以市场上交易的农产品为对象，依据生物特性和物流特性对农产品的种类进行划分，将农产品划分为粮食、果蔬、畜禽、水产和低温食品五大类，作为农产品温控物流研究得以深入的前提条件。

粮食产品水分含量较少，经过晾晒后不易发生霉变，对存储条件的要求不是很高。尤其是未经加工的粮食产品，颗粒细小、均匀，有一层致密的果皮做自然保护，易于存储，而且存储浪费小、成本低。因此，粮食产品可在一定时期内通过存储来调节季节性生产与连续性消费之间的矛盾。消费者一般也会通过小批量、间断性的购买来调节连续性的消费，这样粮食产品的终端消费物流具有小规模的经济性特点。

果蔬类产品一般因含水量高、呼吸强度高，具有易失水、易破损、易腐烂等特点。果蔬产品大多难于存储，或对存储条件要求和存储成本较高，因此一般采取即时销售办法来弥补存储的不足。消费者一般会采用“一餐一购”或“一日一购”的即时性消费方式来保证其购买产品的鲜嫩程度。这使得果蔬类产品物流的经济批量减少、配送频度增加。

畜禽和水产品一样，在加工前难于存储，因此大多采用生产代储的方式进入物流领域。但畜禽和水产品在加工前后通过保鲜包装或冷冻处理，相对容易存储，可通过存储来调节销售节奏与连续性需求的矛盾。另外，部分畜禽和水产品可以实现连续生产，再加上附加值较高，需求弹性较大，因而季节性的影响并不明显。相比其他农产品，畜禽和水产品属于价格高、价格弹性和需求弹性都比较明显的“高档消费品”，且生产调节的弹性空间较大，因此对物流方式选择的空间也较大。

低温食品是指以生鲜农、水、畜产品为主要原料，经过前处理，再予以腌渍或加热、调理，并急速冷却（冻）的包装食品。这类产品具有天然、易调理、方便、口味多样等特性，十分符合随着双薪家庭增多、工业化社会环境、饮食习惯变革、外食人口增加等引起的快速消费的需求。低温食品对存储和配送要求高，必须严格保证全程低温以避免食品变质。同样，低温食品也可以实现连续生产，需求弹性较大，因而季节性的影响亦不明显，对物流方式选择的空间也较大。

三、农产品的生物属性与物流的关系

与制造业相比，农产品易受气候、季节、地理及生物等自然条件和水肥等管理条件的影响，具有区别于工业品的特殊属性。

（一）农产品的自然属性

1. 易腐性

农产品都是经过种植或繁殖的自然生长过程获得的有机体，采后仍有生命活动的延续，因此大多农产品都是生鲜易腐产品，商品寿命短，保鲜困难。为保持农产品的新鲜度和品质，要求尽量减少装卸搬运次数，在储存期间与运输途中需要特有的物流设备（包括冷库、冷藏车等，以及专门的技术如保鲜、包装、储藏技术等），同时对物流过程的要求也非常苛刻。

2. 单位价值低

多数农产品的体积大、单位产品价值较小，一方面会增加运输、储存、包装的难度或工序，另一方面会极大提高作业和营运的成本。生鲜农产品对运输条件、运输政策环境较工业品更加敏感，使得它的物流运输费用巨大。

3. 品质差异大

由于对自然条件的可控力不强，农业生产受自然条件影响大，即使按统一标准生产的农产品也会存在一定的差异，产品的形状、规格和质量参差不齐。这也决定了初步的流通加工使其规格化、标准化的重要性。

4. 价格波动大

农产品的生产对自然地理条件具有明显的依赖性。尽管随着科技水平的提高，人类在农业生产上已经取得了很大进步，但是在农产品自然气候、生产周期、水土等方面的自然规律仍然起着主导作用，这使得农产品的供给弹性很小。农产品是生活必需品，属于生存资料，就每个人来说，在身体能量上的需求几乎是固定的，并且要求是均匀的，使得农产品需求弹性也很小。带来的必然结果就是，农产品的价格在一年、一个季节，甚至是一天之内也有可能有频繁、大幅度的变动。

（二）农产品的物流属性

1. 种类多、规模大

鲜货鲜销是我国生活消费农产品的主要形式。由于要保证在分散的产销之间满足消费者在不同时空上的要求，我国的农产品物流一直都面临着时间、空间、品种、数量以及质量的巨大挑战。再者，许多轻工、纺织与化工行业以农产品为原料，使得我国农产品物流的需求量和物流量非常大，流向范围广。近年来，生鲜电子商务的迅速发展使农产品的物流量进一步增大。

2. 季节性与周期性强

与其他产品的物流相比，农产品物流的周期性十分显著。这是由于大多数的农业生产具有较强的季节性，农产品上市的品种和数量有明显的淡旺季，特别是鲜活农产品上市的季节性更强。在农产品成熟时，物流任务繁重，而一旦产品采收季节过后，物流量就会急剧下降，整体波动较大。由此导致农产品的供应物流、生产物流和销售物流均具有较强的季节性和周期性。

3. 难度大，专业性强

农产品的生物学特性决定了它具有含水量高、保鲜期相对较短、腐烂变质的概率大及鲜活程度要求高的特点，因此需采取一定的技术措施（如保鲜、冷藏、冷冻、防疫、防腐、烘干等处理）。技术处理的高低对农产品质量和损耗影响较大。这使得其物流难度大，专业性也比较强。这就要求农产品在生产、流通加工、包装方式以及储运条件等方面都有非常强的专业性。与此同时，农产品物流的相关设施设备与运输工具也得具备一定的专业性。另外，更强调安全和无污染，要求实现“绿色物流”。

4. 时间和空间的要求高，要求物流的及时性

农产品是季节性生产、全年消费，地域性生产、全国消费的产品。同季节性相似，农业生产必须基于一定的地理环境条件，不同的地域生产的农产品也不尽

相同，这导致农产品具有明显的地域性特征。消费者对农产品具有全年性、普遍性、多样性和变化性的需求，而相当多的使用价值不可替代的农产品往往产自全国不同地区，这在相当大的程度上，要运送到全国各地消费。这就要求农产品物流具有足够的灵活性和可改变性，借助物流活动的机械化、自动化和合理化，实现在最短的物流时间内空间位置的高效转移，以满足各地消费者的即时需求。同时一些农产品需要经过进行科学的技术处理，使其具有较好的储藏特性和较长的储运期，以利于扩大农产品市场的供应时间和空间。

第二节 农产品冷链装备技术

冷链系统的基本流程为产地采集及产后处理、预冷、冷加工、产地集货、冷藏、产地批发、冷藏运输、销地集货、销地加工、批发、配送、零售及消费。它对应的制冷设施主要有预冷设备、冷库、冷藏车、超市冷柜及家庭消费冰箱等。在高寒、冬季等时空条件下，某些生鲜农产品还需要通过提升温度以保证其品质。

一、预冷及冰鲜装备

预冷是指采收后的果蔬易腐产品，在运输储藏之前，除去田间热，使其温度降低到规定温度的操作过程。研究表明，经过预冷的产品可以迅速去除田间热，减缓失水率，降低呼吸速率，抑制病原菌繁殖，减少乙烯释放量，降低营养成分的消耗，延长储藏时间和货架期，而且可以有效地降低冷藏库和冷藏车船的冷负荷，实现冷藏储运装置的节能运行。冰鲜是指将捕捞上来的水产品用冰降温保鲜，并没有冷冻，来保证它们的肉体细胞没有产生变化的一种储存方式。但为了保证其新鲜度，只能进行短期存储。

（一）预冷装备

果蔬的成熟和采摘多在炎热高温的夏秋季节进行。采摘后的果蔬储存有大量的田间热，果蔬的温度较高，呼吸作用旺盛；释放的呼吸热使得果蔬产品温度持续升高，较高的温度又促进了呼吸作用，导致果蔬的快速衰老和死亡，降低了经济价值。降温是降低呼吸作用、抑制产品劣变和延缓后熟衰老的有效途径。一般情况下，环境温度越低，呼吸强度也越低；果蔬在10℃存放时的呼吸强度是0℃存放时的3倍，而且环境温度下存放24h的含糖量损失为1/3～1/2。因此，在果蔬采摘后，需要采用人工方法迅速去除田间热和呼吸热，将其冷却到规定温度是保持果蔬新鲜的关键步骤，而预冷是实现这一步骤的重要方式。有数据表明，冷链中不经预冷果蔬的流通损失率高达25%~30%，而预冷后的果蔬损失率仅为5%~10%。另外，预冷还可以大大提高果蔬的储藏时间。

根据预冷对象的特性，有不同的预冷方法。常见的有空气预冷装备、水预冷装备、冰预冷装备、真空预冷装备等，现分别对其进行介绍。

1. 强制通风预冷装备

强制通风预冷是较早采用的一种冷却方式。它是利用风机强制冷空气经过产品或产品包装周围，通过传导和对流换热降低产品温度。强制通风预冷装备主要用于预冷速度要求不高的产品冷却，一般由制冷系统、风机和隔热围护结构三部分组成。强制通风预冷设备较便宜，但冷却时间较长，一般需要10~24h。

2. 水预冷设备

水预冷设备可分为浸泡式和喷淋式两种。最简单的浸泡式预冷就是将水和冰一起放置在一个大容器中，让水和冰充分混合，得到温度接近0℃的冰水混合物，直接将果蔬箱放入冰水中浸泡一段时间，待果蔬温度降低后取出。浸泡式预冷在冰水槽中设有传送带，使果蔬在通过传送带的过程中被冷却，传送带的速度可根据果蔬要求达到的预冷温度决定。冰水槽内可设置制冷系统的蒸发器以对水进行冷却，将产品热负荷带走，也可不设置蒸发器，通过加入冰块保证冰水槽中的温度。在实际操作中，经常在冰水中加入消毒杀菌剂或保鲜剂对果蔬进行化学处理以延长保鲜期。

喷淋式水预冷设备则可分为连续式与批次式两种。连续式喷淋预冷设备主要由冷却隧道、传送带、喷淋水系统和制冷系统组成，在隧道内喷淋0~1℃的水，果蔬在隧道内的传送带上走25~30min，温度可从30℃降到5℃左右。传送装置可以选用不同的速率，以适应不同的冷却需要。

在批次式水预冷设备中，产品一批批地放入冷却空间，大量的冷水连续喷淋到产品表面，然后汇集到底部的水箱，经过滤冷却后循环使用。许多产品采用水预冷可以达到很好的冷却效果，类似玉米、苹果、哈密瓜和桃子等体积与表面比率大且表面无孔的产品非常适合这种预冷方法。体积小的产品，如樱桃，也可以很好地使用水预冷设备，但喷淋水的力度不应对产品造成物理伤害。产品装箱的设计和堆放形式是提高水预冷系统运作效率的重要因素，会影响冷却过程中的热交换。如果冷水只是流经包装箱外部而无法进入包装箱内，不仅耗费时间长而且冷却效果不佳。在设备制造材料方面，与水接触的装置内表面最好全部以不锈钢制成，以安全有效地保证保鲜期。冷水预冷冷却速度快，只需要10~40min，适合果类和块根类蔬菜。由于果蔬要接触水，其表面会沾有大量的水，利于微生物的生长，容易造成腐烂，所以限制了水预冷设备的推广应用。

3. 冰预冷设备

冰预冷是较容易实现的产地预冷方法之一。大多数果蔬产地都可以在附近方便地购买到冰块。对于产量不是很大的果蔬，碎冰及加冰预冷可以由农民手动完成，对于处理量大的果蔬，冰预冷可以由可移动的注冰机来完成。

注冰预冷时必须要有碎冰设备，将块冰或板状冰研磨成直径不大于5mm的冰粒，并与水混合成高浓度的冰水混合物，注冰机将冰水混合物通过软管导入纸箱或其他容器内，直接覆盖在产品表面。采取这种方法可以大大提高冷却效率。堆积在货盘上的货物放置在舱门之间的导轨上，然后将舱门紧闭。使用泵将注冰机底部存储箱中的冰水混合物吸至设备的顶部，通过门上的注冰管道并借助上部液压夹具，从货物四周流入包装的开口，进入产品包装箱内。目前在美国加利福尼亚州，超过90%的西兰花使用这种冷却方式。

4. 真空预冷设备

真空预冷设备是专为防止鲜菜、鲜果、食用菌等鲜活农产品在采后冷藏运输过程中鲜度和品质下降而设计的。其基本原理是将采后的果蔬、食用菌等放置在真空处理槽内，在低压下水分从其表面蒸发出来，利用水分蒸发获取蒸发潜热，从而达到使被处理物品迅速均匀冷却的效果。一般经真空处理，可在30min左右快速均匀地降至0℃左右，同时，配合其他综合保鲜措施，可有效地保持鲜度，降低腐烂率，延长保鲜期和货架寿命。真空预冷设备对水分不易蒸发的果蔬几乎不能冷却，其投资成本也较高，适合叶菜类蔬菜。

真空预冷设备主要包括真空货仓、真空系统、制冷系统（含捕水器）、水喷淋系统和电气控制系统等。从理论上说，农产品蒸发的水蒸气可全部由真空泵抽吸排空，但在常压下1mL的水，当压力变为1073Pa（8℃）时，体积要增大12万倍。如果所有的水蒸气只靠真空泵抽吸，不仅消耗很多电能，而且也不能使真空箱内压力快速降下来，因此，在真空预冷设备中设有制冷系统。制冷系统不是用于直接冷却果蔬的，而是将制冷系统中的蒸发盘管用作捕水器，使真空箱内的蔬菜在减压过程中产生的大量水蒸气重新凝结成水。这极大地减轻了真空系统抽气负荷，使真空箱内快速达到所需的真空度并保持稳定。捕水器可放置于真空箱内，也可外置于真空箱体，通过管道与真空箱体相连。

移动式真空预冷设备一般配有水喷淋系统，一方面可以保证温度要求，另一方面也可以使果蔬保持更好的新鲜度和良好的外观色泽。

5. 预冷冷库

在普通小型保温库的基础上加上机械制冷装置也可以组成移动式冷库用于果蔬预冷。美国农业部一个研究团队开发的移动式冷却装置，经过发展现在已开始实用化。用户只需购买普通的窗式空调器和一个现成的控制器连接上即可方便地进行温度控制，控制温度最低可达0℃，空气的相对湿度也维持在一个较高的水平。自2006年以来该装置已售出了几千套用于此类项目的建设与改造。类似的小型可移动式机械制冷冷库在我国也有应用。

6. 采用蓄冷板的预冷装置

蓄冷板冷藏车是冷藏车辆发展的一种新的方式，具有运输温度恒定、运输温度较低、运输成本较低的特点。在发达国家，蓄冷板冷藏车已普遍应用于冰淇淋冷饮行业。它是利用蓄冷板中的蓄冷剂液体冷却凝固成共晶冰而蓄存大量冷量并用于货物的冷却。将蓄冷板与移动式差压预冷车配套，可实现果蔬等易腐产品的产地预冷。蓄冷板一般用铝合金做成50～100mm厚的中空壳体，内装蓄冷剂。常用的蓄冷剂为低熔点的无机盐混合溶液。在蓄冷板中设有制冷蒸发盘管，蓄冷剂直接与盘管接触，借助制冷盘管内的制冷剂吸热冻结而储存冷量。通常蓄冷板安装在保温厢体的顶板内表面，蓄冷板的蓄冷能力根据预冷果蔬所需制冷量的大小而定。

7. 蒸发冷却预冷设备

在干燥地区，也可以采用水蒸发冷却的方法来进行预冷。将水供到多孔的湿帘材料上，空气在风机的作用下横向流过湿帘，与水进行热湿交换，进行热湿交换后，空气的温度约比当地空气的湿球温度高1～2℃。由于干燥地区空气的干湿球温差很大，用这种方法可以运用较低温的空气对果蔬产品实现预冷。

蒸发冷却预冷设备简单，初投资小，使用方便，但在我国预冷领域暂未得到应用。由于蒸发冷却技术已广泛应用于空调行业，有关湿帘材料的特性、空气、水流量比对冷却效果的影响等相关研究也非常多，可以参考借鉴用以开发该类预冷设备。

8. 预冷保鲜一体化装备

预冷保鲜库集预冷和储藏于一体，采用类似差压通风预冷的夹层式送风方式。该方式是在冷库的顶部吊顶形成夹层，然后由冷风机把冷风吹入夹层中，再通过吊顶上的送风口（直径为5～10mm）进入库内，从而达到库内送风均匀消除死角的效果。这种送风方式的主要原理是冷库吊顶内的夹层起静压箱的作用，冷风到达储藏区后，由于速度和重力的关系，由上而下均匀通过预冷储藏的果蔬，使冷风充分接触果蔬，从而使果蔬得到均匀的冷却，能快速降低果蔬的温度，对预冷储藏果蔬的品质有较好的保证。

预冷保鲜库主要由库体、制冷系统、蒸发器、控制系统等组成。我国大部分地区果蔬生产分散，专业化程度低，规模小，若用大规模预冷设备，集货时间较长，且在果蔬产地拥有预冷储藏设备的还很少，适合采用小型的预冷保鲜库。小型库既具有预冷功能，又能储藏保鲜。这样就可以避免预冷后再转库，减少果蔬表面沾水和结露的机会，减少了果蔬变质和腐烂的机会，还可以减少劳动力，节约成本。库体容积的大小按可预冷 2t、储存 10t 果蔬为标准确定。$1m^3$ 的体积可存放 230kg 果蔬，10t 果蔬要占用 $43m^3$ 的体积，再考虑到冷库的容积率为 50%，故一般将预冷保鲜库的容积设计为 $90m^3$。考虑到华南地区的高温高湿，库体采用聚氨酯保温板拼装而成。

制冷系统是预冷保鲜库的主要设备，它必须快速除去果蔬的田间热、呼吸热、库外漏进冷库中的热量等，使果蔬快速冷却到所需的温度。相同容量的预冷保鲜库的制冷量比储藏库的要大，故要选用制冷量较大的机组。考虑到操作简单和维护方便，可选用全封闭压缩机的制冷系统。

9. 差压预冷设备

差压通风预冷设备投资不大（只比强制通风预冷多一个静压室和一台差压风机），但冷却速度比强制通风冷却快 2 ~6 倍。

差压通风预冷试验装置主要有制冷系统、控制系统和测试系统三大部分构成。制冷部分主要是试验冷库；控制系统分为低温冷库库温控制和差压风机转速控制；测试系统有实验段差压预冷箱部分、温度自动采集部分和库内环境数据采集部分组成。

国家农产品现代物流工程技术研究中心对差压预冷装置做了部分研究，完成了移动式差压预冷装置的整体设计及试制工作。该装置箱体采用 40ft① 超高冷藏集装箱，箱内设挡风帆布帘，货物沿箱体两侧摆放，中间留出风道，货物整齐摆放完毕，将帆布帘由前端伸展至后端，使得中间风道封闭；一次处理量 10t（以甜糯玉米计）。

对预冷过程作的研究主要集中在装置试制完成后，用西兰花、甜糯玉米和芦

① ft 即英尺，1ft=0.3048m。

笋进行的预冷性能测试试验。在实验条件下，10t 西兰花从 30℃预冷至 5℃的平均预冷时间为 4h30min，处理能耗成本为 5.3 元/t；10t 甜糯玉米从 30℃预冷至 5℃的平均预冷时间为 4h45min，处理能耗成本为 5.42 元/t；10t 芦笋从 30℃预冷至 5℃的平均预冷时间为 4h38min，处理能耗成本为 5.37 元/t。

（二）冰鲜设备

果蔬采摘后需要预冷，而对于远洋渔船捕捞的水产品，则需要冰鲜。冰鲜水产品只是将捕捞上来的水产品用冰降温保鲜，并没有冷冻，所以，冰鲜水产品的手感一般是比较软的，不像冷冻水产品那么硬。冰鲜水产品主要有虾类、蟹类和鱼类。价格档次比较高的鱼，做成冰鲜鱼的比较多。另外，一些加工品，如生鱼片，主要是活体宰杀，直接用冰保鲜，然后上市。由于储存和运输的限制，冰鲜水产品原来在沿海地区应用比较广泛。因其可以更好地保持水产品的新鲜程度，近几年在北方市场也快速发展。

水产品冰鲜离不开冰，冰由制冰机产生。制冰机是一种将水通过制冷系统蒸发器冷却后生成冰的制冷机械设备。根据蒸发器和生成过程方式原理不同，生成的冰的形状也不同，人们一般根据冰形状将制冰机分为颗粒冰机、片冰机、板冰机、管冰机、壳冰机等。通常来说，水产品冰鲜大都采用片冰，产生片冰的制冰机一般称为片冰机。片冰机的蒸发器的组成主要有冰刀、洒水盘、主轴、接水盘等。制冰过程为水从制冰机蒸发器的进水口进入分水盘，通过洒水管，将水均匀地洒在结冰面上，形成水膜；水膜与流道中的制冷剂通过间壁进行热交换，温度迅速降低，在结冰面上形成一层薄冰，在冰刀的挤压下，碎裂成片冰，从落冰口掉进冰库。部分未结成冰的水通过接水盘从回水口回流至冷水箱内，通过冷水循环泵，循环使用。

二、冷冻及冷加工温控设备

（一）速冻设备

目前国内生产的速冻设备有两大类，即快速冻结设备（速冻设备）和一般冻结设备（主要指慢速冻结设备）。而按载冷方式又分为鼓风式速冻装备、接触式速冻装备、沉浸式速冻装备和液化气体喷淋式速冻装备。

目前国内生产的各种冻结设备，由于形式和性能不同，食品的冻结速度有很大的差别。一般鼓风式速冻设备的冻结速度为 0.5 ~ 3cm/h。属慢速冻结；流态化冻结设备的冻结速度为 5 ~ 10cm/h；液氮喷淋冻结设备的冻结速度为 10 ~

100cm/h，均属快速冻结设备。我国目前生产的速冻设备，主要有鼓风式速冻设备、接触式速冻设备、深冷速冻设备和沉浸式速冻设备四大类型。这四种类型派生出的各种速冻设备，均已在国内和国外市场销售。

速冻设备已成为国家农产品现代物流工程技术研究中心烟台冰轮分中心的研发重点之一，市场占有率名列前茅。在氟利昂低温制冷系统的应用中，尤其是在速冻隧道和速冻冷库的应用中，采用传统的单机双级压缩制冷或带经济器的螺杆压缩机已不是最佳方案，为了获得相对较大的冷气量和较高的能效比（COP），采用螺杆双级配打这一先进技术越来越得到行业的认同。螺杆双级配打压缩制冷循环制冷系数高、节能（环保节能30%以上）、易于实现自动控制、节省投资和运行成本，是一种高效的具有国际先进水平的制冷循环方案。

（二）冻干装备

冻干装备（又称“食品冻干机”），是农产品与食品进行冻干的关键设备。此外，根据冻干工艺的需要还有前处理设备与后处理设备。食品冻干机按运行方式的不同，可分为间歇式和连续式两种；根据在干燥室内能否进行预冻，可分为能预冻和不能预冻的冻干机；根据冻干物料的生产量和用途，可分为工业用和实验用冻干机等。食品冻干机由干燥室、水蒸气冷凝器、制冷系统、真空系统、加热系统和控制系统等构成。连续式食品冻干机主要用于大规模单一品种的自动化生产，而缺点是设备复杂。比较典型的连续式冻干机有水平隧道式和垂直螺旋式两种。

目前食品冻干机用得较多的是间隙式冻干机。这种冻干机多数是盘架式干燥室，以圆筒形居多。料盘架有固定式或小车式，带有翅片或楔形通气元件的物料盘，置于各层加热板上。物料可在箱外预冻或装后冻结，后者要求把制冷系统与干燥室直接相连。物料预冻和水汽低温冷凝各有自己的制冷循环系统。水蒸气冷凝器与干燥室分开，并且只使用一个水蒸气冷凝器。操作时，将湿物料放在料盘中，用右制冷机预冻，预冻完毕，停止制冷循环，加热器开始工作。同时与水蒸气冷凝器接通，进行干燥。水蒸气冷凝器由下边的制冷机提供冷量，物料升华的水蒸气在冷凝器的表面上结霜，而不凝结的气体由真空泵抽除。也有将水蒸气冷凝器和干燥室结合起来，只用一套制冷系统的，它既可用作预冻也可用于水蒸气冷凝。

（三）加工间空调

加工间空调已广泛应用在肉制品、水产品、水果及蔬菜加工领域。在确保产品质量的同时，对于产品档次的提升也起到了一定的辅助作用，并为打入国际市场提供了有力的保障。

以某水产加工企业为例，根据空调末端温度的不同将空调水系统分为2个系统：低温空调系统采用25%乙二醇水溶液作为载冷剂，供回液温度为-3～2℃；舒适区的空调系统将供回液温度为-3～2℃的乙二醇水溶液经板式换热器换为供回液温度为7～12℃的冷水送入空调末端。水产品加工间的货物散湿量及加工过程中工艺的散湿量均较大，因此空调系统的冷凝水要作保温处理，以防止结露。表2-1为空调系统设计参数。

表2-1　空调系统设计参数

房间	干球温度/℃		相对湿度/%		新风量/（次/h）	排风量/（次/h）
	夏季	冬季	夏季	冬季		
罗非鱼加工车间	15～18	—	—	—	2.4	2.2
综合加工车间	15～18	—	—	—	3	2.7
鱿鱼加工车间	15～18	—	—	—	3	2.7
虾加工车间	15～18	—	—	—	3	2.7
初加工车间	15～18	—	—	—	3	2.7
精品包装间	15～18	—	—	—	3	2.7
过道	15～18	—	—	—	—	—
包装间1	10～15	—	—	—	2.4	2.2
包装间2	10～15	—	—	—	3	2.7
包装间3	10～15	—	—	—	3	2.7
包装间4	10～15	—	—	—	3	2.7
走廊	26～28	—	—	—	—	—
更衣间	≤30	—	—	—	2	5

（四）自主研发的冷冻新技术装备

近年来，国家农产品现代物流工程技术研究中心已经研发了R404A/CO_2复叠制冷设备，并对系统进行了实验研究。目前制冷行业普遍使用的CFCs等人工合成制冷剂，对地球的臭氧层产生了严重的破坏，后续开发的HCFCs类人工合成制冷剂虽然对臭氧层没有破坏，但是对地球有不同程度的温室效应影响。由于存在以上环境问题，制冷界对制冷工质的替代进行试验研究，其中二氧化碳以其良好的物、化特性而受到青睐。R404A是环保制冷剂，CO_2是自然工质，随着社会发展和人类自身生存环境的保护，未来的发展必将得到广泛应用，因此，在复叠式制冷系统中采用自然工质的研究非常紧迫和必要（图 2-1）。

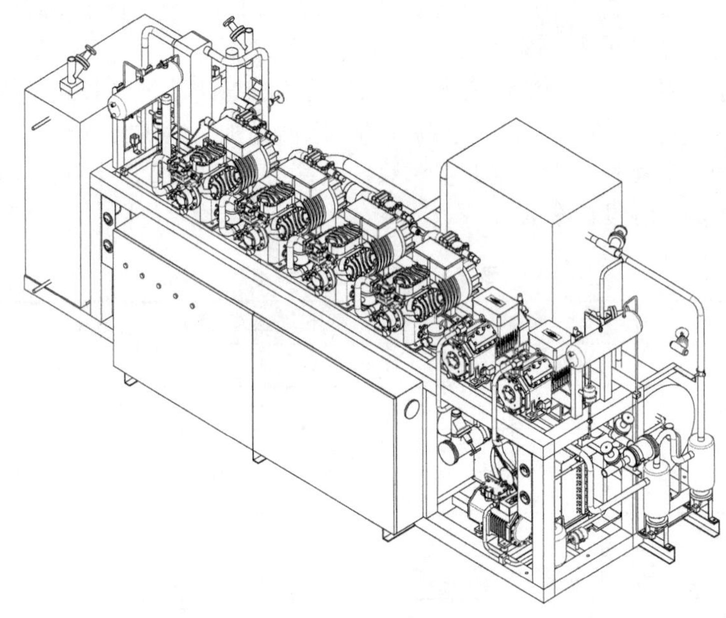

图 2-1 机组示意图

以 R404A 为高温循环工质，CO_2为低温循环工质的复叠制冷系统，蒸发温度可达−55℃，运行压力低，设备容积小，可以直接供冷，对被冷冻冷藏物品（如食品、医药、农作物种子等）无污染，保证物品的品质。CO_2不燃，运行安全可靠。R404A/CO_2复叠式制冷系统具有很好的市场发展前景。目前国家农产品现代物流工程技术研究中心研制的机组已经成功出口法国。

三、冷藏装备

现代冷藏装置中首先发展起来的是冷藏库。冷藏库是对易腐烂食品进行加工和储藏的设施，实际上就是大型的固定式冰箱，简称冷库。19 世纪末冷藏库最早出现在美国和澳大利亚，当时的冷藏库主要是为了解决易腐食品在运输过程中的冷却和短期储藏问题。经过一个多世纪的发展，冷藏库已经成为发展食品工业不可缺少的手段，成为国民经济的一个组成部分，冷藏库的总容量已经可以作为衡量一个国家食品工业和制冷事业发展水平的指标。随着我国改革开放和经济的迅速发展，各地区新建冷藏库遍地开花，从城市到乡村，从沿海到边疆，各种冷藏库星罗棋布。据《制冷快报》载，截至 2015 年年底，全国（不含港澳台）31

个省、市、自治区共有冷库超过10万座，冷藏总量为3640万t。另据中商产业研究院的研究报告，预计到2020年，我国冷库储存总量将达到4927万t。

（一）冷藏库

冷库种类很多，按照不同的分类方法，有不同的冷库类型。

1. 按冷藏库结构形式分类

（1）土建冷库

冷库主体结构为钢筋混凝土框架结构或混合结构，常常用于大容量或大吨位的冷库。土建冷库的热惰性比较大，库温比较稳定。土建冷库具有坚固、隔热性好、造价低、建设周期长等特点。

（2）装配式冷库

装配式冷库库体采用钢框架和轻质预制的硬质聚氨酯或聚苯乙烯夹芯板材拼装而成。

（3）夹套式冷库

在常规冷库的围护结构内增加一个内夹套结构，夹套内装设冷却设备，冷风在夹套内循环制冷，即构成夹套式冷库。夹套式冷库的库温均匀，食品干耗小，外界环境对库内干扰小，夹套内空气流动阻力小，气流组织均匀，造价比常规冷库高。

（4）覆土冷库

洞体多采用拱形结构，一般为砖石砌墙，并覆盖一定厚度的土层作为隔热层，具有施工简单、就地取材、造价低、坚固耐用等特点。

（5）气调冷库

气调冷库主要用于要求对新鲜果蔬、农作物种子和花卉作较长期储存。与上述冷库不同的是气调冷库除了要控制库内的温度、湿度外，同时考虑气调冷库内的植物的呼吸作用，对库内的 O_2、CO_2、N_2和乙烯含量进行调控，抑制果蔬等植物的呼吸及新陈代谢，使之处于冬眠状态，以达到长期储存的目的。

2. 按冷藏库温度分类

（1）高温冷藏库

高温冷藏库主要用于果品蔬菜类保鲜，库房温度为-5～5℃。近几年在高温冷库方面的最新研究成果是冰温库。冰温（0℃以下、冰点以上的温度区域定义为该食品的“冰温带”，简称“冰温”）储藏果蔬的效果远远优于冷藏，这主要有以下几点原因：①冰温储藏能够抑制果蔬的呼吸作用，推迟果蔬的呼吸高峰期，减少各种营养成分的损失；②冰温储藏不仅不破坏果蔬的细胞，同时能够提高果蔬的品质，因为在冰点温度附近，为阻止体内冰晶形成，动植物会从体内不断地分泌大量的不冻液，其主要成分是葡萄糖、氨基酸、天冬氨酸等，以降低冰点，生物细胞内释放水溶性分子而切断蛋白质，此时蛋白质会以氨基酸形式释放，或是分解淀粉变成糖分，而这些生理变化都在不同程度上提高了果蔬的品质；③冰温储藏可有效抑制微生物的生长。在水产品保鲜中，冰温可有效地抑制因微生物和酶的作用而引起的新鲜度下降。

（2）中温冷库

中温冷库主要用于冻结后的食品冷藏，库房温度为-10～-5℃。

（3）低温冷库

低温冷库主要用于冻结后的水产、禽肉类食品冷藏，库房温度为-20～-10℃。

（4）冻结冷库

冻结冷库主要用于鲜品冷藏前的快速冷冻，库房温度在-23℃以下。

3. 按使用性质分类

（1）生产性冷藏库

生产性冷藏库主要建在货源较集中的产区，作为肉、禽、蛋、鱼虾、果蔬、海产品及速冻面点等易腐食品加工厂的冷冻车间使用。食品在此进行冷冻加工，短期冷藏储存后运往其他销售地区，零进整出，要求交通运输必须方便。其特点是冷冻加工的能力较大，有一定库容量，其建设规模应根据货源情况和商品调出计划确定。

（2）分配性冷藏库

分配性冷藏库一般建在大中城市、水陆交通枢纽和人口较多的工矿区，作为市场供应需要、出口计划的完成和长期储备中转运输之用。其特点是冻结量小、冷藏量大，而且要考虑多种食品的储存。由于冷藏量大，进出货比较集中，零进整出，因此要求库内运输通畅，吞吐迅速。

（3）零售性冷藏库

零售性冷藏库一般建在城市的大型副食品商店内，供临时储存零售食品之用。其特点是库容量小，储存期短，库温则随使用要求不同而异。

除以上分类方法，还包括：按冷库的功能可以分为预冷冷藏库、冻结冷藏库、速冻库、储冰库和气调库等；按冷库容量的大小可分为大型冷库、大中型冷库、中型冷库和小型冷库；按储藏的商品分为畜肉类冷库、水产品冷库、禽蛋冷库、果蔬冷库、冷饮品冷库、茶叶冷库和花卉冷库等。

冷库是一年四季维持低温的特殊工业建筑，也是能耗大户。在建筑节能规划中，围护结构的保温要承担大约70%的任务，由此可见，做好冷库建筑节能十分必要。目前全国冷库库容达到880万t，到2015年再增加冷库库容1000万t。随着我国经济持续稳定的发展，人民对生活质量要求越来越高，对食品卫生、营养、新鲜、方便的要求越来越迫切，需要速冻、冷藏、保鲜的肉类、水产、乳品、水果和蔬菜等各类食品也越来越丰富。因此，积极推广冷库建筑节能新技术，降低企业生产成本，减少库温波动，保持食品质量，百利而无一害。

国家农产品现代物流工程技术研究中心进行了节能防水库体的研制，冷库承重采用钢柱、钢梁（网架）等轻型钢结构形式，保温采用预制聚氨酯夹芯库板、聚苯夹芯库板现场拼接，屋面采用保温瓦楞板，并与保温层之间形成空气层，以期达到防水防蒸汽渗透的良好效果。冷库地坪保温材料选用挤塑聚苯乙烯（XPS）泡沫塑料，它具有致密的表层及闭空结构内层，其导热系数低于同厚度的聚苯乙烯，具有更好的保温性能；由于其内层闭孔结构，其抗湿性较好，在潮湿环境中仍能保持良好的隔热性能。挤塑聚苯乙烯具有独特的坚硬紧密的晶体结构，它的抗压强度高、抗水蒸气渗透性能强，性能稳定，使用年限持久，因此被国际上认为是用于冷库隔热工程中的理想材料。研发的节能防水型冷库库体有四大优点：①有效地防止水蒸气的浸透；②外形美观、材料坚固、耐腐蚀性好；③对保温板具有加固作用，整体性好；④采用节能防水型库体结构与传统两毡三油做防水隔气层聚氨酯喷涂保温结构相比较每年能节省25%～30%的运行费用。

（二）冷藏运输设备

1. 公路冷藏车

冷藏车是重要的冷藏运输工具，是冷链的一个重要的环节。冷藏车的经济利益在于保证货物的运输质量，避免易腐货物在运输过程中因为腐烂变质而受到经济损失。2010年冷藏车、保温车合计达到1万辆。但人口只有1.27亿的日本的冷藏车年产量稳定在3万辆左右，人口刚突破3亿的美国则为5万辆。所以，不论是冷藏车年产销量，还是总保有量、人均保有量，均与发达国家还有很大差距。

（1）机械冷藏车

公路冷藏车主要以机械冷藏车为主。当前典型的车型是赛沃第五代冷藏车。上海航空特种车辆有限公司将冷藏车作为公司核心产品，引进和自主开发了冷藏车制造专用设备与技术，生产国际上最为先进的第五代冷藏（保温）车。适用范围：食品加工企业、食品贸易企业、个体运输户、物流运输企业、物流仓储企业、其他加工企业。采用冷王、开利等国外知名品牌制冷机组，也可根据用户的需求选用国产制冷机组。配备先进的温度控制和监控系统，温度可自动调节，从而实现动力、制冷的完美结合。

（2）蓄冷板式冷藏车

蓄冷板冷藏车是主要用于运输、分发冰淇淋等需要恒定低温运输的冷冻货物的一类专用汽车。其主要由汽车二类底盘、保温厢体、蓄冷板及蓄冷制冷机组等组成。通常蓄冷板安装在保温厢体的顶板内表面，蓄冷制冷机组安装在保温厢体前端的底板外下部。其制冷原理是利用蓄冷板中的蓄冷剂冷冻后所储存的蓄冷量进行制冷，运输前先将蓄冷制冷机组接通外接交流电源，对蓄冷板中的蓄冷剂进行“蓄冷”，即冷却冻结；使用过程中利用蓄冷剂的融化吸热，对保温厢体内不断“放冷”。常用的蓄冷剂均为低熔点的无机盐混合溶液，与传统的风冷式冷藏运输车相比具有运输温度恒定、运输温度较和运输成本较低等优点。

2. 冷藏集装箱

机械式冷藏集装箱是一种带有制冷机组，能对箱内货物进行制冷的具有特殊用途的集装箱。由于机械式冷藏集装箱能迅速降低食品的温度，并且很容易调节温度和维持温度稳定不变，一直以来就是冷藏运输中主要的运输工具。

目前我国的冷藏集装箱运输占整个运输的8%～10%，前景非常可观。主要有耗用冷剂式、隔热式、机械式、气调式冷藏集装箱。

机械式冷藏集装箱是自带有制冷装置的特殊集装箱。制冷装置能为集装箱提供不间断的冷量，维持箱内低温和一定的湿度。集装箱内温度保持在25～-25℃。制冷装置的标准电源一般为440V×60Hz，但装有内藏变压器以后，世界各地的电源一般都可以使用。原则上在装载冷冻或冷却货时，一般在装箱前要求对货物进行预冷，使货物降低到一定温度以下，再装箱。在海陆联运中，要求冷藏集装箱在整个运输中制冷装置能自动启动。

3. 冷藏船

自20世纪80年代中期，集装箱船运输在整个冷藏货海运中的份额就不断增加，从1985年的34%，增加到1998年占42.8%。大部分肉类和海产食物用冷藏集装箱船运输，而普通冷藏船主要用来运输香蕉、季节性水果如柑橘等。

冷藏货运的集装箱化是不可避免的，随之而来的是冷藏货海运业务由中小港口向集装箱大港集中。普通冷藏船具有运输大宗冷藏货物和季节性货物的优势，不但不会消失，而且还会有一定量的发展。

冷藏船作为食品冷藏链中的一个环节，完成各种水产品或其他冷藏食品的转运，保证运输期间食品必要的运送条件。它主要用于渔业，尤其是远洋渔业。远洋渔业的作业时间很长，有的长达半年以上，必须用冷藏船将捕捞物及时冷冻加工和冷藏。此外，由海路运输易腐食品也必须用冷藏船。

冷藏船可分为三种：冷冻母船、冷冻运输船和冷冻渔船。冷冻母船是万吨以上的大型船，它配备冷却、冻结装置，可进行冷藏运输。冷冻渔船一般是指备有低温装置的远洋捕鱼船或船队中较大型的船。冷冻运输船包括集装箱船，它的隔热保温要求很严格，温度波动不超过±5℃。冷藏运输船又有四种基本类型：专业冷藏舱、商业冷藏舱、冷藏集装箱运输船、特殊货物冷藏运输船。

冷藏船上一般都装有制冷装置，船舱隔热保温。船用制冷设备与陆用设备的主要不同如下：①制冷设备应具有更高的使用安全可靠性，较高的耐压、抗湿、抗振性能及耐冲击性；②具有一定的抗倾性能；③船用制冷装置的用材应有较好的抗腐蚀性能；④船用制冷装置的安装、连接应具有更高的气密性及运行可靠性；⑤船用制冷装置选用的制冷剂应不燃、不爆、无毒，对人体无刺激，不影响健康；⑥船用制冷装置应具有更好的适应性，安全控制、运行调节及监视、记录系统更加完备。

4. 铁路冷藏车

近几年铁路运输部门取消了加冰冷藏车，代之为机械冷藏车，如中铁特货运输有限责任公司沈阳分公司拥有 4 种冷藏车型（表 2-2）。

表 2-2　冷藏车车型及参数

车型	载重/t	容积/m^3	计费重量/t	技术性能	车组载重/t
B10	38	100	44	单节机械冷藏车组	—
B12	45	92	42	5 节机械冷藏车组	180
B22	46	105	48	5 节机械冷藏车组	184
B23	45.5	105	48	5 节机械冷藏车组	182

机械制冷铁路冷藏车是以机械式制冷装置为冷源的冷藏车，它是目前铁路冷藏运输中的主要工具之一。机械制冷铁路冷藏车有两种结构形式。一种是每一节车厢都备有自己的制冷设备，用自己的柴油发电机组来驱动制冷压缩机，冷藏车可以单节与一般货物车厢编列运行；另一种机械制冷铁路冷藏车中只装有制冷机组，没有柴油发电机，这种铁路冷藏车不能单独与一般货物列车编列运行，只能组成单一机械列运行，由专用车厢中的柴油发电机统一供电驱动压缩机。目前我国机械冷藏车一般采用集中供电、单独制冷（每辆货物车分别制冷）的方式。机械铁路冷藏车的优点如下：①制冷速度快；②温度调节范围大、车内温度分布均匀；③运送迅速；④适应性强，制冷、加热、通风换气、融霜能自动化；⑤新

型机械冷藏车还设有温度自动检测、记录和安全报警装置。

四、配送周转装备

我国的冷链物流配送主要采用专用冷冻/冷藏车，不仅购置成本高，而且车辆利用率低。可以考虑采用一般车辆，辅以蓄能保温箱，将多品温产品一起配送的多温共配模式。既降低了车辆的购置成本，又充分利用了车辆能力，并实现了节能降耗。

国际上冷链物流的理论与实践应用研究经历了三个发展阶段。由单品温物流发展到机械冷冻车厢区隔，机电共享保冷柜配送的多品温物流，再由机械式和机电共享式多品温物流发展为蓄冷式多温共配物流。

目前，我国市场上冷链品的配送仍以单品温配送为主。使用常温车、冷藏、冷冻车分别配送，即为单品温配送。也就是说，常温品以常温车辆配送，冷冻/冷藏品则以冷冻车及冷藏车配送。像运送冰淇淋、冷冻食品者，一般选择温度维持在-15℃以下的冷冻车；运送鲜乳或其他冷藏食品者，通常选择温度维持在0℃以上的冷藏车。单品温配送由于无法实现多品温共同配送，在少量多样的环境下，不同温域的食品只能单车单运，车辆的运能无法相互运用，会造成车辆使用效率低和运能浪费，以及收发货次数及开启车门频繁等问题。机械式冷冻车厢区隔是用车厢间隔多种温域，利用车辆引擎驱动冷冻机组的共配系统。该种车辆均温性低，投资成本高，操作成本高。机电共享式保冷柜和机械式冷冻冷藏系统所实现的多温共配模式，其均温性不高，温度弹性需设定后才能使食品全程保鲜，投资和操作成本高。无论是机械式还是机电共享式配送模式，都需要专用车辆。专用车辆造价通常高于普通车辆的 1.5 ~ 2 倍。专用的冷冻或冷藏车辆，必须在一般货车上设置冷冻/冷藏与保温设备。专用车辆使用数量多以及伴随着冷冻设备数量多，使得维修率与成本倍增。另外，专用冷链车辆的制冷特点也决定了每次装、卸货作业都会造成车厢冷度的流失，并导致能源浪费和环境污染。

利用蓄冷保温柜和蓄冷保温箱，能够使食品温度维持在所需范围达 12h。这样，从某种程度上就解脱了货物配送时间的制约，也有利于有效地安排、实施冷链品的配送计划和配送路径。在优化配送中，在节省配送里程的同时，又可降低能耗和成本。保温箱的使用避免了传统冷冻车在装卸作业中的冷度流失，进而减少了能源浪费和环境污染。一般货车同时混载不同品温食品配送，可以实现车辆运能的相互运用，降低配送次数，减少配送车辆的总数和行驶里程。通过专门的物流企业实施共同配送，更有助于提高实载率，减少社会车流总量。所有这些不仅减少了交通拥挤及其带来的能源消耗与碳排放，而且提高了规模效率和实现了成本节省。

1. 保鲜箱

农产品及医药等特种温控物流与多温同车配送业务发展需要大量保鲜箱。保鲜箱的运用可以有效减少损失，但当前保鲜箱内冷藏品的计量、分装还处于手工分装层次，计量分装效率低下，工人劳动强度大，不可避免地出现冷藏品与人的直接接触和周围环境对其污染，满足不了部分冷藏品无菌的要求，而自动化高效计量分装需要箱盖自动启闭技术。冷链物流中的过程某些商品对温度变化特别敏感，容易引起变质，所以对其运输有严格的温度管控要求。但在当前的冷链运输业务中大多数公司主要是通过孤立的温度检测记录仪放在车上进行独立的温度记录管理，无法对冷藏车保鲜箱等容器的内部温度进行实时的监测。冷链物流中存在的问题对温度传感、信息显示、存储、报警、追溯等智能信息化提出了需求。另外冷链物流中，保鲜箱报废后的废料及其重复使用所需的清洗、除味及蓄冷材料对环境构成严重污染，也衍生了对保鲜箱绿色环保技术的需求。

国家农产品现代物流工程技术研究中心设计了一种农产品及医药等特种温控物流与多温同车配送自动启闭智能保鲜箱。通过箱盖启闭机构创新、智能信息化集成创新、绿色环保新材料应用集成创新，解决了用于食品、果蔬、药品、试剂、疫苗等产品储运的传统保鲜箱存在的三大问题：①手工启闭，不适合自动化配送作业；②无温度感知与报警、信息存储功能，储运过程温度超限所存物品变质易导致重大事故；③箱体废料环保问题严重，蓄冷剂效率低(图2-2)。

图2-2　保鲜箱实物外形

此款保温箱系列产品具有温度显示、报警、手机提示及温度参数存储与读取功能，蓄冷时间达到32h以上，并已投入中试，填补了国内空白，主要技术经济指标达到国内领先水平，市场前景良好。

2. 新型蓄冷板

很多果蔬批发市场是收集散户的果蔬集中装箱发运，果蔬装箱时在箱内放置冷板或冰瓶，但冷板和冰瓶的蓄冷量低，换热效率差，放冷时间短。长途运输需要大量的冷板或冰瓶才能保证果蔬的新鲜程度，大量挤占了运输空间，而且到目的地后冷板或冰瓶就会扔掉，不但造成了巨大的浪费，还存在环保问题。新型蓄冷板相比蓄冷换热装置蓄冷量大，放冷时间较长，板面温度高于蔬菜冰点温度，制备方法简单，成本较低，安全可靠，并可循环使用（图 2-3）。

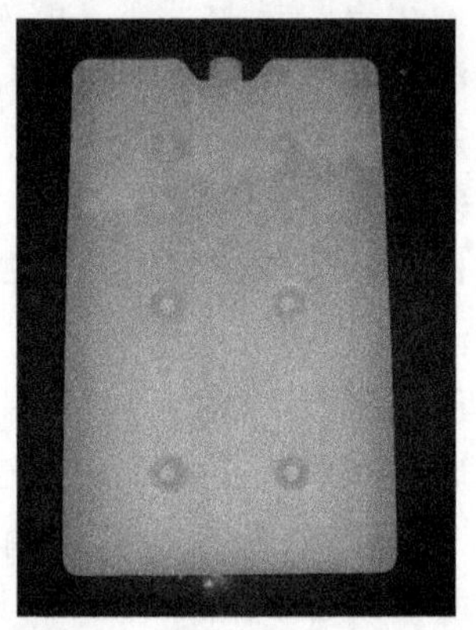

图 2-3 新型蓄冷板外形图

五、终端低温装备

冷藏陈列柜是菜场、副食品商场、超级市场等销售环节的冷藏设施，目前已成为冷藏链建设中的重要一环。根据冷藏陈列柜的结构形式，可分为敞开式和封闭式，敞开式又包括卧式敞开式和立式多层敞开式，封闭式又包括卧式封闭式和立式多层封闭式。

卧式敞开式冷藏陈列柜上部敞开，开口处有循环冷空气形成的空气幕，通过维护结构传入的热量也被循环的冷风吸收，不影响食品的质量。对食品质量影响较大的是由开口处传入的辐射热，特别是对于冻结食品用的陈列柜，辐射热流较大。当外界湿空气侵入陈列柜时，遇到蒸发器就会结霜，随着霜层的增加冷却能力降低，因此必须在 24h 内至少进行一次自动除霜。外界空气的侵入量与风速有关，当风速超过 0.3m/s 时，侵入的空气量会明显增加，所以在布置敞开式陈列柜时，应考虑与空调的相对位置。

立式多层敞开式冷藏陈列柜与卧式的相比，立式多层敞开式冷藏陈列柜占地面积的容积大，商品放置高度与人体高度相近，展示效果好，也便于顾客购物。但这种结构的陈列柜，其内部的冷空气更容易逸出柜外，从而外部侵入的空气量也多，为了防止冷空气与外界空气的混合，在冷风幕的外侧，应再设置一层或两层非冷空气构成的空气幕，同时配备较大的制冷能力和冷风量。由于立式多层敞开式冷藏陈列柜风幕是垂直的，外界空气侵入柜内的数量受空气流速的影响更大，从节能的角度来看，要求控制柜外风速小于0.15m/s，温度小于25℃，湿度小于55%。

卧式封闭式冷藏陈列柜的结构与敞开式相似，它在开口处设有二到三层玻璃构成的滑动盖，玻璃夹层中的空气起到隔热作用。另外，冷空气风幕也由埋在柜壁上的冷却排管，通过外壁面传入的热量由冷却排管吸收。为了提高保冷性能，可在陈列柜后部的上方装置冷却器，让冷空气像水平盖子那样强制循环。缺点是商品装载量少，效率低。

立式封闭式冷藏陈列柜的柜体后壁上有冷空气循环通道，冷空气在风机作用下强制地在柜内循环。柜门为二到三层玻璃，玻璃夹缝中的空气具有隔热作用，由于玻璃对红外线的透过率低，所以柜门虽然很大，传入的辐射热并不多。

六、物流热控装备

《易腐食品控温运输技术要求》（GB/T 22918—2008）把食品运输过程的热状态分为冻结状态、冷却状态和未冷却状态等。其中未冷却状态的定义是“易腐食品未进行任何冷加工，按自然温度状态提交运输的热状态”。故一般情况下，用非控温车辆运输即可。因此，在北方冬季较长距离运输水果蔬菜时，除采用隔热车（箱）外，还应当配有电加热设备，以防止冷害和冻害。

第三节　农产品品质安全控制、检测与管理技术基础

农产品的品质安全直接决定了食品的质量安全状况，直接关系着每个人的日常生活，以及广大人民群众的身体健康乃至生命安全。一般来讲，水果、蔬菜、肉禽、水产等生鲜农产品从产地采收（或屠宰、捕捞）后，需经过加工、储藏、运输、配送、销售等多个环节，尽可能快速地通过物流系统供应到消费者手中，最大限度地保证产品质量安全，减少农产品质变，防止污染。然而，长期以来，我国对农产品供应的关注点主要集中在生产环节，对物流过程中的安全问题没有引起足够的重视，对供应链和物流过程的监控和管理非常薄弱，因此导致大量生

鲜农产品产后损失严重。

了解农产品物流过程可能存在的品质劣变和安全问题，及早地对品质劣变进行探测和预警，并采取适当的调控手段，建立物流过程完善的管理技术体系，对保障农产品物流过程较好的品质和安全具有重要意义。

一、农产品物流过程品质控制技术

随着人们消费水平从温饱型向小康型的转变，消费者对食品特别是农产品品质的要求越来越高，优质农产品十分畅销，而品质差的产品就会滞销、价格暴跌。优质优价在现在及未来农产品销售市场上，将是普遍的规律。

本部分重点介绍农产品在流通过程中可能出现的品质劣变，以及可采用的调控技术。

（一）果蔬采后品质劣变及其调控

1. 果蔬采后品质劣变

果蔬采后脱离母体，水分和养分得不到补充，但仍是生命有机体，通过呼吸作用改变内部物质，要经历成熟、衰老、死亡等一系列生理变化。

（1）后熟与衰老

果蔬完熟或后熟是指生长发育末期，即衰老早期或老化末期发生的、导致果蔬食用品质变化的一系列事件；而衰老通常指随着生理学成熟度增加，与器官自然死亡有关的衰退过程。果蔬采收后脱离了原先的生长环境和母体植株，虽然失去了水分和营养物质的供应来源，但是它们的生命活动并没有因此而停止。在流通和储藏中仍然进行呼吸、蒸发等一系列的生理活动。由于缺乏与其他器官中激素和养分信号的交流，这些过程逐渐向分解的方向进行。它们动用储藏在自身的各种有机物质和水分，从而使自己在外观形态、着色程度、自身重量、组织硬度、口味特点及芳香气味等各个方面都发生着一系列的变化。如果任其发展，这些产品势必会逐渐地丧失其新鲜度，最终导致死亡，而失去商品价值和食用价值。

（2）失水、失重

水分影响着果蔬的嫩度、脆度，并保持了果蔬的风味，因而与果蔬的萎蔫、皱缩等品质密切相关。据报道，植物细胞失水，细胞壁酶活性已经开始升高，并加速了呼吸速率和乙烯的生成。因此，即使果蔬没有皱缩，采后失水也影响着包括色泽、口味和营养成分在内的果蔬品质特性。例如，葡萄采后失水造成了细胞物质的浓缩及呼吸速率的增长，糖酸比增加，酒石酸与苹果酸比率增高，同时葡萄糖与果糖比率下降。并且，由于这些代谢活性的改变，挥发性风味物质也发生了显著的改变，研究表明，挥发性风味物质的改变与葡萄失水强度和失水速率显著相关。

（3）质地软化

质地受水分和细胞壁多糖变化影响较大，采后水分散失和果胶降解是导致果蔬质地软化的主要原因。由于失水造成了细胞膨压的下降，进而影响细胞壁的完整性，这种膨压的改变直接影响果实的硬度，造成果实的软化。细胞壁作为支撑细胞形态的主要物质，其成分、结构及其变化是研究果实软化的另一重要因素。目前普遍认为细胞壁结构破坏及细胞壁物质降解是果实软化的重要原因。

（4）褐变

果蔬的酶促褐变是指果蔬在受到机械损伤或处于异常环境（受冻、受热）下，在氧化酶作用下将酚类物质氧化形成醌，醌的多聚化以及它与其他物质的结合产生黑色或褐色的色素沉淀。褐变不仅引起果蔬色、味等感观性状的下降，还会造成营养损失，甚至影响其安全性。酶促褐变的发生需要三个条件，即适当的酚类底物、酚氧化酶和氧，缺一不可。实践中控制酶促褐变的方法主要从控制酚酶和氧两方面入手，主要途径有：①钝化酚酶的活性（热烫、抑制剂等）；②改变酚酶作用的条件（pH、水分活度等）；③隔绝氧气的接触（气调包装）；④使用抗氧化剂（抗坏血酸、SO_2等）。

（5）冷害

冷害是指冰点以上的不适宜低温对组织产生的伤害。因为冷害一般在较高温度下发生，其症状往往在离开低温条件冷藏转移到温暖环境中后才表现出来，因而不易及时发现。同时遭受冷害的产品更易受到病菌危害，因此冷害的危害比冻害更大。采后果蔬冷害的症状主要有如下几种：①变色，发生于果实的内部和外部。果肉颜色不均一，果实表面不能正常着色。②表面斑痕，在果实表面出现大小不同的斑痕。③组织塌陷崩溃，果实内部肉质崩溃，表面塌陷。④失去后熟能力或成熟不均匀，果实不能正常后熟软化，果实汁液减少以及不能产生正常风味。⑤腐烂和衰老加剧，受冷害的组织减弱对病害及微生物的抵抗能力，微生物易入侵冷害部位，致使腐烂发生。

（6）气体伤害

在果蔬储藏过程中，常见的气体伤害有低 O_2 伤害、高 CO_2 伤害、NH_3 伤害、SO_2 伤害，以及乙烯的有害影响。

1）低 O_2 伤害。低 O_2 伤害的主要症状表现为：表皮组织局部失水凹陷、坏死，表皮或果肉组织变褐、软化，正常成熟过程受阻，产生酒精味和异味。不同果蔬的低氧临界浓度差异较大，菠菜为1%，石刁柏为2.5%，豌豆和胡萝卜则为4%。温度升高会增加果蔬对低氧的敏感性，因为温度升高，呼吸加强，组织对氧需求量增加，低氧的临界浓度会略有升高。

2）高CO_2伤害。高CO_2伤害的主要症状与低氧伤害类似，主要表现为：表皮或内部组织变褐、塌陷、脱水萎蔫甚至出现空腔。各种果蔬对CO_2的忍耐力差异很大。鸭梨、结球莴苣对CO_2非常敏感，1%的浓度就足以使它们受害；柑橘、菜豆也很敏感，少量CO_2累积，就会诱发柑橘出现水肿，菜豆发生锈斑；绿菜花、洋葱、蒜薹则能耐受10%左右的高CO_2。储藏温度和产品本身的生理状态也影响产品对CO_2敏感性。储藏温度升高，呼吸加强，会导致组织内部CO_2累积，增加果蔬对外部CO_2的敏感性。此外，幼嫩的或处在衰老阶段的果蔬，组织内外气体交换能力下降，容易造成组织内部CO_2积累，组织受害。

3）乙烯。乙烯是引发跃变型果实后熟和植物组织衰老的主要因素，乙烯首先与植物体内乙烯受体结合，然后信号传导，诱发与果实后熟和植物组织衰老相关的一系列不可逆转的生理生化过程。果蔬在储藏过程中释放乙烯，当乙烯浓度达到一定水平时会启动果蔬的后熟过程，加速其衰老与腐烂。

4）乙醇和乙醛。乙醇和乙醛是植物组织糖酵解的产物，当O_2过低CO_2过高时，果蔬会发生无氧呼吸，引起乙醇和乙醛的升高，从而使果蔬质量降低。

5）其他气体。冷库内NH_3泄漏时，苹果和葡萄红色减退；蒜薹出现不规则的浅褐色凹陷斑；番茄不能正常变红而且组织破裂。葡萄储藏时，防腐剂SO_2处理浓度偏高时，可使果粒漂白，严重时呈水渍状。

（7）病原微生物侵染

果蔬采后的侵染性病害是指果蔬由于病原微生物的入侵而引致果蔬腐烂变质的病害，它可相互传播，有侵染过程，是果品蔬菜和病原菌在一定环境下相互作用的结果。果蔬在储运过程中受到的生物性危害主要来源于真菌和细菌，由于储藏环境的温度、湿度以及气体成分不合理导致果蔬受到致病菌的侵害，不同品种的果蔬在储运过程中受到的致病菌和发病规律有所不同。常见的致病真菌包括曲霉菌、镰刀菌、根霉菌、青霉菌、灰霉菌、芽枝霉菌等，常见的致病细菌包括假单胞菌、欧氏杆菌、黄单胞菌等。

真菌的侵入途径除伤口外，主要有自然孔口侵入和表皮直接侵入两种类型；细菌的侵入途径主要是通过皮孔和伤口。潜伏性病菌通过气孔、皮孔或直接穿透表皮细胞进入细胞间隙中潜伏，并随着果实采后成熟和衰老，潜伏真菌逐渐活化为致病状态，从而使果实表现出病症。细菌对果蔬的侵害主要在种植环节，一般依靠昆虫、风力传播病菌使果蔬致病，当种植环境温度、湿度不适宜时也会造成病害的发生。果蔬在采后流通过程中的细菌性病害多为细菌性软腐病，受病害侵染的果蔬通过汁液外流进入相邻果蔬的组织细胞，造成果蔬的大片腐烂。

2. 果蔬品质劣变的调控技术

（1）预冷

果蔬采后田间热可加速其呼吸和蒸腾作用，促进水分蒸发和微生物繁殖，加速果蔬老化。为有效抑制果蔬采后的新陈代谢，果蔬采后需进行预冷处理。预冷是指采收后的果蔬在储藏或运输之前，迅速将其温度降低至规定温度的作业。果蔬采后入库预冷间隔时间越短越有利于其品质的保持。研究表明，在整个冷藏链中，不经预冷处理的蔬菜在流通中的损失率为25%～30%，而预冷蔬菜的损失率仅为5%～10%。预冷作为冷链物流的首要环节，对果蔬品质、价值以及储运过程都有重要意义。预冷可降低果蔬采后呼吸强度，抑制酶活性和乙烯的释放，降低果蔬生理代谢率，减少生理病害。经过预冷的果蔬进入冷库或冷藏车，制冷量消耗低，有利于保鲜环境的调控，也可降低储运能耗。预冷已经成为果蔬流通过程中保证质量的首要措施。现如今，欧美、日本等地区已经把预冷作为果蔬采摘后必不可少的工序。

常见的预冷方式有冰预冷、冷水预冷、强制通风预冷、差压预冷和真空预冷。在进行预冷方式的选择时，首先要考虑果蔬的种类。叶菜类产品适宜选用真空预冷和差压预冷，根茎类产品如马铃薯、木薯等可采用冷水和强制通风进行预冷，蘑菇类和草莓类产品可以使用真空预冷和差压预冷，苹果、梨和葡萄等以包装箱包装的产品最好采用差压预冷。一般来说，同一种产品可能有几种适宜的预冷方式，需要考虑自身的实际情况，根据资金情况和市场需求确定合适的预冷方式。

（2）温度调控

冷藏又称低温储藏，是指在0℃或略高于果蔬冰点的适宜低温环境条件下储藏果蔬，抑制微生物的繁殖，并减缓果蔬的氧化和腐败速度。冷藏是现代化果蔬储藏的主要方式，它不受自然条件的限制，可在气温较高的季节以及周年进行储藏，以保证果蔬的周年供应。冷藏可以减缓果蔬的呼吸代谢过程，还可以降低病原菌的发生率和果蔬的腐烂率，从而达到延长果蔬储藏期的目的。冷藏只能在一定程度上保持果蔬的生鲜状态，但保质期较短，适合鲜销。

冰温技术是作为继冷藏、冻藏后的又一保鲜方法，代表了果蔬低温保鲜的最新技术。所谓冰温，是指0℃至冰点以上的未冻结温度区域，冰温技术则是在冰温范围内的一种新型储藏技术。果蔬在此温度带保存，不仅呼吸代谢被抑制、衰老速度减慢，使储藏期得到保证，还可以克服冻结食品因结晶产生的蛋白质变性、组织结构损伤、液汁流失等现象。张辉玲等（2006）的研究表明，冰温条件下，龙眼果实可溶性固形物含量和总酸含量下降都比普通冷藏果实的慢，冰温储藏果实的营养成分比普通冷藏含量高。胡位荣等（2005）研究发现，与冷藏（3℃）相比，冰温更显著地降低了荔枝的呼吸速率及乙烯释放速率。

（3）气体成分调控

气体成分调控（简称气调）即CA储藏，其原理是把果蔬放在特殊的密封库房内，同时改变储藏环境的气体成分，在果蔬储藏中降低温度、减少氧气含量、提高二氧化碳浓度，降低果蔬的呼吸强度和自我消耗，从而达到长期储藏保鲜的目的。目前，常用的气调保鲜方法主要有4种：塑料薄膜帐气调、自然降氧法、混合降氧法和人工改变空气组成法（1996）。据报道，美国和以色列的柑橘总产量50%以上是气调保鲜；新西兰的苹果和猕猴桃气调储藏量为总产量的30%以上；法国、意大利以及荷兰等国家气调储藏苹果均达到总储藏的50%～70%，证实了气调储藏保鲜水果的光明前景。

减压储藏是气调储藏的发展，又称低压储藏或真空储藏。它是将农产品储藏在一个密封的冷藏场所，然后使储藏室中的气压降低（一般为1/10个大气压，即10.1325kPa），这样使储藏室中的O_2和CO_2等各种气体的绝对含量下降，造成一个低氧条件。起到类似气调储藏中的降氧作用；当储藏室中达到所要求的低压时，新鲜空气则首先通过压力调节器和加湿器。使空气的相对湿度接近饱和后再进入储藏室，使储藏室内始终保持一个低压高湿的储藏环境，达到储藏保鲜的要求。减压储藏是气调储藏的进一步发展，它最先在苹果、番茄、香蕉等果实上进行试验，效果明显。后来证明在其他蔬菜上也很有效，如在10.1325kPa下，可使芹菜、莴苣等储藏期延长0.2倍到0.9倍。

（4）湿度调控

新鲜果蔬的含水量可达65%～96%，植物细胞内水分充足，膨压大，才使组织呈现坚挺脆嫩状态，并呈现光泽、弹性。但采后在储藏和运输中水分逐渐减少而得不到补充。当果蔬的水分散失量达到5%时，就会出现明显的萎蔫皱缩。因此，多数果蔬储藏期间要求较高的相对湿度。主要果蔬储藏期间要求的适宜相对湿度大致分为3类：①要求储藏湿度较高的果品和蔬菜（相对湿度为90%～95%）：蔬菜有叶菜类、果菜类、根菜类的大部分蔬菜，如青花菜、花椰菜、蒜薹、韭薹、菠菜、大白菜、甘蓝、香菜、韭菜、芹菜、黄瓜、菜豆、荷兰豆、带荚豌豆、甜玉米、食用菌、胡萝卜、萝、姜、莴苣等；果品有苹果、梨、桃、李、葡萄、猕猴桃、草莓、枇杷、荔枝等。②要求湿度中等偏高的果品和蔬菜（相对湿度为85%～90%）：蔬菜有马铃薯、茄子、番茄；果品有柿子、无花果、板栗、甜橙、宽皮橘、柠檬、香蕉等。③要求较低湿度的蔬菜（相对湿度为75%左右）：冬瓜、西瓜、南瓜、洋葱、大蒜、百合等。由以上分类可看出，果蔬种类不同，对储藏相对湿度的要求不同，对于湿度要求较高的果蔬，可通过薄膜包装、地面洒水、安装加湿装置等措施提高并维持较高的相对湿度；对要求储藏湿度低的果蔬，一是不能采用薄膜包装，二是储藏场所应经常通风排湿或采取其他除湿措施。

（5）1-MCP 处理

1-MCP 又称 1-甲基环丙烯，是一种环丙烯类化合物。1-MCP 可以竞争性地与乙烯受体蛋白质的金属离子结合，进而阻止内源和外源乙烯与受体结合，使乙烯作用信号的传导和表达过程受阻，阻断乙烯的正常代谢过程，并抑制其诱导的与果实后熟相关的一系列生理生化反应，延长果蔬的货架期。1-MCP 具有稳定、使用剂量小、效果显著和安全无毒等特点。目前，已被广泛应用于苹果、香蕉、草莓和辣椒等果蔬的储藏保鲜中。

果蔬有呼吸跃变和非呼吸跃变两种类型。1-MCP 能有效地抑制苹果、梨和香蕉等呼吸跃变型果实中乙烯的大量释放，推迟呼吸高峰的出现，延缓其成熟和衰老过程，从而延长果蔬的储藏保鲜期。1-MCP 在非跃变型果蔬保鲜上应用较少，但适宜浓度的 1-MCP 也可以有效地抑制草莓、荔枝、番荔枝和菠萝等非呼吸跃变型果实的乙烯生成和呼吸作用，提高其抗氧化能力，保持果实品质。李志文等（2012）用 1.0ml/L 1-MCP 处理常温储藏的葡萄乍娜后，发现 1-MCP 明显延缓了可溶性固形物和维生素 C 含量的下降，抑制了后期可滴定酸的增加，改善了葡萄的货架期品质。李莉等（2006）用 1-MCP 处理苹果梨后，明显推迟了果实硬度的下降，减缓了可溶性固形物含量的降低，维持了较高的可滴定酸含量，具有明显的保鲜效果。

（6）其他调控方式

1）辐照技术。辐照保鲜食品是利用射线辐照食品，引起食品中的微生物、昆虫等发生一系列物理、化学反应，使有生命物质的新陈代谢、生长发育受到抑制或破坏，达到抑制芽、杀虫、灭菌、调解熟度、保持食品鲜度和卫生、延长货架期和储存期的效果。

2）超高压技术。超高压（UHP）技术就是将食品物料以某种方式包装后，置于 100MPa 以上的超高压装置中加压处理，使微生物的形态结构、生物化学反应、基因机制以及细胞壁膜发生多方面的变化，从而控制微生物的生理活动机能，使之破坏或发生不可逆变化致死，从而达到杀菌保鲜的目的。

3）臭氧技术。臭氧是一种强氧化剂，在常温常压下臭氧分子结构很不稳定，很快自行分解为氧气和单个氧原子，其在保鲜过程中主要起到以下作用：①臭氧能够彻底杀灭细菌和病毒，抑制霉菌的生长；②臭氧可以刺激果实使果实进入休眠状态，钝化果蔬的代谢活动；③臭氧还可以消除果蔬释放出的乙醇和乙醛等有害气体，延缓果蔬的衰老。

4）纳米技术。纳米粒子因其独特的表面效应、尺寸效应、体积效应和量子隧道效应，被广泛应用于电子、材料、化工、国防、日用品等领域。将纳米无机抗菌材料通过特殊工艺添加到包装材料中，用该材料制作的容器具备长效的杀菌性能。由于纳米保鲜包装材料具有高阻渗性、多功能保鲜性、选择透过性、耐热性、无菌（抗菌）性以及除锈、除臭、能再封、易开封等特别性能，它能显著改善材料的渗透性能，抑制霉菌的生长。

（二）肉类物流过程中品质劣变及其控制

1. 肉类物流过程的品质劣变

引起肉品质劣变的主要原因是酶的作用、微生物的繁殖和氧化作用导致的腐败变质。

(1) 酶的作用

屠宰后的猪肉由于肌肉中酶的作用，有一个僵硬、成熟、自溶、腐败的变化过程，而成熟阶段的肉是食用最佳阶段。屠宰后的猪肉成熟过程在不同的温度条件下，大约 24 ~ 48h 在小时。超过这个时间，即进入自溶阶段，这是肉类变质的开始。

(2) 微生物的繁殖

健康动物的血液和肌肉通常是无菌的，肉类的腐败实际上是由外界污染的微生物在其表面繁殖所致。表面微生物沿血管进入肉的内层，并进而伸入到肌肉组织。在适宜条件下，浸入肉中的微生物大量繁殖，以各种各样的方式对肉作用，产生许多对人体有害、甚至使人中毒的代谢产物。当微生物繁殖到某一程度时，就分泌出蛋白酶，分解蛋白质，产生的低分子成分，又促使各种微生物大量繁殖，于是肉就腐败。肉的腐败除使蛋白质和脂肪等发生一系列变化外，肉的外观也发生明显的改变。色泽由鲜红、暗红变成暗褐甚至墨绿，失去光泽而显得污浊，表面发黏，并会产生腐败臭气，甚至长霉，腐败的肉完全失去了加工和食用的价值。

冷却肉中常发现的腐败性嗜冷菌有假单胞菌属、莫拉氏菌属、不动杆菌属、气单胞菌属、肠肝菌属、葡萄球菌属、乳杆菌属、热死环丝菌等。冷却肉中常发现的致病菌有小肠结肠炎耶尔森氏菌、肉毒梭菌芽孢杆菌、产气荚膜梭状芽孢杆菌、沙门氏菌、金黄色葡萄球菌、弯曲杆菌属等。

(3) 氧化作用

冷却肉在加工、流通和储藏过程中，不可避免地受到温度、光、射线、氧气、水分和催化剂等外界环境的影响。这些因素会使肉本身的脂肪发生氧化，形成醛、醇、酮等化合物。肉氧化后表面呈现苍白、暗淡无光泽，失去了原有肉品应具有的色调，脂肪苍白或局部呈淡黄色。肌肉无光泽，在其断面的表层或原切检的刀口部位呈黄褐色或砖红色。肌肉松弛，弹性失常，指压后的凹陷不能完全恢复。氧化会降低肉的嫩度和风味，减少多汁性，质地变差，产生哈喇味，甚至有可能产生致癌性的成分。氧化的发生与肉的结构、油脂成分、光线、微量元素、周围温度、氧气等都有关系。

脂肪氧化大致可分为两大类型：酶促氧化和自然氧化。酶促氧化是脂肪水解产生的游离饱和脂肪酸在酶的催化下氧化成有异味的酮酸和甲基酮的过程。这些酶既有肉品组织自身的，也有肉中微生物产生的。脂肪的自然氧化，是其中的不饱和脂肪酸在空气中被氧气作用而发生的一系列反应。氧化产物进一步分解生成低级脂肪酸和酮，并伴有恶劣的臭味。脂肪的自然氧化是大多数肉类变质的主要原因。

2. 肉类品质劣变的控制技术

(1) 低温保鲜

冷藏和冷冻是目前最常见的肉类保鲜技术。低温储藏可以减慢微生物物质代谢中的各种生化反应，从而抑制微生物的生长繁殖，延缓肉内各化学成分之间的反应速度，降低酶活性。例如，当温度降到-18℃时，除少数嗜冷菌外，大多数细菌都已停止发育。单纯的冷藏技术只能短时间保持肉的新鲜度，而冷冻造成肉的组织结构损伤、汁液流失。冰温保鲜技术保留了传统的冷藏和冻藏优点，又有效地保持了肉的新鲜度和风味等。

(2) 包装技术

目前我国传统生鲜肉在储藏、运输、销售等环节中以暴露在空气中为主，尽管0～4℃低温一定程度上抑制了微生物的生长，但易使冷却肉受到二次污染，其安全和品质得不到有利控制，再加之我国肉类冷链尚处于起步阶段，包装技术落后，致使冷却肉颜色稳定性差，汁液流失严重，严重缩短了冷却肉的货架期。

一般而言，包装后的冷却肉可以有效地避免二次污染，也能不同程度地抑制微生物的繁殖，从而保持肉品良好的色泽，减少脂肪氧化和减缓因干燥引起的肉品干耗现象。冷却肉的包装主要有托盘包装、真空包装和气调包装。

1) 托盘包装，是超市最为常见的冷却肉包装形式，是将分割好的肉放在聚苯乙烯塑料托盘中，然后采用具有自黏性的聚乙烯塑料拉伸薄膜进行拉伸包装将其裹包，并放置在0～4℃的冷柜中销售。托盘包装简单、实用且成本较低，但由于此包装不阻隔空气，冷却肉的保质期并不长，结合低温条件，一般能够储藏7天左右。

2）真空包装，采用阻隔性能较好的包装材料，除去包装袋内的空气，经过密封使包装袋内的食品与外界隔绝。在整个储存过程中，由于 O_2 残留逐渐耗尽和 CO_2 的积累，抑制了好气性微生物的生长，乳酸菌不断增殖成为主要优势菌。同时，乳酸菌的代谢产物乳酸、过氧化氢及其他抑菌产物又可进一步抑制其他菌的生长，从而延长了产品的储存期。真空包装保质期长，运输方便，包装费用适中。但因真空包装时，鲜肉缺氧，肉色呈无害的淡紫色，会使消费者误认为该肉品不新鲜，影响商品销售。但是如果拆除包装后，冷却肉遇 O_2 又迅速回复成鲜红的颜色，因此真空包装一般用于储存时间较长而又要求高品质的酒店及一些大卖场等。

3）气调包装，指在用阻气性材料密封之前将肉周围的空气移除或用其他气体或气体混合物置换的包装方式。在鲜肉保存过程中，气调包装的使用可以抑制微生物生长和酶促腐败，减少受压及液体渗出，保持色泽，延长货架期，提升食品价值。气调包装作为鲜肉的一种理想且有效的包装方式，在国外已经得到了普遍应用，然而在我国还处在研究及小范围运用的阶段。气调包装常用的气体有 O_2、CO_2 和 N_2。O_2 的作用是维持氧合肌红蛋白，使肉色鲜艳，并能抑制厌氧细菌的生长，但也为许多有害菌创造了良好的环境；CO_2 抑制细菌和真菌的生长，尤其是细菌繁殖的早期，也能抑制酶的活性，霉菌、极毛杆菌和无色杆菌等需氧菌对 CO_2 高度敏感而被抑制，CO_2 对酵母菌的抑制作用不大，对乳酸菌等厌氧菌无抑制作用，研究表明用100% CO_2 的气调包装的羔羊肉，有明显的延长储存期的效果，对假单胞菌有明显的抑制作用，而乳酸菌成为优势菌；N_2 是一种惰性填充气体，不影响肉的色泽，能防止氧化酸败、霉菌的生长和寄生虫害，防止由于 CO_2 大量溶于肉中而导致的包装坍塌。

（3）保鲜剂

肉类常用的保鲜剂包括化学保鲜剂和生物保鲜剂，其中生物保鲜剂根据来源又分为植物源生物保鲜剂、动物源生物保鲜剂和微生物源生物保鲜剂。

1）化学保鲜剂，是一类能通过喷施、浸渍或涂抹的方式将化学药剂应用到原料的表面，杀死或抑制环境中、原料表面或内部的微生物，同时对环境中的气体成分进行调节，从而达到保鲜效果的化学品。冷却肉上批准应用的化学保鲜剂主要有有机酸及其盐类、臭氧和二氧化氯。

2）生物保鲜剂，是从植物、动物或微生物体内提取而来的活性物质，在人体内可以分解成各种营养物质，对人体健康几乎无影响，安全性好，是目前国内外食品保鲜广泛采用的方式。植物源生物保鲜剂主要包括茶多酚、丁香、大蒜素等。动物源生物保鲜剂主要有昆虫抗菌肽、壳聚糖、鱼精蛋白等。微生物源生物保鲜剂主要有溶菌酶、乳酸链球菌素（Nisin）、聚赖氨酸、纳他霉素、曲酸等。

（4）辐射技术

辐射技术是利用原子能射线的照射能进行杀菌的一种发展很快的新技术，它能使细胞分子产生诱导辐射，干扰微生物遗传物质，破坏细胞内膜，引起酶系统的紊乱和功能的破坏，造成细胞的修复机制受到损伤，另外，在辐射能的作用下，可以促使水分子离子化，使细胞的生物活性物质钝化，损伤细胞。大量试验证明，小剂量照射处理，可以将大部分寄生在其中的细菌及各种害虫杀死。然而这与照射剂量呈正相关，剂量过大能加速食品的衰老变色，剂量过小又起不到灭菌保鲜的效果，但因剂量难以控制，故目前要想广泛的推广应用还存在很大的困难。

（5）添加抗氧化剂

按照抗氧化剂的来源可分为人工合成抗氧化剂和天然抗氧化剂。虽然人工合成抗氧剂有很多优点，但是若使用不当，会给摄入者的健康带来危害；已有研究发现，使用过量的2，6-二叔丁基-4-甲基苯酚（BHT）和丁基羟基茴香醚（BHA），会增大动物的肝脏，甚至有致癌的可能性。而天然抗氧剂安全性高、无毒副作用，抗氧化能力强，还具有防腐保鲜的特点，因此越来越受到人们的青睐；国外的肉类产品正在使用天然抗氧化剂来延长产品的货架期；2010年，欧盟允许天然抗氧化剂可作为新的食品添加剂添加到原料中。天然抗氧化剂的种类繁多，按照结构类型可分为单宁、黄酮、维生素、含氮化合物、醌、植酸等。

（三）水产品物流过程中品质劣变及其控制

1. 水产品物流过程的品质劣变

（1）微生物引起的腐败变质

水产品的腐败变质主要是由于某些微生物生长和代谢生成了胺、硫化物、醇、醛、酮、有机酸等，导致产品产生不良气味，感官上不可接受，品质发生变化。一般水产品中都含有多种微生物种群，这些微生物在储藏过程中是动态变化的，但大部分微生物种群并不引起水产品的腐败变质，只有某一种或几种特定的腐败菌（SSO）在水产品储藏过程中大量繁殖导致了该水产品的腐败变质。不同或同一水产品在不同的条件下具有不同的特定腐败菌，该特定腐败菌在该条件下初始数量可能不多，但具有较强的耐力、优势和活性，是最终导致该水产品腐败的主要菌群。

（2）氧化引起的品质劣变

水产品富含不饱和脂肪酸，在储藏过程中易发生脂质氧化酸败，不饱和脂肪酸或酯因空气氧化而分解成低分子羰基化合物（醛、酮、酸等），不仅使水产品的感官下降、营养丢失，产生的自由基还会攻击蛋白质，致使蛋白质发生氧化降解，甚至产生一些有毒有害物质，诱发癌症等多种疾病。脂质氧化包括3种类型，分别是自动氧化、光敏氧化和酶促氧化。鱼类在储藏过程中发生的主要是自动氧化，产物主要为醛类、酮类、醇类、挥发性有机酸和环氧化合物等小分子物质，使水产品具有腐败性的酸臭味。

2. 水产品品质劣变的控制技术

（1）低温保鲜

水产品的加工和储藏温度决定了其品质劣变的速度和程度，因此水产品不论采取何种保藏方式都是以低温储藏为基础的，它是最简单有效的保藏方式，包括冷藏、冻藏、微冻和深度冷却后冰藏。由于冷藏只能在一定范围内抑制腐败菌的活动，对水产品的保鲜效果不是很好，只适合短时间储藏。冻藏在水产品中的应用较多，一般水产品常采用-18℃的冻藏温度，而对一些品质要求高的水产品则需选用-25℃甚至更低温度。冻藏会造成水产品肌肉冷冻变性，而且在水产品细胞内产生的大冰晶会损伤细胞，造成解冻时汁液流失多，鲜度及感官质量变差。微冻保鲜是指将水产品保藏在冻结点（-3℃）的一种轻度冷冻保鲜，也称作部分冻结。微冻保鲜的目的是在避免冻结损害的情况下尽量将水产品的温度降低。长期以来，人们普遍认为-1～-5℃是最大冰晶生成温度带，微冻储藏会因缓慢冻结而影响水产品的质量。微冻时精确控温会造成生产流通成本上升，所以目前微冻技术还没有广泛应用于实际生产。深度冷却后冰藏是指水产品捕获后立即放入-10℃的盐水中，运抵工厂后进行挑选分级，然后其鱼放入泡沫箱中冰藏。

（2）气调包装

国外的水产品气调包装技术应用比较成熟，用于包装的水产品种类也比较多，包括不同鱼种的鱼片和鱼块、虾类、贝类等。但在中国，水产品气调保鲜包装在商业上的应用还处于研究和起步阶段。因此，水产品气调包装技术在中国有广阔的发展前景，对其进行研究具有重要的理论意义和商业价值。关于水产品气调包装的研究很多，多数研究表明气调包装与低温结合可以显著延长水产品货架期。在冰温与高CO_2浓度气调结合条件下，鲑鱼的良好品质可保持长达3周。

气调包装中的混合气体通常由CO_2、O_2、N_2 3种或其中2种混合而成。它对鱼类表面污染的细菌和真菌有抑制性，能够抑制或影响腐败微生物的生长。研究表明，25% ~100% 浓度的 CO_2 均可抑制水产品中微生物的活性，有利于保持水产品的品质。O_2能够抑制厌氧菌生长，还能减少鲜鱼中三甲胺氧化物还原为三甲胺。但 O_2的存在却有利于需氧微生物的生长和酶促反应的加快，还会引起高脂鱼类脂肪的氧化酸败。有研究发现，隔绝 O_2能有效地减缓牡蛎蛋白质的变性及分解、pH 的变化、游离氨基酸的生成和分解以及挥发性盐基氮含量的增加，延长牡蛎的储藏期。有研究表明，用除氧剂将氧气除尽的空气包装比单纯的空气包装能减少康氏马鲛冷藏期间生物胺（组胺、腐胺和尸胺）的产生，能将其货价期从 12d 延长至 20d。水产品的无 O_2气调包装使需氧微生物的生长受到了抑制，但却产生了促进厌氧微生物生长的危险，如肉毒梭菌。N_2在气调包装系统中主要用作充填气体，防止包装袋的瘪陷变形，使包装呈现饱满外观；同时用于置换包装袋内的空气和 O_2等，以防止高脂鱼、贝类脂肪的氧化酸败和抑制需氧微生物的生长繁殖。

（3）保鲜剂保鲜

对于水产品易腐的特点，除冷冻冷藏保鲜外，还加入一些化学保鲜剂以延长水产品的货架期。但是使用化学保鲜剂最令人关注的就是卫生安全问题。因此，溶菌酶、Nisin、茶多酚、壳聚糖等生物保鲜剂得到大家的关注，这些生物保鲜剂能抑制细菌生长繁殖，使水产品保持良好的感官品质。陈舜胜等（2001）以对虾、带鱼段等为试样，运用正交试验法得出在冷藏（5℃）与冰藏（0 ~1℃）条件下溶菌酶复合保鲜剂的有效配方。曹荣等（2008）将 Nisin 和溶菌酶配合使用，能有效延长贻贝和牡蛎的货架期。此外还有蜂胶、植酸、红曲色素、魔芋甘露聚糖和鱼精蛋白等生物保鲜剂，也可以防止水产品的腐败变质，延长货架期。

（4）辐射保鲜

水产品腐败菌中大部分是革兰阴性菌，而革兰阴性菌对射线较为敏感。国外关于冰鲜鱼的辐照保鲜研究得出辐照剂量为 1000Gy 时就可以起到很好的保鲜效果，水产品的货架期可延长一倍以上而对脂肪氧化和营养物质的影响很小。水产品辐照处理时，对包装无严格要求，可以在水产品包装以后进行处理，防止再次污染问题。

（5）添加抗氧化剂

目前，用于水产品的抗氧化剂包括人工合成和天然抗氧化剂两大类，研究显示人工合成抗氧化剂特丁基对苯二酚（TBHQ）、没食子酸丙酯（PG）、丁基羟基茴香醚（BHA）、二丁基羟基甲苯（BHT）、山梨酸钾等具有一定的安全风险，甚至会致癌、致畸或致突变等。水产品常用的天然抗氧化剂主要包括：果蔬含有的活性物质，如茶多酚、酚酸、儿茶素、原花青素、花青素和其他黄酮类物质；

中草药提取物黄酮类、苯酚类、皂苷类、鞣质类、生物碱类和多糖类等物质；维生素 A、维生素 C、维生素 E 及其衍生物；一些从植物中提取纯化的物质如咖啡酸、单宁酸、白藜芦醇、芦丁等，同样具有较强的抗氧化能力，已经被广泛应用在水产品的储藏保鲜上。

二、农产品物流过程品质安全快速无损检测

物流过程中农产品品质劣变不仅会造成经济损失，更为重要的是带来食品安全隐患，造成供货商、物流企业、销售商的纠纷等问题。及早地对物流中的农产品品质劣变程度进行探测，在将要发生或刚刚发生腐败现象时即进行预警具有重要的意义。有效地探测和预警可以为物流过程的环境控制提供反馈信息，如在将发生劣变时采取加大通风量、降低温度等措施，从而减缓或避免农产品腐败，降低经济损失。对品质劣变状态的实时监测有助于制定农产品物流的全程规划，如在部分产品品质劣变时重新规划物流链，提早将尚未发生腐败的农产品投入消费环节，从而防患于未然。由于品质劣变过程中微生物的作用，农产品的腐败具有很强的传染性，对劣变状态的监测可以及早发现部分劣变农产品，从而及早将部分腐败品处理，避免其对其他新鲜农产品的影响。对品质劣变的实时探测更是保障消费者权益、提高农产品安全水平的重要手段。

(一) 基于近红外技术的农产品品质安全检测

近红外光谱是指处于可见光和中红外光之间，光谱波长范围 800~2500nm 的一段谱区，主要谱峰为有机物分子中 C—H、N—H 和 O—H 等含氢基团的倍频与合频振动吸收所产生，光谱特性稳定，非常适合于复杂天然产物的定性和定量分析。相对于中红外光，近红外光对物质穿透能力较强，近红外分析不需对样品作任何处理，便可取得样品深处的信息，可以进行非破坏性检测、原位分析和活体分析等，适用于现场和在线实时分析，因此具有廉价、方便、快速和无损伤等优点，尤其适合农产品高通量物流过程，被称为“具有解决全球农业分析的潜力”。

目前，近红外光谱分析技术在食品安全领域的应用日益受到重视，国内外学者相继将该技术应用到农产品品质劣变、食品品种、产地和掺假真伪鉴别，致病菌检测，有害物检测以及转基因食品鉴定等方面。Leroy 等（2004）利用近红外光谱建立挥发性盐基氮的预测模型，实现了肉类新鲜度的评价。张玉华等（2004）采用近红外光谱结合主成分分析法（PCA）、判别分析法，分别建立了牛肉和羊肉中掺杂其他动物肉的定性鉴别模型，鉴别准确率高（图 2-4）。表明近红外光谱技术结合 PCA 法、判别分析法建模对不同动物来源肉掺假的鉴别是可行的。

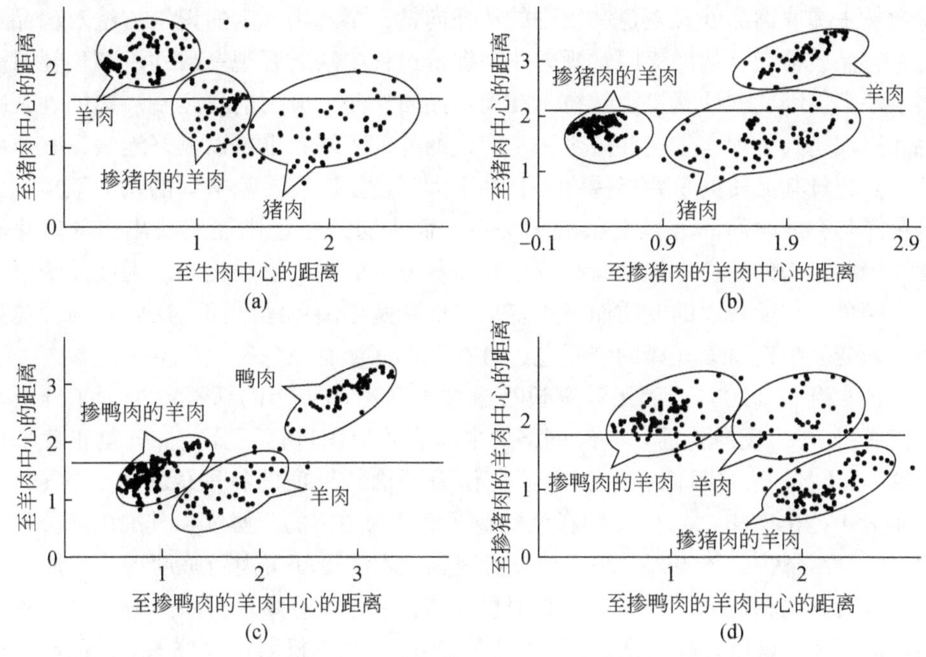

图 2-4　模型对训练集的鉴别图

水果物流过程中果肉褐变、硬度减小和可溶性固形物降低是其品质劣变的重要表现，严重影响果实的品质和商品性。一般的无损检测方法难以获得内部组织足够的信息量，因而达不到检测的目的，而破坏性的检测却造成果实的巨大浪费，不能满足生产实际的要求。采用近红外漫反射光谱进行检测，可以较全面地获取果实内部信息从而达到准确检测的目的。李桂峰等（2008）利用近红外光谱技术对苹果果肉褐变进行了定性定量检测，基于欧氏距离的聚类分析方法判断和剔除异常样品，得到最有代表性建模样品，SNV（标准正态变量校正）结合二阶导数法预处理后，建立了检苹果果肉褐变近红外定性无损检测模型。

（二）基于计算机视觉图像分析技术的农产品品质安全检测

计算机视觉技术是近 40 年来伴随着计算机技术的发展应运而生的一门综合技术，是利用计算机、摄像机及其他数字处理技术对图像加以某种运算和处理，以提取图像中的信息，模拟人的判别准则去理解图像和识别图像，进而对产品进行分类或分级。运用计算机视觉技术对农产品品质进行检测是近十几年发展起来的，目前主要用于农产品外观质量的评价及自动分级。

20 世纪 90 年代计算机视觉技术开始应用于牛肉品质检测和分级。用计算机视觉技术提取肉品外观颜色和纹理的特征向量，再选用一定的识别方法对肉品进行感官品质检测，从而克服常规方法在评价过程中缺乏客观一致性、烦琐耗时等诸多缺陷。因此，计算机视觉技术在肉类品质检测上应用前景广阔。肉的外观颜色和纹理是其生理、生化和微生物学变化的外部表现，也可以较好地表征其新鲜度，是评价其品质的重要指标之一，在很大程度上决定着消费者的购买欲望。肉的色泽与存放时间和环境有很大的关系，而脂肪的颜色则能反映出肉的氧化程度，因此，肉的颜色常作为新鲜程度和质量分级的判别依据之一。肉在储藏过程中，颜色往往随着肉的变质而发生变化，如新鲜牛肉色泽红润，次鲜牛肉颜色发暗，而变质牛肉呈无光泽的红褐色，且在局部区域有绿色斑块产生。

孙永海等（2004）利用计算机视觉技术对冷却牛肉的新鲜度进行了分析研究，应用 BP（反向传播）神经网络对牛肉脂肪组织进行了分割，分割正确率可达 97%以上。选取图像原始颜色信息作为评价新鲜度的特征值组成特征向量，采用 HSI、RGB 和 CMYK 三种彩色模型评价冷却牛肉的新鲜度，其准确率分别为 82. 1%、78. 6%、75. 0%。基于计算机视觉技术的冷却牛肉新鲜度评价方法与实验室分析方法相比，评价准确率有明显提高，并且没有烦琐实验过程，是一种更高效的牛肉新鲜度评价方法。姜沛宏等（2015）利用机器视觉技术对肉品新鲜度分级方法进行研究，经过图像处理提取 RGB 和 HIS 色彩模型的特征分量，分析这些特征分量在肉品储藏期间的变化趋势（图 2-5），依据 TVB-N（挥发性盐基氮）含量将肉品划分为新鲜、次新鲜和腐败三个级别。

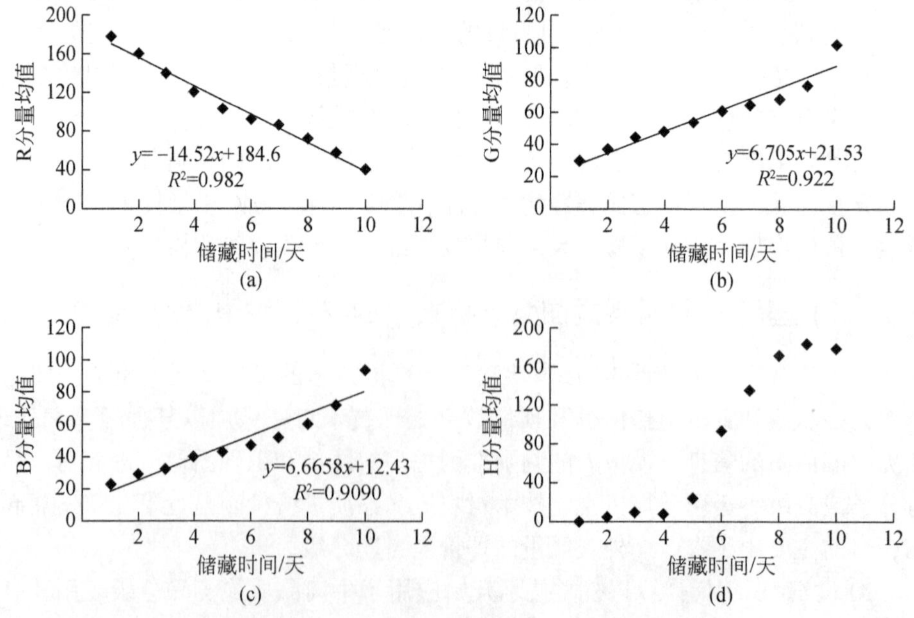

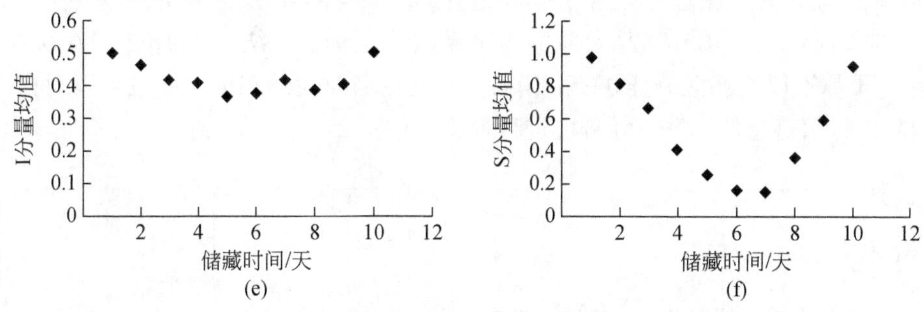

图 2-5　储藏期间牛肉颜色的变化

(三) 基于气味指纹技术的农产品品质安全检测

气味是农产品品质下降最敏感的指标之一，农产品在加工、储藏和流通过程中，由于酶和微生物的作用，会引起品质劣变、腐败变质、货架期缩短，产生不良气味。气味指纹图谱能够很好地反映农产品中挥发性成分的变化与其品质变化的关联性，因此，利用气味指纹技术能够对农产品挥发性成分做出精确的分析，从而用于食品品质监控、质量评价、货架期预测和安全检测等。

肉类、水产品储藏过程中，随着新鲜度降低，在酶和细菌的作用下，蛋白质先分解为胺类，进一步分解为氨、硫化氢、乙硫醇等；脂肪分解为脂肪酸类，进一步分解为醛类和醛酸类臭气；碳水化合物分解为醇类、酮类、醛类和羧酸类气体。这些气味随着肉类、水产品新鲜度的降低，变得越来越浓烈。采用气敏传感器阵列基于一定的模式识别系统对肉类的挥发性气味进行检测，可以获得样品新鲜程度信息。电子鼻就是这样一种包含各种传感器的仪器，电子鼻也称人工嗅觉，由具有部分选择性的化学传感器阵列和适当的模式识别系统组成，能够识别简单或复杂气味，得到的数据是被测样品中挥发性成分的整体信息，也称指纹数据。它不仅可以根据各种不同的气味检测到不同的信号，还可将这些信号与经过训练后建立的数据库中的信号加以比较，进行识别判断。

国内外许多学者利用电子鼻技术检测肉类、水产品气味变化，从而判断其新鲜度。Barbrin 等用电子鼻分析了 4℃条件下牛肉和羊肉的变质情况，连续测定 15 天，建立了电子鼻输出的响应值信号与细菌总数之间的拟合曲线，以电子鼻响应信号为输入值，可以预测细菌的数量。张玉华等利用电子鼻分别对 0℃和 10℃不同储藏时间的鸡肉进行气味指纹分析，PCA 法能很好地区分 0℃和 10℃下不同储藏时间的鸡肉（图 2-6）。0℃样品的 TVBN（挥发性盐基氮）、菌落总数和感官评分实测值与 PLS（偏最小二乘法）得到的拟合值的相关系数分别为 0.9920、0.9656 和 0.9812；10℃样品对应的相关系数分别为 0.9873、0.9762 和 0.9880。利用电子鼻不仅能够区分开 0℃和 10℃下不同储藏时间的鸡肉，而且可以对样品的 TVBN、菌落总数和感官评分值进行预测，如图 2-7 所示。

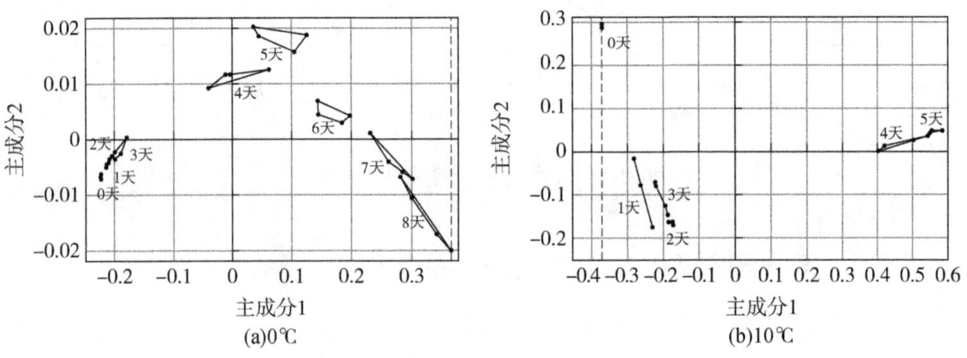

图 2-6 鸡肉在 0℃和 10℃储藏期间气味指纹 PCA 图

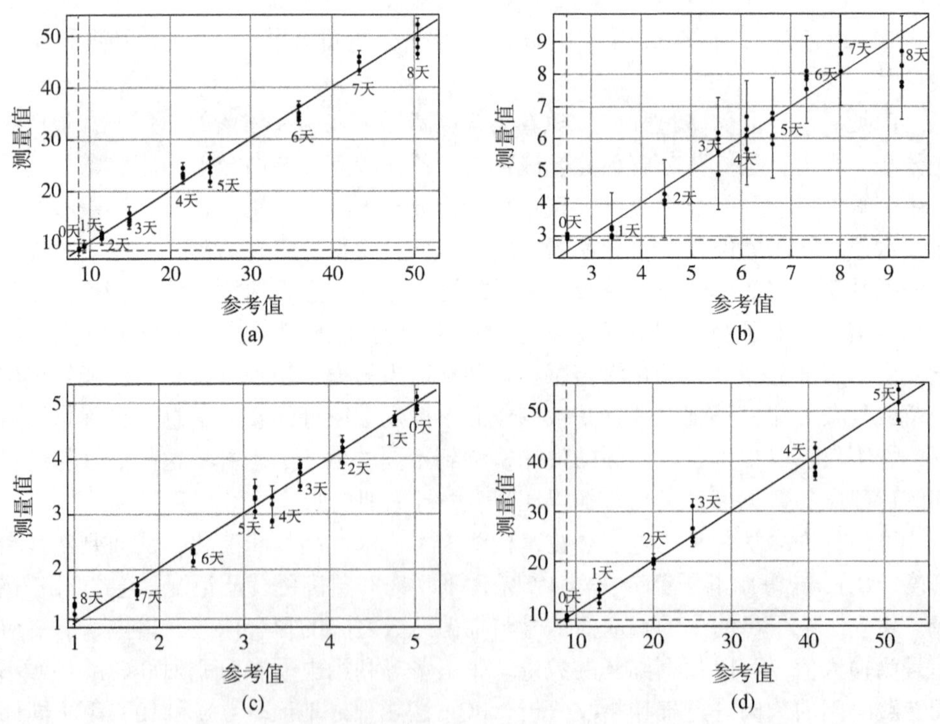

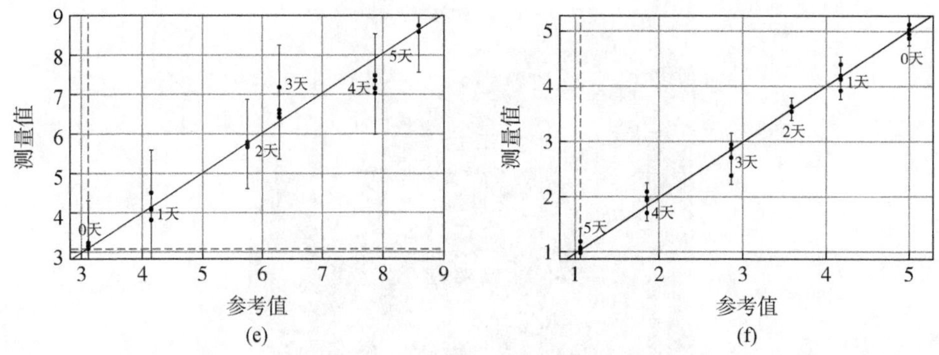

图 2-7　鸡肉电子鼻响应信号与 TVBN、菌落总数和感官评分的 PLS 分析

注：(a)，(b)，(c)：0℃下鸡肉 TVBN、菌落总数和感官评分 PLS 图；
(d)，(e)，(f)：10℃下鸡肉 TVBN、菌落总数和感官评分 PLS 图

近年来，国内外多个研究机构开展了基于专用敏感元件的农产品品质劣变探测方法研究。英国用一氧化碳、乙烯、硫化氢等 6 个传感器构建便携式果蔬腐烂检测仪。这种仪器由使用者手持操作，但需要在测定后将测得的各种气体浓度的相对比例数据输入计算机，与数据库中数据比较即可判断果蔬是否快要腐烂。国家农业智能装备工程技术研究中心的董大明等研制了一种集成硫化氢和氨气电化学传感器的水果品质劣变在线探测仪器，可以对储藏过程中的梨的腐败程度进行评估。这种应用专用传感器件的监测手段是农产品品质劣变探测技术发展的必然趋势，也是目前的研究热点。但由于前期的劣变过程挥发性气体等基础性研究结论刚刚建立，目前国际上尚未出现完全适于冷链物流中品质劣变的商业化探测设备。

国家农产品现代物流工程技术研究中心与北京农业智能装备技术研究中心联合开展了果蔬、肉类品质劣变专用传感器和检测系统，研制了手持式肉类品质劣变监测系统（图 2-8），包括硫化氢、氨气传感单元。研制了车载式水果品质劣变监测系统（图 2-9），包括乙醇、乙烯传感单元。将上述监测系统与傅里叶变换红外光谱仪测得数据进行相关性分析，结果显示两种方法的测量结果相关性达到 90% 以上，该监测装置可以代替（傅里叶变换红外）光谱仪对农产品劣变状态进行监控。

(四) 基于高光谱技术的农产品品质安全检测

高光谱图像技术是由高光谱遥感成像技术发展起来的一项技术，高光谱图像是指在紫外、可见光、近红外或更大波长区域上采集的一系列间隔波长处的光学

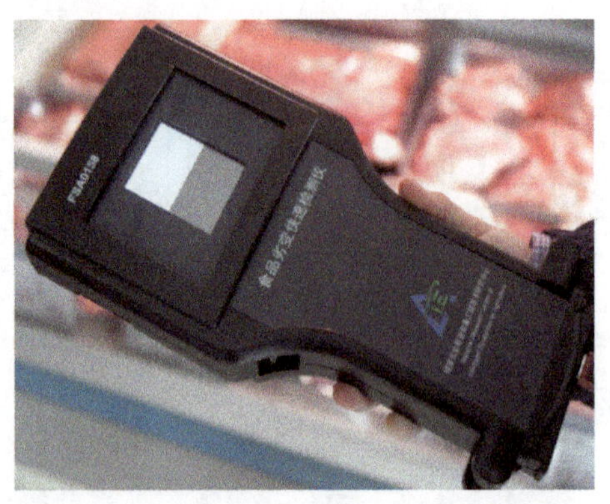

图 2-8 手持式肉类品质劣变监测系统

图 2-9 车载式水果品质劣变监测系统

图像集合，对应于某一特定波长就有一特定的二维图像，而对应于某一特定的像素，在各个波长下表现的灰度值又不一样。因此，高光谱图像集样本的图像信息与光谱信息于一身。虽然基于近红外光谱和计算机视觉技术的多传感信息融合可以大大提高肉品品质判别模型的精度与稳定性，但该技术是在两个相对独立硬件系统基础上完成的。高光谱图像技术融合了传统的图像和光谱技术，可同时得到待测物的空间位置信息和光谱信息，兼有这两种技术的优势，因此可以更好地反映样品的综合性状，该特点决定了高光谱图像技术在农产品内外部品质检测方面具有独特的优势。

Park 等（2002）开发了高光谱图像系统用于检测禽肉表面的粪便和消化物污染，从而间接检测其中所含的大肠埃希氏菌。王伟等（2010）研究验证了高光谱成像技术结合相应的建模方法预测生鲜猪肉中细菌总数的可行性，结果表明，高光谱成像技术结合最小二乘支持向量机预测建模方法可作为快速、非破坏预测生鲜猪肉细菌总数的有效手段。陶斐斐等（2010）研究了4℃冷链条件下，冷却猪肉在1～14天，表面菌落总数与400～1100nm光谱范围内相应高光谱图像的关系，提出了一种基于高光谱技术的冷却猪肉表面菌落总数的快速无损检测方法。结果表明，利用高光谱技术可以较好地定量分析冷却猪肉表面的菌落总数，应用该技术对冷却猪肉品质安全进行快速无损评价是可行的。

(五) 基于多源感知信息融合技术的农产品品质安全检测

多源感知技术充分利用多种传感信息资源，得到描述同一对象不同品质特征的大量信息。依据某种准则对这些信息进行分析、综合和平衡，以期获得若干个最佳简化的综合变量。与单一检测手段相比，它具有信息量大、容错性好以及与人类认知过程相似等优点，可以提高检测的全面性、可靠性和灵敏度，是农产品、食品品质无损检测技术的发展趋势。

目前国内对肉品新鲜度的无损检测大多限于单一技术，而肉品腐败变质的复杂性使得单一技术无法实现准确、全面、客观的判定。TVB-N是肉类蛋白质在微生物作用下发生分解产生氨和胺类碱性含氮物质，这类物质易和有机酸形成盐，具有挥发性。近红外光谱可以很好地表征肉品TVB-N、pH等内部品质信息，但在其外部品质特征的描述上，显得无能为力，不能全面综合评价其安全品质。肉品在腐败过程中，其表面灰度值随着肉品变质而发生变化。机器视觉技术能很好地检测肉品外部品质，但无法获取反映其内部品质的有效信息。随着新鲜度的下降，肉品挥发性成分将发生明显变化，气味也与新鲜样品有着显著区别。用基于气敏传感器阵列的电子鼻系统对肉品进行检测，可以获得样品的气味指纹数据，从而获得样品新鲜程度方面的信息。利用近红外光谱仪测定TVB-N，通过图像采集系统测量肉品表面灰度值（H、S、I），通过气体传感器阵列测定肉品腐败过程中释放的氨气和硫化氢等挥发性成分，即利用多源感知技术得到描述肉品不同品质特征的大量信息，采用多信息融合技术，对这些信息进行分析、综合和平衡，最终得到对肉品品质的综合评价。

万新民等利用近红外光谱和计算机视觉两种传感信息融合的方法来评判猪肉新鲜度品质，用BP神经网络方法建立基于近红外光谱和计算机视觉的融合识别模型，评判的准确性和稳定性都较单个信息模型有所提高。姜沛宏等利用机器视觉和近红外光谱的多源感知信息融合技术，建立了BP神经网络建立牛肉新鲜度分级模型，并开发了识别软件（图2-10）。建立的模型预测识别率可达98.31%（表2-3）。结果表明，基于机器视觉和近红外光谱技术的多源感知信息融合技术评判牛肉新鲜度的方法可行。

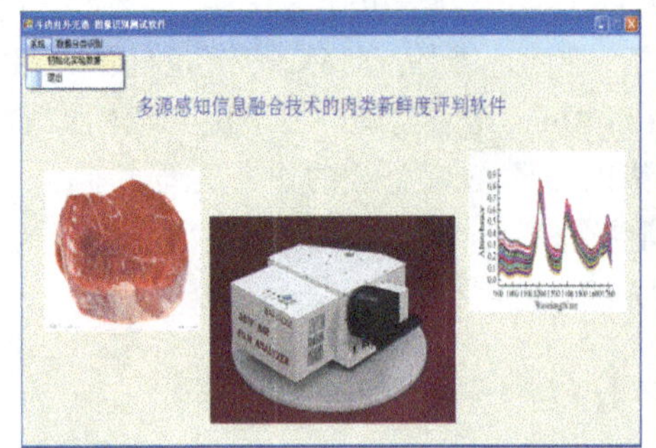

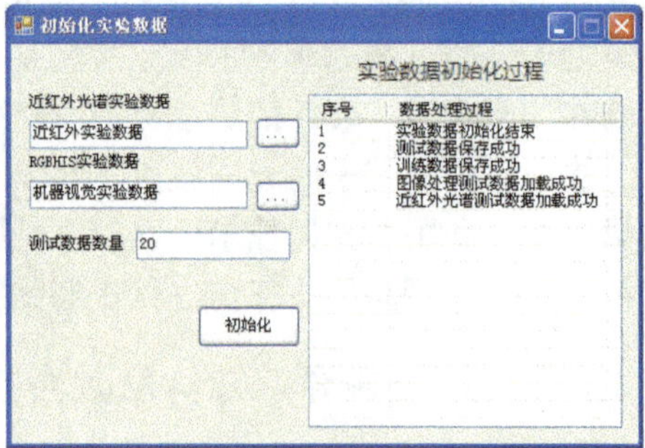

图 2-10 多源感知信息融合技术的肉类新鲜度评判软件示意图

表 2-3 信息融合模型对预测集的评判效果

级别	样本数	训练集中的识别结果			识别率/%	总体识别率/%
		新鲜肉	次新鲜	变质肉		
新鲜肉	85	85	0	0	100	98.31
次新鲜	50	2	48	0	96	
变质肉	43	0	1	42	97.67	

三、基于 HACCP 的农产品温控物流安全管理体系

HACCP（hazard analysis critical control point system），意为“危害分析和关键控制点”，是以预防为主的食品质量安全管理体系，通过对原料、生产工序及影响产品质量安全的因素进行分析，确定加工过程中的主要危害和关键控制点（CCP），建立安全限值，完善监控标准，实施纠偏措施，通过文件记录保存措施，审核验证程序。HACCP 是对可能发生在食品加工环节的危害进行评估，进而采取控制的一种预防性食品安全控制体系。

目前 HACCP 在我国主要运用在食品生产中，而在流通环节的应用较少，导致生鲜食品的质量没有保证。生鲜食品不同于其他非易腐性商品，其品质保证来源于供应链整体，其中任何一个环节处理不当，将直接影响食品品质安全。因此，将 HACCP 体系应用于生鲜食品的流通领域，应得到人们足够重视。在国外 HACCP 的应用已经扩展到冷链物流，将 HACCP 提出的预防性思维应用在食品流通过程中，从物流的过程入手来分析食品物流各环节中可能存在的危害因素及危害程度，确定危害的种类，找出危害来源及预防措施，在危害分析基础上，确定各环节所控制的技术参数及控制点，并说明可用于控制这些危害的方法，这些方法可排除或减少危害的出现，使其达到可接受的水平。

（一）HACCP 在农产品冷链物流过程的应用

对农产品冷链物流进行危害分析（HA）的目的是鉴别物流过程中影响物流质量的主要因素，掌握产生危害的机理，并根据危害特征确定其风险类别程度，制定出减少危险的相关措施。冷链物流作业环节可能产生的危害主要有原料产地污染、货物遗失、货物损坏（腐烂变质）、数据错误、作业时间过长等。基于HACCP思想的农产品冷链物流危害分析见表2-4。

表 2-4　农产品、食品冷链物流危害分析

物流环节	潜在危害
采购验收	环境污染、动植物病毒感染、农药残留、添加剂及配料问题；操作不当引入杂质；货物数量、品类不符，储存条件不当
包装	设计不合理，导致无法有效地保护农产品包装，包装材料或容器本身不达标，可能存在毒性污染包装印刷物污染
装卸搬运	细菌繁殖，食品变质、变味；操作不当、包装破损、杂质进入引起污染
储存	储存区温、湿度不当引发食品变质；不同质食品集中储存引发的交叉污染，储区微生物数量未达标准；不合理堆放导致货物倾倒、破损及杂质污染
分拣	分拣区控温不合理引发食品变质；作业人员及设备携带有害微生物及化学污染物导致食品污染变质；危险作业导致破损及杂质的进入
流通加工	温度、湿度、微生物数量不达标造成食品污染；作业时间过长，货物数量过多引发的食品变质、变味；工作人员及设备携带有害微生物及化学污染物
运输配送	控温不当或在途时间过长导致食品变质；不同质食品集中运输引发的交叉污染，运输设备消毒不净引发的污染；不合理堆放导致货物倾倒、损坏及杂质进入，货物被盗、遗失
销售	超市低温陈列柜温度、湿度没有达到要求导致产品变质

根据所控制危害的风险与严重性，分析影响食品质量的关键因素，从而确定质量控制的关键点。冷链物流中流通的食品易腐，应当在冷冻工艺、防止细菌污染和繁殖方面有严格的控制。例如，水产品从开始就要进行预冷，预冷的温度、预冷的方法都是CCP。运输过程中，一辆冷藏车中存放的食品是不同种类的，那每个存储区的温度也是不相同的，同时还要避免不同类食品间的交叉感染。加工、存储、装卸过程中的操作温度同样需要控制。

确定了关键控制点后，从被加工产品的内在因素和外部加工工序两方面，制定某生产工序上的一个或多个化学、物理或生物属性的安全限定指标。关键点的控制在于确定安全与不安全产品的界限，只要所有的关键控制点控制在各自特定的临界范围，产品将是安全的。

建立每个关键控制点的监测措施。包括监控内容、监控手段和方法等内容的程序，确保完全符合关键限值。但受条件和监控成本限制有时必须考虑间隙监控，监控频率的确定需要考虑关键控制点的稳定性、产品的可追溯性、监控成本和纠偏成本。

建立纠偏措施。建立当监测结果显示某关键控制点失控时，HACCP 系统必须要立即采取的纠正措施，而且要求是预防性的，即必须在偏离而导致安全性受到危害之前就采取措施。

建立完整的记录和档案。已批准的 HACCP 计划方案和有关记录、文件都要建档备查。

审核。企业建立的 HACCP 体系需提供给有关认证或监督机构审批，送审包括所有的关键控制点和监测的记录。HACCP 的确认活动包括确认 CCP 的正确性、CCP 的控制界限符合标准、企业 HACCP 系统的有效运行。企业本身也需定期对 HACCP 做评估并不断改进。

农产品、食品冷链物流 HACCP 实施计划如表 2-5 所示。

将 HACCP 管理体系应用于冷链物流，对农产品、食品流通的各个环节都予以检验控制，可以降低其安全潜在风险。不但可以有效地提高我国农产品冷链物流的质量安全体系，形成竞争优势，还能有效地提高冷链物流的效率和服务水平。农产品冷链物流涉及生产、运输、销售、经济和技术等各种问题，因而是一项较复杂的系统工程。这就决定了农产品冷链物流的质量体系是多层次的，它是多种因素相互依赖、相互作用的结果，基于 HACCP 的农产品冷链物流质量控制不宜孤立地应用，而应建立在良好农业生产和流通规范、卫生标准操作程序、认证体系等基础之上，才能有效地实施。同时，HACCP 是一个动态的不断反馈的系统，农产品冷链物流的危害构成随时间地点的变迁、技术的发展而发生变化，其危害因素和质量保证措施也会不断变化，因此相关的质量控制也是一个动态的循环过程。

（二）基于 HACCP 的冷却肉加工与物流品质安全管理

冷却肉品质劣变及安全隐患的产生主要由加工和物流过程微生物繁殖引起，而温度偏高和波动是造成微生物繁殖的重要原因，目前在我国冷却肉加工和物流过程的温度监控常被忽略。因此需要将 HACCP 引入冷却肉加工与物流过程，从冷却肉冷链加工与物流实际情况出发，测试屠宰、冷却、分割、包装、配送到销售等各环节的微生物污染和温度分布，建立基于微生物危害的冷链加工与物流过程关键控制点及其控制措施，完善减菌措施和实时动态监控关键控制点，从而提高冷却肉品质，消除安全隐患具有重要意义，表 2-6 为冷却肉冷链加工与物流 HACCP 计划表。

表 2-5　农产品、食品冷链物流 HACCP 实施计划

关键控制点	显著危害	关键限值	监控				纠偏措施	记录	验证
			对象	方法	频率	人员			
采购验收	食品中的传染病菌、有害菌等	国家相应标准	传染病菌、有害菌	检查三证	每批商品	商品验收员	拒收、退货	验收检测记录	每日审核每周抽检
装卸搬运	细菌繁殖，食品变质、变味	温度和作业时间限制	温度时间、作业人员	观察温度记录时间	每次作业	作业管理人员	调整温度速度	作业记录	每次作业后审核
运输配送	微生物及化学污染	运输工具温度控制标准	微生物化学污染物	采用温度监控一起	每批商品	操作人员	及时调整温度，更换工具	温度监控记录	食品准确性检测
储存	细菌繁殖交叉污染	国家储存标准	细菌储存特性	保持清洁分区存储	每批商品	仓储人员	及时清洁分区存放	储存记录	区位准确性检测
分拣	微生物及化学污染	作业操作技术规范	温度、速度、作业人员	观察温度，记录时间	每批商品	分拣人员	调整温度，提高速度	分拣记录	作业后审核
流通加工	清洗用水或挑拣不干净造成的污染，微生物繁殖	商品质量规范，挑拣技术规范，国家标准	商品质量，含菌量	肉眼观察，食品检测	每批商品	车间质检员	丢弃不合格产品	质检记录	每日审核，每批抽检

表 2-6 冷却肉冷链加工与物流 HACCP 计划表

CCP 工序	显著潜在危害	关键限值	监控措施	纠偏措施
冲洗	水的卫生状况，冲洗不彻底胴体带菌，冲洗污水回溅	水的菌落总数≤100CFU/mL，每 100mL 水中大肠菌群不得检出；胴体表面应≤1×10^4 CFU/cm^2，有机酸冲洗则应≤1×10^3 CFU/cm^2	操作人员目测水的清洁度，温度计测水温，水压	定期检测水的微生物含量；控制水温、水压（0.3×10^6 ~ 0.6×10^6 Pa）；可采用浓度为 1.5%~2.0%乳酸溶液喷淋减菌
快速预冷	胴体体热及非低温环境加快微生物生长	胴体修整称重后，快速进入-15℃以下预冷间，保持 1.5~2h，胴体表面温度降至-2℃左右，后腿中心温度在 16~25℃；屠宰到入库<1h	卫检人员记录每批胴体入库和出库时间，记录测量冷库温度和后腿中心温度	控制预冷温度和时间，确保胴体温度在合格范围，过度预冷将视为冷冻肉
冷却排酸	胴体体热及非低温环境加快微生物生长，胴体间隙小造成交叉污染	预冷后快速进入冷却排酸间，保持库内温度-1 ~ 4℃，20~22h，后腿中心温度≤4℃	卫检人员检查每批胴体入库出库时间，测试冷库和后腿中心温度	如胴体中心温度未能到达，则延长冷却时间，确保后腿中心温度在 4℃以下才能出库分割；调整胴体间隔为 3 ~ 5cm；检查制冷设备和制冷效果，定期除霜
分割剔骨	分割人员手、操作台及刀具造成交叉污染，操作间温度高加快微生物生长	传输带、案板、刀具和肉表面无可视污物和残渣，分割间环境温度应≤12℃，后腿中心温度≤4℃，肉表面菌落总数<5×10^4 CFU/cm^2，每头分割时间<30 min	分割工人目测肉块表面污物，管理人员监督员工定时洗手消毒和清洁案板刀具，记录室内和肉温湿度	增加员工洗手和消毒次数，分割期间定时清洁所用器具，采用有效的抑菌剂；修去胴体瘀血及不必要的杂物
包装	包装材料污染，室温高加快微生物生长	包装间环境温度应≤10℃，包装时间<30min；肉表面菌落总数<5×104CFU/cm^2，肉温在≤4℃	包装材料使用前进行紫外杀菌，员工注意操作卫生	包装材料应符合 GB 9687-98 规定，监督员工定时吸收消毒和清洁包装台面；记录和监控室内温度，每批分割肉包装前进行微生物检验
冷藏	微生物生长繁殖	储存库温度应在-1 ~ 4℃，相对湿度 85% ~ 90%；储存时间应≤24h；产品温度应保持在 0 ~ 4℃	记录温度，调试和检测制冷设备	采用有效的制冷设备严格控制温度，定期除霜；库内保持清洁、通风，定期消毒

续表

CCP 工序	显著潜在危害	关键限值	监控措施	纠偏措施
冷链运输	微生物生长繁殖，交叉污染	装运前产品温度应在 0～4℃，装货前车厢温度预冷至 10℃甚至更低；运输过程车厢温度应在 0～4℃，温度波动不能超过 7℃；保温短途运输<4h，制冷长途运输<24h	记录车厢温度，调试和检测车厢制冷设备，记录出货和到货时间	运输过程应符合 GB/T 20799—2014 要求，使用制冷效果良好、车厢内具有实时温控设备的冷藏车，或采用保温箱蓄冷剂维持所需低温
冷链销售	微生物生长繁殖，交叉污染	从入库到食用保质期一共 5 天，货架温度控制在 0～4℃，销售时间应≤48h	记录出入货架的时间，目测肉色和污物、嗅闻异味等感官评价	严格控制货架温度在 0～4℃，减少温度波动，定期除霜；肉块摊平，减少堆叠；超过保质期不得销售；临近到期的降价销售；改善货架卫生

应用 HACCP 原则分析了冷却肉加工与物流过程的重要污染环节和冷链温度波动对冷却肉品质安全的影响，提出冷却排酸、分割剔骨、包装、冷藏、冷链运输以及冷链销售是冷链加工与物流过程的关键控制点，加强入库前冲洗减菌技术的有效性，定期培训工人良好卫生操作规范；同时严格控制冷却排酸、分割包装、配送中心暂存、运输车厢和销售货架的环境温度和产品温度，确保有效冷链流通。通过建立基于微生物危害的冷却猪肉加工与冷链流通的 HACCP 体系，重点改善卫生管理和温度监控措施，使产品微生物数量控制在最低水平，提升质量安全。

（三）基于 HACCP 的水产品无水活运品质安全管理

水产品冰温无水保活运输品质劣变及安全隐患的产生主要受养殖过程中水产品健康情况、冷驯化、包装、运输及目的地唤醒等各个环节的影响，这其中任何一个环节出现问题都会最终导致水产品的品质下降。目前在我国水产品冰温无水保活运输技术尚未推广，因此需要将 HACCP 引入水产品冰温无水保活运输过程，从水产品养殖品质、疾病防控、冷驯化、包装、运输及唤醒等各个环节的实际情况出发，监测这些过程中的关键控制点及其控制措施，从而提升水产品冰温无水保活运输品质安全，消除安全隐患具有重要意义，表 2-7 为水产品冰温无水保活运输品质安全控制 HACCP 计划表。

表 2-7 水产品冰温无水保活运输品质安全控制 HACCP 计划表

CCP 工序	显著潜在危害	关键限值	监控措施	纠偏措施
药残检测	使用三无渔药、饲料导致的药物残留	药物残留量应符合《动物性食品中兽药最高残留限量》的规定要求；禁止使用《食品动物禁用的兽药及其他化合物清单》规定的禁用药和对人体具有直接或潜在危害的其他物质	查阅养殖场饲料、渔药使用记录	定期抽检水产品药残
健康鱼体筛选	带病、机械损伤等导致水产品体质差，运输过程中死亡率高	待暂养鲜活水产品应选择无污染、大小均匀、体质健壮、无病、无伤、活力好的水产品，其品质应符合《食品安全国家标准 鲜、冻动物性水产品》（GB 2733—2015）的要求	随机挑选水产品，查看健康度	对于品质差的水产品放弃用于冰温无水保活运输
冷驯化	驯化时间及速度不合理，导致水产品应激	降水温至 30～10℃的温度区间其降温速率为每小时降温 3～5℃。降水温至 10～5℃的温度区间时其降温速率为每小时降温 0.5～2℃。降水温至 5～−2℃的温度区间其降温速率为每小时降温 0.3～0.6℃。达到目的温度后水产品进入休眠状态	操作人员记录降温时间及每个时间点的水温	严格控制降温速度，确保水产品能够适应温度的变化，缓慢进入休眠状态
包装	充氧不足，导致运输过程中缺氧死亡	将水产品放入双层密封保温箱后，将氧气细管插入保温箱侧面底部的充氧孔内，打开氧气瓶阀门，对保温箱内部进行充氧 5～20s	检测保温箱密闭性	如发现运输袋漏气，及时更换运输袋并重新充氧包装封口
运输	运输车内温度及湿度控制不稳定导致水产品在运输过程中唤醒，跳动导致机械损伤甚至死亡	运输车能够控制环境温度及湿度并实时监测	相关人员实时监测运输环境温度、湿度	当检测环境温度、湿度波动较大时，查找原因并确保运输要求温度湿度
唤醒	唤醒过程温度回升过快，导致应激	唤醒池或唤醒桶与运输温度≤3℃，温度缓慢回升	检测唤醒池或唤醒桶温度	如唤醒池或唤醒桶温度过高，进行进一步降温至要求后再将水产品置于水中进行唤醒，如唤醒过程中升温过快导致应激，通过温度降低及抗应激药物使用，缓解应激

续表

CCP 工序	显著潜在危害	关键限值	监控措施	纠偏措施
暂养	水质控制不佳导致水产品体质下降，甚至死亡	升温至较低生存温度并控制水温保持平衡，相差应不超过5℃。在暂养期间，应保持开动水泵循环过滤水质和开动充气机增氧。在暂养到销售期间，禁止使用任何国家禁用渔药，同时，禁止投料喂养	检测水温、水质，不投饵及使用药物	发现体质开始变差的水产品，提前进行销售处理

应用 HACCP 原则分析了水产品冰温无水保活运输过程中的各环节对水产品品质的影响，提出健康度、疾病、机械损伤、冷驯化、包装、运输及唤醒时水产品冰温无水保活运输的关键控制点，加强疾病的监控防治、对冰温无水保活人员进行良好操作规范培训，同时严格控制冷驯化时间、充氧体积、运输温度及唤醒流程，确保规范化养殖、操作与运输。通过建立基于规范化操作的水产品冰温无水保活运输流通的 HACCP 体系，重点保证选用体质健康的水产品，并在驯化、运输及唤醒过程中严格控制操作工艺，提升水产品品质。

(四) 基于 HACCP 的果蔬温控物流品质安全管理

作为农业大国，中国尚未形成高效畅通的农产品流通体系。我国果蔬的流通主要依赖于农村和城市的集贸市场，在超市等现代零售渠道中的销售比例不足三成。由于果蔬采收和流通设施落后，造成果蔬采后腐损严重，物流成本过高，各环节的衔接发生断裂。尽管改革开放以来我国政府高度重视，并采取一系列措施加强农产品流通安全工作，但从总体来看我国农产品质量安全形势依然严峻，尤其是在流通环节存在不少问题，在果蔬供应链的各个环节上问题频频发生，令人担忧。而在发达国家，80% ~95% 的农产品是通过超市和大型食品商店流通的，果蔬采收后大多经过商品化处理，在储藏、运输、销售及销售后消费者短暂存放的全过程中，仍保持果蔬新鲜所要求的温度、湿度和氧气含量，果蔬品质得到有效保障。与国外相比，我国的果蔬生产目前比较注重产中这一环节，而国外则是从整个果蔬产业供应链来考虑蔬菜产前、产中和采后诸多环节的配套。

1. 果蔬冷链物流环节中的危害分析

果蔬冷链物流作业环节可能产生的危害主要有温度过高或频繁变温引起的微生物污染、营养成分损失、衰老加速等，表 2-8 对果蔬冷链物流进行了危害分析。

表 2-8 果蔬冷链物流危害分析

物流环节	潜在危害
产地预冷	未预冷或预冷不及时加速“后熟”，增加后期冷链投入
分拣	作业环境温度过高、作业时间过长导致微生物生长，酶活力、呼吸作用加强
车厢预冷	未预冷至规定温度范围导致上述危害
装卸搬运	作业环境温度过高、作业时间过长导致上述危害；作业操作不合理造成货物遗失、破损、引发机械伤害
运输	温度过高或频繁波动导致上述危害，与其他非食品货物混装造成交叉污染，车辆行驶速度过陕引起的振动胁迫造成物理伤害
收货	货物温度过高导致上述危害
销售	陈列柜温度过高导致上述危害

2. 关键控制点确定及其关键限值

关键控制点控制是根据所控制危害的风险与严重性，分析影响商品质量的关键因素，通过控制这些关键控制点并确立关键限值，可以将食品安全危害减小或预防。果蔬的冷链物流主要作业活动包括产地预冷、分拣、装卸、搬运、运输、销售等。

1）产地预冷。产地预冷是果蔬冷链物流的第一步，也是最为关键的一步。不预冷或预冷不及时不仅加速果蔬的“后熟”作用，加速衰老、缩短货架期，还会增加后期的冷链成本。

2）分拣。分拣是物流作业中费时较长的一个环节，需在低温条件下操作，否则会导致微生物生长、酶活力和呼吸作用加强。

3）厢体预冷。果蔬冷链物流车辆厢体预冷温度至 7℃以下（部分蔬菜、水果 10℃以下），否则会影响货品温度进而导致上述危害。

4）装卸、搬运。果蔬冷链物流要求装卸 、搬运在≤10℃的缓冲区进行，时间控制在 30min 内；野蛮装卸会造成包装破损从而引发机械伤害。

5）运输。果蔬冷链物流要求全程冷藏运输。运输相对历时较长，如中间冷机停止工作或温度频繁波动，会造成微生物的迅速繁殖和酶活力上升。与非食品货物混装可能会造成交叉污染。

6）收货。货物到达后，接受方应检测货物温度，果蔬温度不高于 7℃，高于规定温度可拒收，此处不为 CCP。

7）销售。超市、便利店等销售终端的储藏条件直接影响果蔬的质量和货架期，也是较易忽略的环节，关键控制点的控制限值见表 2-9。

当 CCP 出现偏差时，采取正确的行动把危害及时排除是 HACCP 的核心内容。表 2-9 对各个 CCP 明确了其纠偏措施。

表 2-9　果蔬冷链物流关键控制点的控制限值和纠偏措施

关键控制点	控制限值	纠偏措施
产地预冷	预冷至≤7℃	及时预冷
分拣	工作环境≤10℃	严格控制作业环境温度在规定范围内
车厢预冷	厢体温度≤15℃	车厢内温度预冷温度至规定范围内方可装货
装卸、搬运	工作环境≤10℃，操作时间<30min，合理装卸搬运	严格控制缓冲区温度，严格控制作业时间，避免野蛮作业
运输	冷藏车温度≤10℃，独立存放	实时进行温度监测避免和非食品货物混装
销售	陈列柜≤7℃	陈列柜配有温度计

第四节　温控物流商业智能系统

我国的物流行业高速的发展，但是在服务能力、物流成本、周转速度等方面与国外还存在着较大的差距。特别是在服务水平和效率方面相差较大，根据中国仓储协会提供的《中国物流市场供求状况分析报告》显示，我国目前每产生万元 GDP 的运输量为 4972t · km，而美国和日本的这一指标分别为 870t · km 和 700t · km，我们仅达到美国的 1/4，日本的 1/7，这样的数据让人触目惊心。产生这种结果的主要原因是标准化建设滞后，一方面缺乏有关的标准及规章制度，另一方面标准在推行上也没有必要的力度。为了更好地解决这个问题，就必须建立公共物流信息交流平台来实现各方信息系统之间的有效衔接，推进全国“大物流”的整合发展。

物流运作总体水平取决于物流综合服务平台的水平。现代物流服务，现代物流的操作，需要通过现代物流运作来实现，这是毫无疑问的，但是，现代物流的运作必须依托于物流综合服务平台。超越物流综合服务平台的成长和支撑能力而进行的物流运作，不可能获得很大的成功，物流领域第三方物流的现状可以充分说明这个问题。第三方物流是发达国家非常成功的现代物流运作的创造，最近几年，我国大量传统物流企业向第三方物流转型，希图借助第三方物流的概念和运作方法来实现现代物流服务，然而，据最近的调查，有五成以上的客户对第三方物流不满意，其原因除了第三方物流企业本身运作水平和管理水平的问题，更主要的是缺乏有效的、公共性的、开放性的物流综合服务平台的支持，如果物流服务企业没有本身的、或多或少的平台资源，从纯粹的第三方角度很难按照现代物流的要求向客户提供服务。所以，现代物流运作和现代物流综合服务平台是互相依存的关系，没有现代物流综合服务平台，物流运作的现代化根本不可能全面实现。

物流运作的水平总体上受到物流综合服务平台的支持和制约，应当被看成是现代物流领域里的一条规律——物流综合服务平台水平决定物流运作水平的规律。在这个规律的前提下，即使是同一个物流综合服务平台，不同的物流企业水平不同、管理水平不同、决策能力不同，因此，也有不同水平的运作，不同企业运作水平和效果的差异是非常大的。但是无论多么高水平的物流运作，都不可能超越物流综合服务平台所能够提供的支持。举一个非常简单的例子，就散装水泥而言，如果没有由散装仓库、散装装卸设备、散装运输车辆、散装计量设备、散装接收和使用装备所构筑的散装平台的支持，就完全不可能实现现代的散装物流。从某种意义上来讲，物流运作的总体水平直接取决于物流综合服务平台水平。

本节要描述的温控物流商业智能系统实际上是一个农产品物流综合服务信息平台。该平台首先是一个完善的物流综合服务信息平台，在此基础上要能够实现全程温度控制。温度控制是温控物流的重点但并不是难点，真正的难点是在一种产品的整条物流链上的全程温度控制，尤其是各个接口之间的温度控制。从事冷链物流服务的企业大多有自己的信息系统，但彼此间处于信息孤岛状态，企业内部的一些子系统也处于孤岛状态。生鲜农产品供给和需求在时间和地域上不一致，导致供给方和需求方信息不对称，以河北省为例，对农户而言，他们主要通过集贸批发市场或商贩以价格信号方式获取需求信息，不仅渠道单一，而且时效性差。另外，由于供给信息的不确定性，消费者不容易对产品质量和供给速度建立信心，在这种情况下，农户不仅承担着自然风险，同时承担着市场风险，消费者则很难买到物美价廉的生鲜农产品。资源丰富的冷链物流信息平台是解决这一问题的良好对策。

温控物流商业智能系统应具备以下五个方面的目标：

第一，灵敏的市场供求预警反应机制。农产品物流信息具有滞后性，这就要求平台具有灵敏的市场供求预警反应机制。农产品具有季节性特点，特别是一些时令性产品，对于时间的要求很高。但是农产品生产者所掌握的信息具有滞后性．往往看到今年价格高，明年就大量种植，这就导致市场供求关系发生扭曲。因此，我们要加强农产品生产环节的信息指标的研究，使信息系统具有灵敏预警反应的能力，当供求发生不一致时能及时告知生产者，也就是农户，从而为顺利开展农产品物流提供主动的支持。

第二，规范的农产品物流供求信息运营机制。农产品物流供求信息涉及范围广、主体多、相对分散，这是建立平台的重点和难点。虽然农产品涉及的品种、数量等信息流有所差别，但是每一种商品在信息系统中的展开和运行流程是相似的。如农产品供应信息的发布、需求信息的发布、供求信息的统计分析、物流供应及需求信息的发布与管理等诸多流程。因此我们有必要也有可能建立规范的信息运营保障机制，防止混乱和无序的产生。

第三，科学的决策处理机制。提供农产品物流服务的各个环节的信息只是信息保障的第一层功能。要达到物流系统高效的运作，信息系统应更广泛地参与到决策处理中来。通过信息运行的规范管理，建立农产品物流信息优化模型，优化物流运行的流程和日常管理，从而提高农产品物流运作的效率。

第四，及时的反馈评估机制。平台的各环节运行的是否有效，有没有瓶颈或是短板，都是在平台运作过程中易被忽略的环节，因此，系统应该及时正确地反馈相关信息。有效的反馈评估机制可以适时地反映物流系统的薄弱环节，从而为及时地改正错误、改进流程、提高效率提供可能。

第五，稳妥的安全保障机制。这里的安全有两方面的含义，一是要确保通过平台流通的农产品的品质安全，没有假冒伪劣产品。二是平台本身的信息安全。平台的构建势必采用通用的会员制，而相关的物流信息直接关系的每一个会员也就是使用者的切身利益，如商业信息及资金等。因此，在计算机病毒和网络黑客横行的今天，我们必须加强对农产品物流信息平台安全的保护。

要使上述平台能够发挥出应用的作用，应做几项努力：加强基础信息建设；完善信息共享机制；做好人才培养培训工作。本节描述的商业智能系统，包括物流基础分类数据库和产销行情分析子系统、物流科技支撑子系统以及品质安全保障子系统。这三个子系统既可以独立运行，又相互联系，构成一个有机的整体。所有应用围绕农产品交易展开。产销行情分析子系统提供产销行情、价格服务，为交易的达成提供信息支持。物流科技支撑子系统可以构建、发布、推荐农产品的物流方案，详细描述物流方案的每一个环节，以及每个环节的时间、成本、温度等关键物流要素，作为签订物流运输方案的技术约束；并且可以分析某些关键要素变化，如油价对成本的影响。品质安全保障子系统实际上是要建立一个开放的、可扩展的追溯数据平台，通过追溯数据平台检验物流运输合同的实际履约情况，保障农产品品质安全。

温控物流必须实行标准化，标准化是温控物流进入国际市场的门槛，也是温控物流实现合理化、现代化的前提和基础。标准是指在一定范围内以获得最佳秩序为目的，经协调一致制定并经公认机构批准共同重复使用的规则、导则等规范性文件。温控物流标准化是指以温控物流为一个跨行业的大系统，按温控物流合理化的目的和要求制定各类技术标准、工作标准，并形成国家乃至国际温控物流系统的标准化体系，以使温控物流行业内部各专业领域如运输、保管、包装、装卸、流通加工、配送、资源回收、信息管理等有效沟通和协调一致。我国温控物流标准化滞后、人才缺乏、部门地区条块分割管理是制约中国现代温控物流发展的三大瓶颈。其中，温控物流标准化滞后首当其冲。产销行情分析子系统的目的是实现价格透明，物流科技支撑子系统的目的是实现成本透明，品质安全保障子系统的目的是实现品质透明。本节内容的目的是用透明构建标准，用标准打造公平。

一、物流基础分类数据库

这一部分既可以作为上述三个应用系统的基础，又可以作为独立的系统对外提供服务。这一部分主要描述温控物流领域现在所存在的问题，本系统如何解决这些问题，即系统的必要性和可行性。由于农产品品类繁多，自然属性差异较大，既有粮食、棉花、油料等量大、面广、生化性能相对稳定的大宗农产品，又有水果、蔬菜、畜禽等易腐易烂、生化性能不稳定的生鲜农产品。所以温控物流理论体系农产品品类的分类与关联研究意义较大。农产品品类不同，与消费者衔接的特点不同，其物流特性和交易特性也不尽相同。因此，依据生物特性对农产品的种类进行划分，是农产品物流技术集成研究得以深入的前提条件。另外，农产品自然生产的季节性、生产区域的专业化等特点。决定了生产者和消费者之间存在时间和空间的“距离”，克服这一时间和空间的“距离”的障碍，使此时（此处）的生产者生产的农产品满足彼时（彼处）消费者的消费存在物流运行时空目标的问题。

（一）基础分类库的背景

农产品温控物流运行时空目标关联的自然环境主要决定于产品原产地、销售地和运行区域所在的地理位置（如热带、温带和寒带，高原和平原，陆地和水域等）、气候条件和运输时间（如季节变换和昼夜更替等），同时也受到国家或地区制度和体制、农村与城市基础设施、技术与人才等社会因素的影响。针对具有特定生物学特性和物流特点的农产品，需要研究在具体的时空目标下的物流过程中，所需要的温控装备工程及其配套的工艺。如用于精确指示品质及推测货架期的装置时间–温度指示器（time-temperature indicator，TTI）与信息技术结合，设计可直接装置在 RFID 上的 TTI 标签，改进后的 TTI 系统能够远程实时监控温控物流每个环节食品的品质变化，系统自动采集数据并计算产品的剩余货架寿命，从而更好地保障冷链流通中农产品的品质。在农产品冷链流通中，信息化是物流的灵魂，它决定了物流的现代化程度。基于物联网技术的农产品物流智能信息化是贯穿农产品物流过程的神经系统，在农产品温控物流上充分利用现有 RFID 技术、3S（GPS、GIS、RS）技术及温控物流信息化技术，加快温控物流信息化建设，促进冷链运输管理的透明化、科技化、一体化。自温度等外界条件对农产品品质安全开始产生作用的节点起，至农产品进入消费者餐桌的节点止的整个物流过程，对温控装备工程及关联的温控环境、品质安全工艺及关联的包装工艺微环境等关键环节的大量、多变的数据进行快速、准确、及时地采集、传输、分析和处理。从而，建立健全农产品生产流通过程的信息实时监控、溯源、监管及电子交易、供应链透明化管理，建立农产品监控、预警、纠偏及评估控制体系，最终解决农产品温控物流供应链的信息对称问题，增强供应链的透明度和控制能力。

（二）不同运行模式下基础数据分类

由技术集成理论体系指导建立的数据库系统是商业智能系统的核心，它主要由输入型数据库（分类数据库）和输出型数据库（决策支持知识库）构成，数据库之间通过关联字段来实现关联。

输入型数据库中存储的内容包括与农产品品类和物流时空目标相关联的自然属性数据，农产品温控物流所需的温控装备工程、品质安全工艺、智能信息化技术和供应链管理分类属性数据等。其中品类属性数据库存储基于不同品类的农产品生物特性和物流特性等生物学基础数据；农产品温控物流时空目标数据库依据农产品物流过程的季节性、区域性，物流目标的专业化等特点，存储面向温控物流的外部环境因素及关联的自然属性数据。装备工程数据库存储基于分类农产品在特定物流时空目标下与所需安全工艺相匹配的温控装备及关联装备数据；安全工艺数据库存储基于不同的温控环境与微环境所需的品质安全工艺数据；智能信息化支撑数据库基于农业物联网的传感、通信、云计算等技术与产品，存储农产品的生长环境及生产流通全生命周期管理的信息化技术、系统、平台、装备数据；供应链管理数据库存储农产品供应链优化流程方案与成本分析数据。

输出型数据库中存储基于不同品类和物流时空目标所需的存储冷链工程整体设计、设备与品控工艺配套施工、智能信息化技术和供应链管理优化等关联数据以及集成技术方案。

二、物流科技支撑子系统

(一) 温控物流子系统背景

在生鲜农产品的运输中智能温控对农产品的品质的保障是最关键的。当前温控物流信息平台现状是缺乏完整独立的生鲜农产品温控物流产业链，而无线射频识别、条形码、电子标签、卫星定位系统、温控标签和实时温度监测等温控物流技术应用水平比较低，全程温度自动控制没有得到广泛应用。农产品温控物流信息没有统一的标准，冷链各环节间的数据共享非常困难，信息不能共享，造成了节点信息不对称，无法保证整个温控物流系统的正常运转，从事温控物流的企业之间，甚至是一个企业内部的信息系统之间也很难达到数据共享，存在大量信息孤岛，造成资源与资金的双重浪费。从事温控物流的企业大多有自己的信息系统，系统里存有大量的历史数据，通过使用这些数据进行各种各样的分析，可以发现有价值的信息，用于辅助决策，实际中很少有企业进行数据挖掘工作。因此，温控物流科技支撑子系统的目标是构建一个物流综合信息服务平台，系统地、完整地控制整个温控物系统。

1. 温控物流现状及温控物流信息平台建设的意义

目前我国冷冻食品温控物流发展仍处于起步阶段，规模化、系统化的温控物流体系尚未形成，与发展现代农业、居民消费和扩大农产品出口的需求相比仍有差距。突出表现在：一是鲜活农产品通过温控物流流通的比例仍然偏低；部分在屠宰或储藏环节出现“断链”现象。二是温控物流基础设施能力严重不足。区域性农产品配送中心等关键物流节点缺少冷冻冷藏设施。三是温控物流技术推广滞后。发达国家广泛运用的全程温度自动控制没有得到广泛应用。四是第三方温控物流企业发展滞后。现有温控物流企业以中小企业为主，实力弱，经销规模小，服务标准不统一，具备资源整合和行业推动能力的大型温控物流企业刚刚起步。五是温控物流法律法规体系和标准体系不健全，在发达国家普遍推行的相关管理办法和操作规范在我国尚处于推广的起步阶段。可见，温控物流产业的发展滞后已经成为我国冷冻食品产业发展的瓶颈。因此，加快发展冷冻食品温控物流，已经成为提高冷冻食品质量，突破贸易壁垒，增强国际竞争力的重要举措。

温控物流成本不透明。关于生鲜农副产品损耗严重的原因，众人一致将矛头指向冷链的断链与缺失。的确，如果在生鲜农副产品的运输过程中实现全程冷链，产品的损耗率将会很低。但是，冷链运输的成本却要高出普通运输方式的成本许多，冷链运输成本的上升势必将提升产品的物流成本。业内专家提出，使用冷链方式增加的物流成本甚至会大于使用冷链降低损耗节约的成本。解决物流损耗问题需要发展温控物流，可高额的温控物流成本又会导致市场需求减少；没有市场需求，冷链就无从发展；没有冷链，物流损耗将会越来越严重。我国生鲜农产品的物流配送正陷入这样一个怪圈。到底该如何突破呢？业内专家指出，在大力推广温控物流的同时，一定要竭尽全力降低温控物流成本。而降低温控物流成本的前提就是使温控物流成本变得透明，弄清成本的构成，找到降低成本的关键点。

温控物流服务没有标准。物流服务标准是针对物流服务及物流各项具体作业涉及的内容、方法、程序、要求等制定的统一要求及规范化规定。包括物流作业标准、物流工程标准及物流收费标准等。物流服务类标准的一般内容，包括物流服务基础标准，综合物流服务质量标准，物流环节作业服务标准，物流信息服务标准，专业物流服务标准及物流从业人员资质标准等。而物流服务基础标准，物流作业服务标准、物流信息服务标准等均可通过外部的相关的体系认证，如ISO（国际标准化组织）体系认证、TAPA[①] 认证以及物流师、ILT（英国皇家物流与运输会）证书等加以实施确立。物流服务商在这些方面所提供的服务差别不大，而其中难度最大的应是综合物流服务质量标准及专业物流服务标准。在货物运输与产品制造加工中，因在规定的技术和程序下无法避免的损耗，属于合理损耗。任何产品在仓储、运输及装卸的过程中都有不可避免的损耗。但物流环节的合理损耗标准是什么呢？目前我国任何运输方式都没有准确的合理损耗标准。除了服务标准外，温控物流的技术标准、管理标准和相关的标准也相当的匮乏。物流技术标准是物流标准化体系的主体。是针对各种需要协调统一的技术事项所制定的标准。包括物流基本术语标准、物流领域涉及的各种设施设备标准、物流信息标准、物流标识标准等。物流管理标准是针对物流标准化领域中需要协调统一的管理事项所制定的标准。包括物流统计核算标准、物流质量标准及物流绩效评价标准等。物流相关标准主要是针对物流对环境的影响所制定的各种标准。如物流安全标准、物流噪音标准、物流车速标准、物流卫生标准、物流排放标准等。

温控物流信息平台建设的意义：①整合物流资源。提供物流服务综合信息；平台提供用户评价功能，并与信息查询相结合。将用户评价反映在平台上，在相应的企业查询结果里显示，供客户和企业方查看。一方面可以让新客户更加准确

---

① TAPA（transponted asset protection association）是1997年Inter、Sun、Micro等高科技企业建立的一个组织，其成员包括全球各知名高科技企业和各跨国物流企业。

的了解物流服务商的真实情况，从优选择，另一方面又可以使企业了解用户需求和意见，帮助物流企业及时改进，避免不良事件发生，真正做到服务第一、客户至上，发挥舆论监督的作用。促进电子商务的发展，规范物流服务标准。网络物流服务平台将所有物流企业资源进行整合，服务使用者可以统一选择并且进行评价，在一定程度上可以促使物流行业采用统一的基本标准进行度量，也在一定程度上促进了物流行业服务标准的产生。②温控物流信息平台的作用。该平台具有物流系统协调作用，企业价值增值作用，辅助分析决策作用，缩短物流流程以降低物流成本作用。③物流信息平台的功能服务。该平台具有温控物流信息服务功能，可根据需求生成温控物流方案；系统可以实现温控物流各个环节资源整合；可以实现在线交易；能智能管理物流作业实现辅助决策。

2. 温控物流分类

温控物流信息平台的创建主体。生鲜农产品供应模式主要有五种：①超市主导型生鲜农产品供应链模式；②龙头企业主导型生鲜农产品供应链模式；③专业批发市场主导型生鲜农产品供应链模式；④第三方物流企业主导型生鲜农产品供应链模式；⑤农民合作组织主导型生鲜农产品供应链模式。

超市、龙头企业、农民合作组织、第三方物流企业、专业批发市场都可以成为创建温控物流信息平台的主体。不过，作为创建主体不仅要在行业内部具有较大的话语权，能够认识到国内外市场的发展趋势及竞争形势，本身有强烈的应用物流信息平台的欲望，而且还要有较强的资金实力，较高的文化层次，有能力创建温控物流信息平台。结合实际情况得出分析，连锁超市、龙头企业、专业批发市场是比较好的创建主体。第三方物流企业的专业化程度，系统管理与方案设计能力都具有优势，但是目前第三方物流企业的服务主要局限于传统运输，简单仓储，管理水平和现代化程度非常低，大多数物流企业还处于一种不成熟的发展状态中，不完全具备真正意义上的第三方物流特征。要积极发挥市场主导作用，政策推动，鼓励农民合作组织和物流企业、其他社会力量参与，培育壮大第三方温控物流企业成为创建主体。连锁超市、龙头企业、专业批发市场也可以在做大做强自己的温控物流系统后拓展业务，延伸范围，优化资源，将第三方物流作为企业的业务范围。

温控物流包括生产、储存、运输、销售等许多环节，在这些环节中，温度控制是重点但并不是难点，真正的难点是一种产品的整条物流链上的全程温度控制，尤其是各个接口之间的温度控制。要达到全程温度控制，就需要加大温控物流设施设备投入，扩大低温处理范围，在现有生鲜农产品物流渠道上实现全程温度控制，这种方法成本非常高，不能被冷链上的所有环节接受，推广实施困难。

另一个方案是在全程温控物流空间布局的基础上，优化资源配置，选择最佳路径，在部分区域和企业加大资金投入，打造肉类、果蔬、水产品、加工食品四条主要温控物流全程温度控制的快速通道，这是一条最合理的、流通时间最短的流通渠道。

企业内部的一些子系统也处于孤岛状态，这不利于行业的未来发展。积极地将温控物流的应用从存储孤岛至虚拟化的共享 IT 基础架构再到私有云，这一过程是温控物流信息平台发展的必然趋势。

温控物流业务环境变化的信息平台为生鲜农产品的物流提供了可靠保障。温控物流企业实施虚拟化的共享 IT 基础架构时，第一步工作应该是实现同平台应用的资源整合，优先考虑架构相似的，低利用率的、分布式的应用。然后在服务器虚拟化的基础上，进行输入输出和存储的虚拟化。存储虚拟化的实现有助于实现异构存储系统之间的资源共享及通用的复制服务，具有更高的灵活性。输入输出虚拟化就是将网卡、交换机和网络节点虚拟化，这样可以降低网络设备复杂度，提高服务器整合效率。服务器、存储、输入输出虚拟化后，就可以开始进行面向服务的池化资源基础架构工作，从而进一步降低系统管理的复杂性。接下来的工作是将大量的计算机资源组成资源池，用于动态创建高度虚拟化的资源供用户使用，实现从虚拟化到云计算的转变。

温控物流涉及很多部门和行业，环节很多，需要政府部门的监管，温控物流信息平台是一个信息交换与数据共享的平台，它可以整合上述各行业的信息资源，并进行数据挖掘、优化资源配置、分析预测、技术支持等工作，是温控物流管理与服务的重要载体。温控物流企业的信息系统中积攒了大量的数据，这些数据隐含了大量的可以辅助决策的信息，可以解决如优化策略中的路径选择、运输载体选择、运输时机选择等问题，将这些分布的数据转化为决策依据是一个非常重要的问题。

温控物流数据集成仓库是数据挖掘的基础，它是一个带有数据准备区和数据集市的体系结构，包括数据源、数据准备区、数据集成仓库、数据集市、终端用户查询几个部分。数据源包括平面文件及信息系统文件，可以从多种不同的数据源中析取和转换数据将数据聚集和合并成一致的数据集，反映冷链的业务运作情况和历史记录。数据准备区从数据源中析取数据用于数据分析。数据集成仓库临时存储、清理和转换传入的数据，容纳和管理数据仓库中的大量数据，支持数据集市。进行数据挖掘要进行请求分析，确定挖掘条件和目标，确定操作方法与数据源，应用挖掘程序，将结果提交用户。例如，在接受新订单的时候，企业负责人可以将客户信息，货物数量，时间要求等数据生成挖掘请求，系统将应用数据挖掘模块进行分析处理，提供对客户的信用评价，历史上同类订单的流通路线，分析目前的企业资源配置，确定是否有足够的冷库、冷藏车辆等流通载体使用，分析订单的风险及收益。在温控物流业务中，由于其流通环节具有一定的稳定性，所以在挖掘请求相似的情况下，优化策略有时会相同或相似，基于节约时间与资源的考虑，可以逐步建立案例库，实现挖掘结果的共享和充分利用，注意案例库的数据要完备，不仅包括结果也应该包括挖掘请求，同时要注意案例库的维护与更新。

温控物流信息平台的建设有助于温控物流数据的交换与共享，达到信息流先于物流的理想状态：在鲜活农产品从生产地出发时，冷链上的各环节已经做好了下一步接收，转发的准备工作，农产品可高速，不停歇地流通至消费者。

(二) 温控物流支撑系统概述

1. 系统需求功能概述

信息平台的功能需求分为物流企业、客户企业、政府管理部门和金融服务部门等四个层面。

物流企业对区域性国际物流综合信息服务平台的需求主要包括：

第一，对物流市场信息的需求，如物流市场上的招投标信息、哪些企业需要物流服务，以及这些需求企业的基本情况、货物的基本信息，运输基本情况等。

第二，对物流业务运作管理的需求，主要有物流基础设施资源，如货运担架、运输装卸设备、集装箱标准运价、仓储网点、货运场站、机场车站港口堆场信息等，交通运输网络信息等。

第三，对物流基础设施信息的需求，如港口水运信息、提路车站信息、机场航空信息、交通状况信息、道路设施信息等。

寻找流通时间最短的渠道，一方面要优化路径，选择最佳路线；另一方面各环节应方便地连接到物流信息平台中，解决好冷链上各环节的电子交易功能，交易功能的成功设计依赖于一些关键因素：如合理的商业战略和目标；关注客户方案、服务、长期关系及价值；注意销售周期的各个方面；理解并挖掘互联网的独特方面以及基于标准的技术。要充分利用电子商务的技术与方案，实现温控物流信息平台与网上支付系统、银行系统、网上认证系统、网上安全系统的顺利连接。从事温控物流服务的企业大多有自己的信息系统，但彼此间处于信息孤岛状态，

第四，其他公共服务信息，如物流市场调研和预测、物流相关政策、行业标准、法律法规、区域经济发展状况等。

物流客户企业主要包括制造型企业和商贸流通型企业，这些企业对区域性国

际物流综合信息服务平台的需求主要包括：

第一，物流企业的基本信息，包括物流企业的资质、企业等级、信誉评价、功能规模、物流设备资源、企业文化、特色服务、物流报价等信息。

第二，物流市场信息，主要是指供方市场信息，如物流市场竞争、物流总代理、发包需求、客户物流系统和网络规划、客户集成服务的物流供应链管理，以及物流企业的货运配送能力、仓储加工、装卸搬运等。

第三，法律和业务咨询信息，主要包括物流行业法律法规、物流合同公证和法律保护、合同执行跟踪、违约赔偿及补救处理、物流知识教育与咨询、政策指导等。

政府职能部门的功能需求。政府职能部门要执行宏观调控的指令，需要物流信息平台提供物流企业、行业等运行的基础数据，包括：

第一，区域物流发展总体概况，包括物流产业的总体运作情况，物流企业的分布状况、物流企业规模、物流企业的基础设施及使用状况、物流业发展过程存在的主要问题、物流相关法律法规、政府优惠政策等。

第二，对物流活动中双方的要素监控和管理信息，主要包括政府相关部门对物流企业和工商企业的管理和许可确认信息，如税务登记、关税、保险、营业执照、驾驶证、车辆运营证、物品报关通关单证等信息。

第三，物流业务种类，货运量，物流成交合同总金额，物流仓储量，物流设施保有量，物流企业的数量、规模和基本运行情况等信息。

金融服务部门的功能需求。金融服务部门主要包含银行、保险公司、金融租赁公司等，在口岸物流运行过程中，货款和运费等费用的支付，保费的支付和货损索赔等多个方面，都会有银行、保险公司和金融租赁公司的参与。通过分析得知，金融服务部门对口岸物流信息平台的功能需求主要为两个方面。

第一，企业诚信评估功能，对物流过程中有关企业（包括进出口企业、贸易代理、国际货运代理、承运人及其代理及物流服务企业）的企业诚信评估。

第二，电子支付结算功能，物流过程中的相关企业，可以通过口岸物流信息平台来完成货款的支付、交易、转账、结算等功能。

2. 温控物流解决方案

为客户提供量身定制的温控物流信息化服务。采用该解决方案，可实现客户和合作伙伴间业务的高度协同，增强物流服务的适应性、应变性和监控能力，以便实时应对瞬息万变的需求变化。可以提高物流效率，降低成本，对物流运作实施统一的调度与监控，通过系统实施可以实现运输路线最优、库存质量最佳、货物组配最合理、物流成本最低的目标，为客户提供及时准确的温控物流服务。温控物流解决方案主要包括如下功能。

1）订单协同功能。一体化处理客户的物流订单，进行任务的分解和分配。

2）精细化仓储管理功能。通过设置相应的仓储策略，实现仓储管理的科学化、精细化。

3）RFID 功能。支持 RFID 设备在物流过程中的应用，包括车门开闭报警、车内温度监控等。

4）GPS/GIS 监控。通过 GPS、GPRS 和 GIS 的集成，对运输车辆进行实时监控。

5）业务流程同步。应用工作流管理理念，实现内部业务流程的高度协同。

6）低温设备管理。支持对低温设备的日常管理和维护。

7）温度湿度监控。实时监控物流过程中影响货物品质的湿度和温度，并设置预警机制。

8）快速入库功能。为特殊货物提供快速入库功能。

9）提示及事件管理。为系统使用者提供提示及事件管理功能。

10）车队优化。提升对运输车队的管理和控制。

11）运输计划执行管理。全过程的管理运输计划的执行情况。

12）绩效管理。通过采集各关键业务节点的信息，实现全员 KPI（关键绩效管理）管理。

13）决策支持。应用统计分析方法，实现对企业经营决策的支持。

建设原则主要包括如下：

1）可靠性。可靠性是区域性国际物流信息服务平台运行的前提。信息服务平台是对物流企业和社会开放的，服务的人群庞大而繁杂，因此出于安全考虑，在对该信息平台进行建设时，需要充分考虑系统的可靠性和安全性。

2）前瞻性。社会各界对技术和功能的需求都是在不断地变化之中，因此平台的建设需要具有适当的前瞻性和延展性，充分考虑到未来的技术发展方向和功能需求变化方向。标准化与可扩展性。系统建设时，各种异构系统和数据如果不能转换为统一的形势，就会给系统和数据互通造成麻烦，因此在平台系统的建设过程中，要高度注意各模块之间接口的耦合性，要尽量统一系统和数据的形势。目标是达到人流、物流、资金流和信息流的最佳融合，要使农产品生产、销售、配送、仓储通盘考虑，实现无缝连接。

3）中立性。需要建立的信息平台是整个地区的公共性平台，要保证该平台的稳定运行，必须保证整个平台不从属于任何企业、单位或个人，也就是要保持高度的中立性。如果物流信息平台不能够保持足够的中立性，盲目的从属于了某个货主、物流企业或某一个监管部门，就无法凸现其运行的客观性，也就不能够完全承担起整个地区经济运行信息和服务承载者的重任。平台的共建共享要鼓励开放，但又要根据权限给予分级开放，做到封闭性和开放性相结合。

4）立足实际的法制化、标准化。从实际出发，针对不同类型的物流企业进行分析，得出其真实需求，以满足业务需求为重点，构建平台共建共享机制，但是这里要强调的是平台的功能建设切不能过于具体或者向某一具体应用项目倾向。平台在使用过程中，要将共享机制法制化，通过制度建设，保证平台信息的保密性和合法化使用，对物流企业所报送的信息要做到保密。

5）支持电子商务，并且积极开展网上交易。通过物流信息平台的使用可以实现信息流、资金流、物流、商流的统一，不但可以加速交易的速度，同时也为交易双方降低了成本。在交易过程中，交易双方往往最关心的就是安全问题，所以物流信息平台的构建也要充分解决交易双方的后顾之忧，才能使物流信息平台在现代物流发展过程中发挥更大的作用。

6）统一规划，服从物流整体规划。物流综合服务平台应该统一规划，统一领导，充分利用现有的社会信息化资源，避免重复建设。同时在实施过程中应该根据实际情况分步实施，注重实效，稳步前进。物流综合服务平台的建设作为大的物流规划的一部分，要在物流整体规划战略的指导下进行，要符合物流规划的目标和原则，服务于物流规划，使物流规划的效果能够真正发挥出来。

7）物流综合服务平台需要采取第三方实施的原则。确保平台具有独立性，从而实现其在公平、公开、公正的基础上，提供有序竞争的环境，从而满足广大客户对物流综合服务平台服务功能的需求。物流综合服务平台的经营要实行市场化的运作。为了调动主要经营者的积极性，可以采用主要经营者持股方式，并实行风险抵押，使经营业绩和经营者的利益挂钩，增加实体运行活力。物流综合服务平台建设涉及不同的管理部门、各类物流企业及货物的供需双方，要处理好各方面的关系，需要有政府的协调和推动。

8）加快物流信息标准化建设。现在大部分企业的物流信息系统还是封闭运作的，信息在内部网络是按共同的标准协议进行数据交换的。物流综合服务平台要对不同物流信息系统之间的数据进行交换，就特别需要标准化的物流信息，以实现不同物流信息系统数据的顺利交换。如果物流信息数据不是标准、规范、统一的，势必加大数据交换的难度，降低物流综合服务平台的利用效率，造成资源浪费和信息失真，因此必须加快我国物流信息标准化的建设。

9）制定政策法规和配套措施。物流综合服务平台在运作过程中会发生如单证收费、会员权利和义务、经营管理、备份举证等诸多问题。这就需要制定一整套相应的法规和规章制度来加以规范。除此之外，推进物流综合服务平台发展的配套措施也是必不可少的，如人才引进的优惠政策、税收优惠政策、土地使用优惠政策、通信资费优惠政策等。

10）加快物流信息人才的培养。物流综合服务平台的建设需要专业的物流信息人才，因此必须加快对物流信息人才的培养。要建立行之有效的人才引进机制和对优秀人才的奖励机制，增强内部人员物流信息技术的培训。同时，应积极与社会教育机构合作，加大对物流信息人才培养的投入，通过多种途径培养不同层次人才，如果需要，也可以从国外引进高质量的物流信息管理人才。

11）社会性原则：①要做面向社会的公共信息平台，包含全国各地的信息。②长期行为，要依托于政府支持。③走专业化道路，专业问题交给专门机构去完成。

3. 温控物流的系统优化架构

基于计算与数理组织理论的温控物流组织网络运作模型，计算与数理组织理论（CMOT）是指运用计算机模拟、逻辑规则和人工智能来从事组织理论研究。优化的前提是必须建立一个高度概括且易于操作的组织关系模型，该模型不能仅仅是概念上的，而应该是形象具体和可操作的模型。尽管刻画组织结构的理论模型多种多样，但用网络的概念来描述组织结构及其相互关系的模型并不多，其中具有代表性的模型有两种：其一，组织结构的 PCANS 模型。该模型的主导思想是通过组织内部各要素之间的相互依赖性来分析复杂的组织结构。模型考虑了组织中的三种要素（人员、任务和资源）和五种基本关系（任务优先关系、资源配置关系、任务分配关系、人事与人际关系、技能链接关系），用网络方法来描述组织结构。其优点在于可运用分块矩阵或超矩阵（Meta-matrix）来描述组织结构，便于计算和进行二进制的数据处理，目前还没有见到基于该模型的仿真器。其二，组织结构的立体多核网络模型（MMKN）。基于前述物流组织网络理论研究，构造了物流组织网络的运作模型。模型借鉴了 PCANS 模型的思想，根据实际需要，考虑了物流组织网络中的三种要素（任务、资源和技能）和六种基本关系，同时借鉴了组织结构立体多核网络模型中对组织关系的刻画，采用了多重边图和从属关系网络对物流组织网络运作过程进行了具体的描述，如图 2-11 所示。

图中包括同种要素构成的单模式网络和不同要素间的二分图网络，共有物流组织和三个要素构成的四种单模式网络，分别为物流组织网络、物流任务（需求）网络、物流资源网络和物流服务技能网络。六种关系来自于不同要素间的相互作用，分别如下。

1）任务和技能间的需求关系。不同的任务需要不同的技能，如快递业务需要较高的信息和网络能力，存储任务需要较强的保管和装卸搬运作业能力。

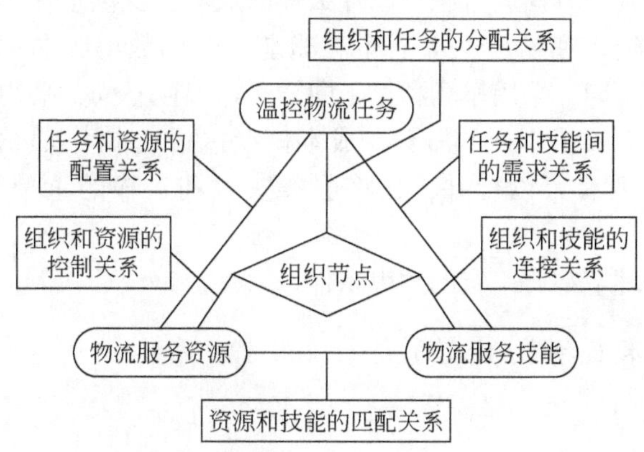

图 2-11　基于结构的温控物流组织网络运作模型

2）任务和资源的配置关系。不同的任务需要不同的资源，如长距离的运输需要航空、铁路、水路运输资源及中转换装的设施设备资源；而短距离的配送则对公路运输资源有较高的要求。

3）资源和技能的匹配关系。不同的资源具备不同的技能，因此提供的服务也有很大差别，如专业化的仓储资源主要具备存储和装卸能力；而港口资源主要提高车船的换装能力。

4）组织和任务的分配关系。物流任务的完成往往要涉及很多个组织，如仓库、车站、运送企业、代理企业等，不同的组织在物流任务中起到不同的作用，承担不同职能。

5）组织和资源的控制关系。物流组织或拥有或控制一定的资源（包括信息资源和其所控制的其他组织资源），因此可以利用自有的资源或外部资源提供一定的服务，因此物流组织和物流资源之间存在着拥有、控制或使用关系。

6）组织和技能的连接关系。物流组织都在尽可能地利用自己所拥有或控制的资源，强化服务技能，通过为用户提供满意的服务而获得发展。

温控物流首先是由多个环节组成，每个环节会使用某些设备或提供某些服务，因此会产生一定的成本。成本可以以某种方式分摊到单位货物上去，但不一定是线性关系。成本会受很多因素影响：人力成本、温度、油价、设备等。要实现物流方案的规范化，可以首先将物流过程划分为规范的环节，然后再用统一的规范去描述每一类环节。

物流环节可以划分为包装、装卸、运输、保管、流通加工、配送六种类型。

每类环节需要从两个方面去考虑：以什么样的成本，提供了什么样的服务？这相当于每个环节的输入和输出。每个环节都是一个函数：成本 $=f$（服务）。如运输，选用的公司不同，采用车辆型号不同，运输温度不同，平均速度不同，损耗率不同，都可以看成了不同的服务。成本模型包括成本增长（随服务）模型和成本分摊模型。两者可以合并，如将服务次数和运输的重量等也作为服务的指标。

另外，每个环节都有一定的约束条件。

4. 主要技术及智能物流方案

(1) 关键技术

平台实现的关键技术。区域性物流综合信息服务平台是以服务大众为宗旨的，与之有联系的企业或者个人都可以使用该平台，因此，在平台运行时必然会产生大量的数据信息，需要系统自动对产生的数据进行采集和存储，便于管理部门和研究部门进行分析和处理。因此，在建设该信息平台时将会用到计算机数据库技术、数据挖掘技术以及数据存储和管理技术。

决策与管理技术。区域性国际物流综合信息服务平台还扮演着物流企业和政府管理部门眼睛的角色，提供作业管理、企业管理、辅助决策、政府监管以及统计分析等功能。因此，在平台建设时还需要应用信息系统管理技术、业务流程重组技术、资源规划技术、决策系统技术、商业智能技术以及优化管理技术等。

应用集成技术。区域性国际物流综合信息服务平台将会涉及众多单位和部门的实时物流信息及相关政策等，需要设计相关业务模块进行分析和处理。这就要求平台中的各个业务模块具备高融合性的协同工作能力，为公众和决策层提供准确、有效的信息。该平台的应用集成方式需要实现由简单的业务过程向业务流程集成的过渡、拓展，以增强系统灵活性和可扩展性。

信息服务系统关键技术。进行区域性国际物流信息协同关键技术的理论研究，支持平台开发单位制定相关技术标准和信息资源标准，制定不同平台文件交互方式与文件交互规范，解决贸易物流链上各参与方采用不同的文件格式及传输标准而导致贸易物流数据无法得到及时共享与交换的问题。

信息服务模式。基于现代物流的概念设计、制定及运作全流程供应链集成方案，控制和管理跨区域国际物流过程，对整个过程提出解决方案，再利用优化、集成、协同等信息技术进行全流程整合，实现快速、高质量、低成本的区域性国际物流综合服务。以业务流程优化和解决协同关键技术为手段，提出能够具有综合服务功能的第三方区域国际物流信息服务平台的创新型信息服务模式。

系统建模。建模就是建立模型，就是为了理解事物而对事物做出的一种抽象，是对事物的一种无歧义的书面描述。建立系统模型的过程，又称模型化。建模是研究系统的重要手段和前提。凡是用模型描述系统的因果关系或相互关系的过程都属于建模。因描述的关系各异，所以实现这一过程的手段和方法也是多种多样的。可以通过对系统本身运动规律的分析，根据事物的机理来建模；也可以通过对系统的实验或统计数据的处理，并根据关于系统的已有的知识和经验来建模。还可以同时使用几种方法。系统建模主要用于三个方面：①分析和设计实际系统；②预测或预报实际系统的某些状态的未来发展趋势；③对系统实行最优控制。任何模型都只是实际系统原型的简化，因为既不可能也没必要把实际系统的所有细节都列举出来。如果在简化模型中能保留系统原型的一些本质特征，那么就可认为模型与系统原型是相似的，是可以用来描述原系统的。因此，实际建模时，必须在模型的简化与分析结果的准确性之间做出适当的折中，这常是建模遵循的一条原则。

流程管理与设计。流程是一系列活动的组合，这一组合接受各种投入要素，包括信息、资金、人员、技术、文档等。最后通过流程产生所期望的结果，包括产品、服务或某种决策结果。流程设计是指根据市场需求与企业要求调整企业流程，包括设计、分析和优化流程。设计阶段主要包括两项任务：其一，透视现有流程质量；其二，根据当前市场需求调整现有业务流程。

虚拟仿真。主要用于自主构建方案，模拟方案运行结果。虚拟仿真实际上是一种可创建和体验虚拟世界（virtual world）的计算机系统。此种虚拟世界由计算机生成，可以是现实世界的再现，亦可以是构想中的世界，用户可借助视觉、听觉及触觉等多种传感通道与虚拟世界进行自然的交互。它是以仿真的方式给用户创造一个实时反映实体对象变化与相互作用的三维虚拟世界，并通过头盔显示器（HMD）、数据手套等辅助传感设备，提供用户一个观测与该虚拟世界交互的三维界面，使用户可直接参与并探索仿真对象在所处环境中的作用与变化，产生沉浸感。VR（虚拟现实）技术是计算机技术、计算机图形学、计算机视觉、视觉生理学、视觉心理学、仿真技术、微电子技术、多媒体技术、信息技术、立体显示技术、传感与测量技术、软件工程、语音识别与合成技术、人机接口技术、网络技术及人工智能技术等多种高新技术集成之结晶。其逼真性和实时交互性为系统仿真技术提供有力的支撑。

数据挖掘。主要用于根据客户应用系统记录进行方案推荐、信息推送等。数据挖掘（data mining），又译为资料探勘、数据采矿。它是数据库知识发现（knowledge-discovery in databases，KDD）中的一个步骤。数据挖掘一般是指从大量的数据中自动搜索隐藏于其中的有着特殊关系性（属于关联规则的学习）的信息的过程。数据挖掘通常与计算机科学有关，并通过统计、在线分析处理、情报检索、机器学习、专家系统（依靠过去的经验法则）和模式识别等诸多方法来实现上述目标。

专家系统。主要用于智能方案构建。专家系统是一个智能计算机程序系统，其内部含有大量的某个领域专家水平的知识与经验，能够利用人类专家的知识和解决问题的方法来处理该领域问题。也就是说，专家系统是一个具有大量的专门知识与经验的程序系统，它应用人工智能技术和计算机技术，根据某领域一个或多个专家提供的知识和经验，进行推理和判断，模拟人类专家的决策过程，以便解决那些需要人类专家处理的复杂问题，简而言之，专家系统是一种模拟人类专家解决领域问题的计算机程序系统。

（2）物流方案

首先实现物流交易撮合功能。然后，逐步提升系统功能。平台建设流程包括项目推动、专家指导、规范流程、标准制定。分为环节划分，每个环节的服务指标，统一的环节服务成本模型，方案自主定制和自动生成三步。物流系统的功能要素指的是物流系统所具有的基本能力，这些基本能力有效地组合、联结在一起，便成了物流的总功能，便能合理、有效地实现物流系统的总目的。物流系统的功能要素一般认为有包装功能、装卸功能、运输功能、保管功能、流通加工功能、配送功能、物流情报功能等，如果从物流活动的实际工作环节来考查，物流由上述七项具体工作构成。换句话说，物流能实现以上七项功能。

1）包装功能要素，包括产品的出厂包装、生产过程中在制品、半成品的包装以及在物流过程中换装、分装、再包装等活动，对包装活动的管理，根据物流方式和销售要求来确定。以商业包装为主，还是以工业包装为主，要全面考虑包装对产品的保护作用、促进销售作用、提高装运率的作用、包拆装的便利性以及废包装的回收及处理等因素。包装管理还要根据全物流过程的经济效果，具体决定包装材料、强度、尺寸及包装方式。

2）装卸功能要素，包括对输送、保管、包装、流通加工等物流活动进行衔接活动，以及在保管等活动中为进行检验、维护、保养所进行的装卸活动。伴随装卸活动的小搬运，一般也包括在这一活动中。在全物流活动中，装卸活动是频繁发生的，因而是产品损坏的重要原因。对装卸活动的管理，主要是确定最恰当的装卸方式，力求减少装卸次数，合理配置及使用装卸机具，以做到节能、省力、减少损失、加快速度，获得较好的经济效果。

3）运输功能要素，包括供应及销售物流中的车、船、飞机等方式的运输，生产物流中的管道、传送带等方式的运输。对运输活动的管理，要求选择技术经济效果最好的运输方式及联运方式，合理确定运输路线，以实现安全、迅速、准时、价廉的要求。

4）保管功能要素，包括堆存、保管、保养、维护等活动。对保管活动的管理，要求正确确定库存数量，明确仓库以流通为主还是以储备为主，合理确定保管制度和流程，对库存物品采取有区别管理方式，力求提高保管效率，降低损耗，加速物资和资金的周转。

5）流通加工功能要素，又称流通过程的辅助加工活动。这种加工活动不仅存在于社会流通过程，也存在于企业内部的流通过程中。所以，实际上是在物流过程中进行的辅助加工活动。企业、物资部门、商业部门为了弥补生产过程中加工程度的不足，更有效地满足用户或本企业的需求，更好地衔接产需，往往需要进行这种加工活动。

6）配送功能要素，是物流进入最终阶段，以配送、送货形式最终完成社会物流并最终实现资源配置的活动。配送活动一直被看成运输活动中的一个组成部分，看成是一种运输形式。所以，过去未将其独立作为物流系统实现的功能，未看成是独立的功能要素，而是将其作为运输中的末端运输对待。但是，配送作为一种现代流通方式，集经营、服务、社会集中库存、分拣、装卸搬运于一身，已不是单单一种送货运输能包含的，所以在本书中将其作为独立功能要素。

7）物流情报功能要素，包括进行与上述各项活动有关的计划、预测、动态（运量、收、发、存数）的情报及有关的费用情报、生产情报、市场情报活动。对物流情报活动的管理，要求建立情报系统和情报渠道，正确选定情报科目和情报的收集、汇总、统计、使用方式，以保证其可靠性和及时性。上述功能要素中，运输及保管分别解决了供给者及需要者之间场所和时间的分离，分别是物流创造“场所效用”及“时间效用”的主要功能要素，因而在物流系统中处于主要功能要素的地位。

（3）平台共建共享的机制

资源整合机制。平台的建设必须要进行有效的资源整合，充分利用信息化建设已经具备的基础和条件，利用现有网络、硬件设施和应用软件等资源，减少重复开发和投资浪费。在此基础上，以市场需求为导向，以交换和整合信息为核心，包括对分散在政府部门、运输与物流企业等不同应用系统中数据的整合，以及对分散在各地区物流信息的互联，形成“平台”的共建和共享。

会员共享机制。会员共享机制中的核心是利益激励机制，对共享资源的价值进行科学合理的分配，认真细致地了解各行为主体的需求。这就需要对会员的利益进行设定，包括入会资格、享受权限、分享的利益等，按照“谁开放、谁受益，谁服务、谁受益，谁使用、谁受益”的准则，实现利益均沾、公平合理。

政府协调管理机制。平台的共建共享会涉及很多部门、行业和企业，要充分调动他们参与共建的积极性，发挥市场在配置物流信息资源方面的作用，必须发挥政府协调管理机制，组建跨部门、跨行业的协调管理体系，可由政府工作机构、权威组织和顾问委员会等组成。由政府牵头的协调管理体系担负着制定政策、统一规划、论证咨询、评议监督等方面的功能，使平台的共建共享能更加的民主化。

技术支撑机制。根据调研，用户最在意的还是平台的使用功能，要保证平台长期的共建共享，必须要有专门的技术支撑。这中间包括技术标准、运行及管理规范、各行业数据标准等。

宣传推广机制。成立相应的推广组织机构，推广人员要熟悉相关设置，将功能给企业讲解。推广人员要有平台及平台下各软件相关的培训宣传材料，使企业真正了解平台理念及平台下软件的功能、定位及推广的意义。推广管理部门要有推广的统一方案和统一部署。

服务和沟通机制。平台的共建共享要建立在满足会员需求的基础上，服务和沟通机制可以更好地探索为会员单位服务的新途径、新方法、新内容，围绕服务会员，建立和完善与会员间的联系机制、沟通机制，构建好软件开发商和企业之间的沟通平台，让企业所反馈的问题能更好地给予实现。服务和沟通机制的建立和完善需要有专门的工作人员来负责，明确其工作职责，建立联系人定期联系和信息报送制度。

系统的商业模式，谁来运营，如何收费，盈利模式。

第三方运营平台。吸引各方用户注册，收取租费、广告费是一种盈利模式。

直接提供服务，允许将平台功能嵌入用户自己的网站，也是一种模式。例如，在物流公司网站提供自助方案构建，成熟方案选择等功能。

物流服务商要想确立其市场的领先地位，必须在这方面能提供几种独到的服务模式。

一体化服务模式。我们知道，价值链是所有流程的总和，从思想到实施：一种产品从产生到消亡的整个过程，包括设计、定价、采购和交付。在整个价值链活动过程中，物流企业不应仅停留在供应链管理环节，而要渗透至由生产过程到产品市场销售的整个价值链内，协助客户业务转型到更高层次，获取更大的利润，从而也能自己获益。事实上，单是协助企业由生产到把货物送到买家手中的物流服务，几乎连小物流企业也可应付自如；但要成功吸纳客户，便要引入更多在价值链的服务环节，除了基本物流服务外。还应能提供包括融资、产品销售、市场推广甚至生产程序。夸张点说，客户只需安枕无忧地坐在家中，物流服务商便可为他们提供运输、仓储、配送等各项物流服务。

个性化服务模式。所谓物流服务的流程标准化，除了由产品特性规定的具体操作规程之外，其实更多的是一个客户一种服务模式，一种产品一种服务模式。

不同客户根据其产品特性的不同对物流服务的需求是不一样的。在目前产品经济向服务经济转型的过程中，几乎所有的企业都希望在产品同质化、价格公开化、营销全球化和市场一体化的情况下，通过提供差别化的服务让客户获得超值的经济体验。其中物流服务或供应链管理服务就是一个正在被开发的重要领域。所以说，物流服务讲究的就是客户个性化。企业正是要利用物流服务解决方案的个性化特点来实施差别化竞争战略，进而突显自己的市场竞争优势。例如，电子通信产品、医药化妆品、汽车配件等产品对物流服务的要求的差异性是很大的。这种需求的差异必然导致服务模式更趋个性化。由于物流服务的增值来源于集成的管理服务，来源于个性化的物流解决方案。所以，物流服务解决方案的个性化恰恰是物流企业的生存和发展的依据或市场基础。物流实践中，物流服务商必须与供应链上上下游企业多方沟通，共同确立编制个性化的物流解决方案。

特色化服务模式，即物流服务商与其他机构合作所推出的特殊的服务种类，如物流金融服务。

物流信息平台构建研究。一般认为，凡是能够支持或者进行物流服务供需信息的交互或交换的网站，均可视为物流信息平台。

物流信息平台的分类如下：

1）按照物流信息平台的服务区域划分，可以分为全国性的物流信息平台和地方性的物流信息平台。例如，发啦网、中国物通网是当前知名的全国性物流信息平台，长江物流网、宁波物流信息网则属于地方性的物流信息平台。

2）按照物流信息平台运营方的性质划分，可以将物流信息平台分为自营式和第三方经营式两个类别，其中前者是经营主体为了提高工作效率，提高客户满意度，整合现有资源而建立的信息平台；后者是由第三方创建并独立经营，主要是为了满足供需双方对于物流信息服务的需求，但一般不涉及具体的运作环节。

三、产销行情分析子系统

（一）研发背景

近年来，农产品市场价格过山车似的大起大落，“菜贵伤民，菜贱伤农”的现象时有发生。从“蒜你狠”“豆你玩”“糖高宗”“向前葱”到“火箭蛋”，这些新生的流行语，既反映消费者对此的调侃和无奈，也折射出中国农产品生产经营中的信息不对称问题。随着农产品市场的飞速发展，农产品种类的不断增多，以前传统的农产品价格采集和信息获取的方式已经无法满足当前快速变化的市场形势。作为农产品产业链的两端——农民因不了解市场需求、行情，往往盲目进行种（养）殖，造成农产品上市时间过于集中，价格低、难出手等问题；消费者则因为要承担农产品流通过程中的高昂成本，要付出相对较高的价格。

目前在中国开展农村电子商务的基本条件已经完全具备。“十一五”期间，中国已全面实现了“村村通电话、乡乡能上网”的农村通信发展规划目标，农村信息化水平得到整体提升。据中国互联网络信息中心统计，截至2013年6月底，中国农村网民规模为1.65亿人。农民的整体文化素质及信息化应用水平已经全面提高，满足农产品信息平台应用要求。

“菜贱伤农”深层次主要原因包括全国农产品信息平台建设、流通渠道建设滞后等原因。为解决此问题，本中心建立了一个集技术信息、价格行情、行情预测、商务洽谈于一体农产品产销行情信息服务平台；将“实体经济”“虚拟经济”和“网络经济”结合起来，为农业搭建一座集信息服务、物流配送、商品供销于一体的中介桥梁，加强市场监测和信息搜集，及时发布，及时分析，减少农民的市场风险，使交易双方处于信息对等的地位，让供求双方最大程度上地直接进行交易，可减少交易环节，实现价格透明，为交易的达成提供信息支持。

（二）系统概述

产销行情应用子系统（图2-12）作为农产品商务智能系统的一部分，主要是打造一个农产品价格服务平台，将全国各主要批发市场的农产品交易价格及时、集中发布，为农民、经纪人及消费者提供相对透明的价格信息，为他们的购销决策提供一定支持；为政府的宏观调控，提供一定的参考。主要产品包括粮油、畜禽、蛋、水产品、蔬菜、水果六大类别，涵盖品种近500个，全年365天不间断采集农产品价格、交易量、质量检测、市场动态等信息，每天数据更新1万余笔。

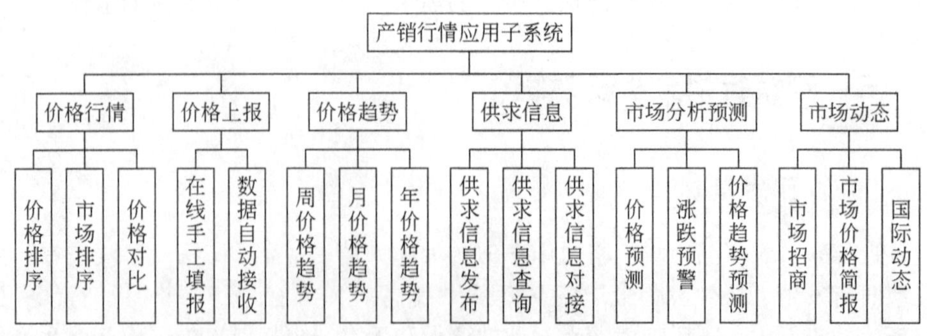

图2-12　产销行情应用子系统

该系统由价格行情、价格上报、价格趋势、供求信息、市场分析预测、市场动态 6 部分组成，可以实现价格信息的自动收集、自动审核、信息分析及价格预警等功能。

1. 价格行情

该模块对于所有用户均免费开放所有功能，该模块每天更新全国 229 个批发市场包括粮油、畜禽、蛋、水产品、蔬菜、水果六大类产品、近 500 种产品交易价格行情信息。

价格排序。查询结果可以按照价格从低到高、从高到低或者按照交易市场的名称进行排序显示，方便进行使用。支持对多种形式的动态伸缩展现，包括报表、饼状图、曲线图、柱状图等。

市场排序。根据基础价格信息，构建价格变动趋势图；同时，根据基础价格信息，在电子地图上标示某种产品的最低交易价格市场、最高交易价格市场以及周边 50 ~ 200km 的市场等。

价格对比。可以支持查询统计结果的近周环比、周同比、月环比、月同比、两年年价格对比、历年平均价格对比、历年价格同比。

2. 价格上报

以前传统的农产品价格采集和信息获取的方式已经无法满足当前快速变化的市场形势。此外，在农产品价格信息采集服务中还存在着硬件落后、资源分散、信息滞后、针对性和实用性不强等现实问题。如图 2-13 所示，系统中通过人工和自动的采集方式，依托电脑设备和移动终端，采用无线网络与有线网络传输技术相结合的方式；通过价格分类编码体系，完成价格管理相关数据、表格信息实时或定时传递。用户能快速的通过网络查询最新的农产品价格信息，没有网络条件的用户，也可以用手机随时随地获取各种价格信息。与过去相比，农产品价格采集工作更加快速、便捷。

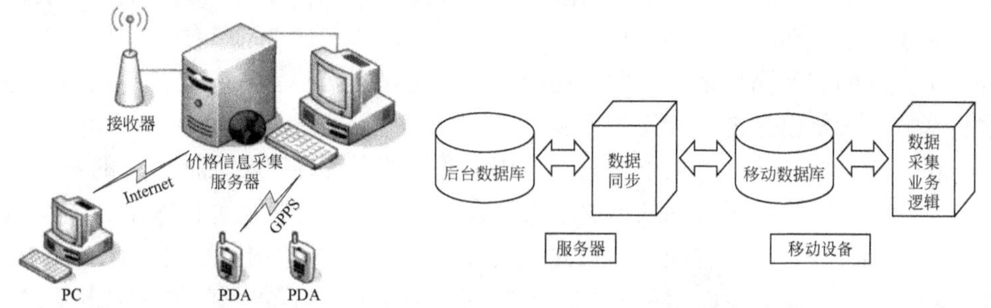

图 2-13　数据采集整体设计数据采集更新过程

数据自动接收。根据农产品价格采集的需求，系统在每个农产品市场配备了手持价格采集终端（PDA），价格采集人员通过手持设备将采集到的价格信息以短信的形式发送给价格采集服务器。价格采集服务器利用 GSM（全球移动通信系统）短信接收器接收价格信息数据，并对数据进行处理，然后发布到远程价格采集系统网站上。除此之外，价格采集服务器也可以为手持终端发送采集指令，根据市场行情及农产品的价格走势发送指定的采集指令采集特定的农产品信息。网络用户也可以使用个人电脑、移动电话、PDA 通过 Internet 或 GPRS 网络及时了解农产品价格走势与市场行情。

在线手工填报。采集员也可以通过登录系统进行价格信息的在线填报。

3. 价格趋势

价格信息分析是通过采集子系统采集上报的数据以及价格标准库，与历史数据进行对比分析，根据专用公式进行换算，计算加权系数。对价格变化形成可视化比较模型，体现市场价格变化趋势，同时对近期内价格走势做预测。

农产品价格变化趋势分析主要以动态图表的形式展示，可以显示周价格趋势、月价格趋势、年价格趋势。用户可以根据自己的需要选择需要统计的农产品种类，系统中就会显示出相应的动态显示统计结果的曲线图。

可以自动的依据产品、地区等信息对价格信息进行汇总，自动生成价格信息变化趋势图、价格信息变化分布专题图、价格信息变化简报等，以便用户能及时了解农产品的价格走势，进一步了解市场行情。

4. 供求信息

供求信息模块完成用户供求信息发布、查询以及供求信息对接。商户可以根据自身需要发布农产品供求信息，也可以进入系统的网上留言板与顾客进行网络交流，这方便了商户与顾客通过网络进行沟通。为了使信息发布更快捷，同时考虑到农民首次使用的困难，信息发布采用基于实例的模式，可在实例的基础上做更改。

供求信息发布。基于 Google Map 信息发布模块以专题图、曲线、表格等形式提供了直观的农产品价格信息发布功能，可以实现依据产品、产地、变化趋势等多种形式对价格信息进行查询和下载。

供求信息的对接。即供求配对，是用户通过综合查询模块根据自己的需求查询相关信息。不排除无查询的情况下直接发布需求信息，在这种情况下，提交信息时系统会自动查询相应配对信息并弹出告知，供求直接网上对接。为了使配对不成功的信息发布者及时得到新的信息，考虑有的用户不会一直关注网上信息，采用嵌入短信发布通知用户。

供求信息查询模块。支持模糊和准确查询。通过 Interne 或 GPRS 进入系统后可以进行农产品信息查询。

5. 市场分析预测模块

市场分析预测模块以农产品历史和现在的市场数据为基础，通过分析它们之间的相关关系，建立数学模型，并通过一定的定性分析，实现农产品价格预测、涨跌预警、价格趋势预测。

由于各种因素都会影响农产品的价格涨跌，如农产品产量、农产品自身品质、市场供应、市场需求、天气及气候变化、节假日效应等。系统通过 Google Map 可直观地监测出某一种农产品在各个批发市场上的价格涨跌情况。用户可以按品种查询，若价格上涨，则地图上相应的批发市场区域会变为红色，若下跌会变为蓝色。当农产品价格出现异常时，将会出现黄色警告，以提醒更高级别的价格主管部门采取相应的调控措施。

此部分将 RBF（径向基函数）神经网络模型应用到农产品价格预测中。首先对农产品价格走势样本进行分类，然后选择适当的算法训练网络，使该网络尽量拟合学习段时间序列，最后用检验段数据检验训练好的网络。如果效果很好，便可以利用训练好的网络对未来农产品价格进行预测。

在预测过程中，如果输出是在一个预测值范围之内，则可以判断出农产品市场行情走势的类型，结合采用神经网络预测农产品市场行情走势的一般方法的输出，最后，对结果进行综合的分析。预测出的农产品市场行情走势相同，就可以认为预测结果即为农产品市场行情走势并进行决策；当两种方法预测出的农产品市场行情走势不同，则说明农产品市场行情走势不明朗，不进行操作；神经网络结合农产品走势分析方法的预测输出为不能识别的信号，或者神经网络预测农产品市场行情走势的一般方法也是不能识别的信号，则认为无法分析出农产品市场行情走势类型，对农产品也不进行操作，如图 2-14 所示。

6. 市场动态

市场动态包括市场招商、市场价格简报、国际动态等。主要针对某一市场数据的分析报道。从相关的网站动态抓取行情信息，并将抓取的结果动态插入到数据库中，以保证网站的信息更新。

7. 系统实现

整个产销行情子系统采用 B/S 的体系结构，支持用户任意时间、任何地点通过网络来登录访问系统。

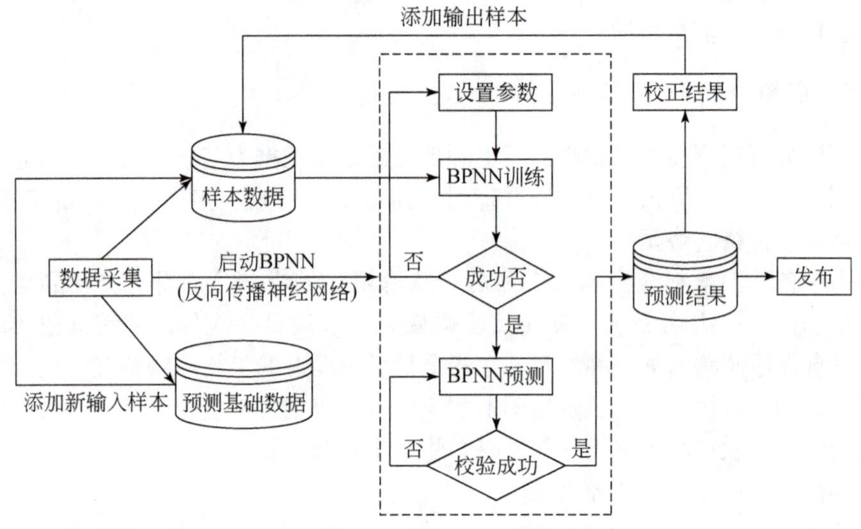

图 2-14　RBF 训练过程

1）数据层运行的是 Oracle Server 数据库，用于存储农产品价格和供求等数据。

2）MVC① 三层结构实现程序的整体架构如图 2-15 所示。

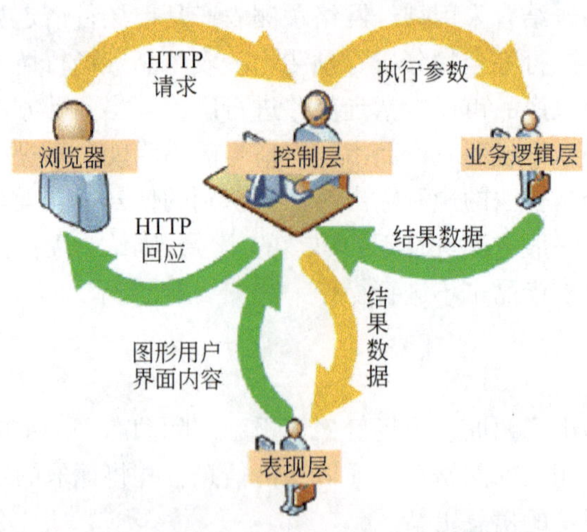

图 2-15　MVC 三层结构实现程序的整体架构

① MVC 是模型（model）-视图（view）-控制器（controller）的缩写。

（三）运行模式

产销行情子系统应由专门的部门负责运行和维护。系统的收入来源以信息服务收入为主，主要包括规模广告、功能服务费收益、营销收益、会员费收益和部分信托担保费收益等。

（四）应用现状

自从2006年商务部实施了“农村商务信息服务”工程后，在全国各地各级农业部门的引导下，涉及农业的电子商务及信息的网站如雨后春笋般发展起来。有数据显示，目前全国涉农网站已超过3万家。这些涉农网站发布了大量的畜禽、养殖、瓜果、蔬菜、树苗等农业供求信息和相关的招商引资信息。目前涉农网站主要有以下三个服务方向。

1）为农产品交易提供网络基本信息服务。

2）提供网上竞标、网上竞拍、委托买卖等在线交易形式。

3）除了提供农产品在线交易之外，还力求实现交易货款的网上支付。

主要分为以下两种类型：

第一，由政府办的供求信息服务型。主要以中国农业信息网为代表，各级政府组织的涉农网站也在内。

第二，各种经济实体办的商务服务型。这种类型的网站主体客户为初具规模的企业，主要从事的企业商务电子化服务都与农产品产、供、销等环节相关。网站基本上采用B2B和B2C两种形式，发展较快。

在国内比较大的三个平台是：新农网、农产品价格信息网和中农网。新农网为集涉农资讯整合、涉农投资咨询、涉农商务策划、涉农交易服务以及涉农用户互动于一体的农村互联网信息服务综合提供平台。中农网其核心业务包括：农产品专业信息服务及电子商务应用平台运营；农产品批发市场综合管理软件产品及在线软件服务。其中平台运营为批发市场运销商及生产基地、涉农企业、政府机构等提供信息服务、商务服务、品牌服务、软件服务、在线增值及无线增值等一系列服务内容；同时，中农网也为中国批发市场行业提供完整的信息化解决方案及业务规划咨询。农产品价格信息网由南京绿色科技研究院研发，基于Google Maps和数据挖掘技术的农产品价格采集监测可视化系统可以实现对全国31个省（直辖市、自治区）1000多家大型农贸批发市场的蔬菜、水果、水产品、粮油、畜产品五大类农产品近200多个品种价格信息进行自动化采集、统计、分析及趋势预测，并自动生成价格走势曲线图表，为农产品交易主体及政府主管部门提供宏观数据，方便决策。农产品价格信息网有国外背景，强调功能的实现，与产销行情子系统有异曲同工之处，但是其价格预测是15天内的全国的价格，不能对经纪人形成良好的指导作用。其比价搜索仅为全国最高最低价格，没有考虑区域分布及路途远近，且是收费项目。

四、品质安全保障子系统

（一）研发背景

近年来，国内外食品危机不断，从禽流感、口蹄疫、猪流感，到一直存在的蔬菜农药残留、滥用化肥等问题，极大地影响了大众的健康，对食品生产企业和个人也造成了极大的损失。最近，“毒豇豆”“问题黄瓜”“漂亮豆芽”“虫子橘子”“爆炸的西瓜”“催熟的杧果”，以及“有毒奶粉”“毒大米”“地沟油”等农产品的质量安全事件曝光不断，导致消费者对于国内农产品的质量安全要求越来越高，急需新的农产品品质安全保障体系来保证产品质量，从而保障人们的生活健康。依托于信息技术的农产品质量溯源体系，作为农产品质量安全和信息技术的结合点，是目前我国农业信息化领域的研究热点。我国农业部、国家质量监督检验检疫总局等部委相继开展了40多个农产品质量安全监管系统试点工作，虽有一定成效，但也存在一些问题，主要表现如下。

1）多是以单个企业为基础开发的内部溯源系统，满足本企业溯源的需求，但一般不易实现溯源信息共享。

2）现有的系统溯源信息内容不一致，有简有繁。

3）溯源链条较短，没有实现上下游企业之间的溯源信息的传递。

品质安全保障子系统以信息技术为手段，以法规标准为依据，以发展现代流通方式为基础，采用 $1+N$ 农产品追溯系统模型，解决现有农产品追溯系统不能跨越企业边界，数据交互困难，覆盖品类单一、重复建设的问题；在研究物联网技术在农产品全程追溯中的应用基础之上，建立适应产品电子代码（EPC）特点的物联网应用追溯模型，最终实现各种农产品追溯系统的通用、核心功能，作为各种追溯系统的基础。确保市场销售的“每一块肉、每一束菜”都通过严密监管，“来源清楚、去向明白，消费者放心”。

（二）系统概述

品质安全保障子系统是温控物流商业智能系统的一部分，其主要负责温控物流商业智能系统上销售农产品的质量监控及追踪。实现了一个通用、可扩展、能够满足企业多层次需求的农产品全程追溯数据平台，从生产、加工、储运到销售全程信息的透明度。通过应用 RFID 和 EPC 物联网，在农产品生产、流通过程中，每件农产品上都粘贴一个 RFID 标签存储器，向 RFID 标签内写入农产品的各种信息，如产地、品种、种植者、农药使用、病虫害记录以及储藏、运输等信息。消费者、政府监管部门可对这些信息进行查询，从而达到追溯农产品生产源头、追查事故责任的目的。当农产品发生问题时，可以通过品质安全保障子系统追溯查询到每个环节，为食品的安全保障提供了有效的监管。

采用 1+N 农产品追溯系统模型，解决追溯系统覆盖品类单一、重复建设的问题。模型中的 1 是指一个通用数据平台，N 是指多个专用数据采集模块。模型将农产品追溯系统分解为通用数据平台和专用数据采集模块两部分。专用数据采集模块部分和农产品生产、加工、储存、运输、销售的工艺有关，因农产品品类、时空目标不同而不同，此部分数据存在相应企业。通用数据平台负责实现数据的存储、传输和查询处理，与具体农产品无关。采用 1+N 追溯系统模型，将追溯系统中通用和专用的部分分离开来，既可以解决现有追溯系统覆盖品类单一的问题，又可以解决追溯系统建设中分工不明确、重复建设的问题。

农产品品质安全保障子系统是以信息共享为最终目的，面向企业、消费者和政府监管部门的服务平台。因此系统的用户包括政府、企业和消费者（图 2-16）。主要功能模块如下。

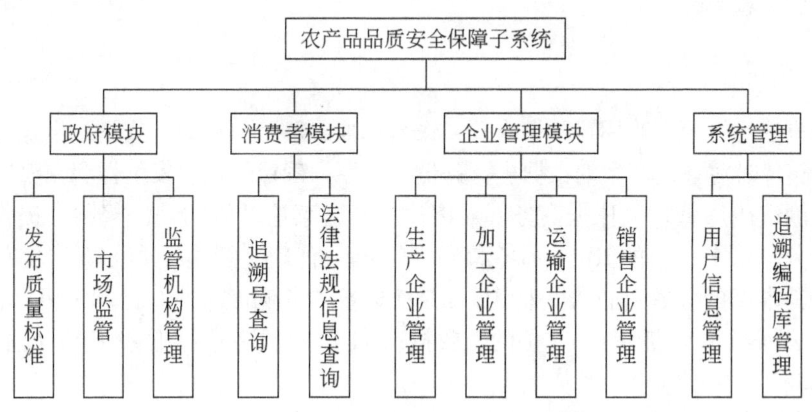

图 2-16　农产品品质安全保障子系统

1. 政府模块

市场监管。通过平台政府监管部门可利用网络在线实时了解相关企业的相关情况。例如，企业当前屠宰情况（可视频监控）、企业资质到期情况、无公害处理情况（可视频监控）等与本企业相关的所有数据等。

监管机构管理。监管机构进行添加、删除、修改、查询。

发布质量标准。由于涉及许多关于农产品质量安全的法律法规知识及其相关的标准，因此，政府相关执法部门需要注册政府主管部门账号。一方面发布农产品质量安全的法律法规知识，这些法律知识不仅农产品生产商、加工商、销售商会能够查询，对于消费者也提供了查询接口，方面消费者维护自己的合法权益。

2. 消费者模块

消费者可以通过系统查询法律法规信息、产品追溯信息块。普通的消费者不需要登录即可实现对上述功能的访问和查询。

追溯号查询。在追溯查询中，只需要提供一个产品的追溯码，即实现对产品追溯流程的查询，追溯码一般包括 16 位。

法律法规信息查询。法律法规模块包括国家和地方法律规章以及国家标准、地方标准、行业标准和企业标准等。

3. 企业管理模块

企业管理模块主要是对纳入系统的生产企业、加工企业、运输企业、销售企业的添加、删除、修改、查询。按主体性质、主体类别、经营范围、经营地点等进行存储和检索。

4. 系统管理

用户信息管理。对用户的个人信息进行添加、删除、修改、查询；数据库维护管理能够及时对系统产生的数据进行备份和还原，确保数据的安全性和完整性。

追溯编码库管理。依据商务部对肉片以及蔬菜追溯码的编码规则，提供编码管理服务，对平台内的 RFID 标签编码进行统一管理，提出一套方案，使得企业可以对其内部的标签进行唯一标识。RFID 标签内存储 16 位 10 进制编码，包括 3 位企业编码+2 位大棚编码+6 位的采收批次+4 位的顺序号+1 位校验码（前 15 位累加和取最后一位）。

5. 系统架构

品质安全保障子系统是利用 RFID 和 EPC 信息技术，并依托网络通信、系统集成及数据库应用等技术，建立的一套信息化监管平台，实现对农产品从整个产业链一直到终端消费的每个环节进行全程记录，实现全程跟踪和追溯。政府监管部门通过平台实现对肉类蔬菜流通产业链的各环节进行有效的监控，并及时准确的进行数据统计。消费者也能够利用这个系统平台对购买的肉类蔬菜进行全程追溯查询。从而确保市场销售的“每一块肉、每一束菜”都通过严密监管，“来源清楚、去向明白，消费者放心”。

在农产品生产、流通过程中，每件农产品上都粘贴一个RFID标签存储器，向RFID标签内写入农产品的各种信息，如产地、品种、种植者、农药使用、病虫害记录以及储藏、运输等信息。RFID标签内的信息采用统一的EPC编码管理方案，在追溯网络上唯一标识产品，实现在任何时间、任何地方、通过任何方式，只要消费者连接上追溯网络，输入追溯码，就能查询到所购买产品的相关信息，如图2-17所示。

图2-17 系统业务流程示意图

品质安全保障子系统构架的农产品全程追溯数据平台是一个开放、分布式、可扩展的平台，平台的服务对象包括消费者、监管者、企业用户。政府部门负责追溯平台的构建和追溯信息的维护。节点企业负责企业自身信息的建立和维护，以及EPC注册。通过该平台，节点企业可以查询到产品的流向和溯源信息。消费者购买产品后，利用产品上的追溯码，通过该平台可以查询到产品的相关信息，如制造商、生产日期、有效期、在供应链上流经的环节信息等。物联网中每一个物品都应该有自己唯一的编码，就像互联网中每台计算机都有自己唯一的IP地址。网络架构类似于互联网的基础网络服务，提供物品编码解析、数据发现、网络管理等服务。数据层利用各种感知设备，得到农产品产、加、储、运、销过程数据。各个企业可以建立自己的PML Server，存放自己的农产品数据。整个构架中：PML Server 是分布式信息的存放点，类似互联网中的 web 服务器，企业自己管理。ONS 是物品的解析服务，类似互联网中的 DNS。DS 是物品的发现服务，由于物是在动的，所以物的信息需要有一个组织索引，类似互联网中的百度、Google。这种架构的优点是规模可伸缩、功能可扩展，系统原理如图 2-18 所示。

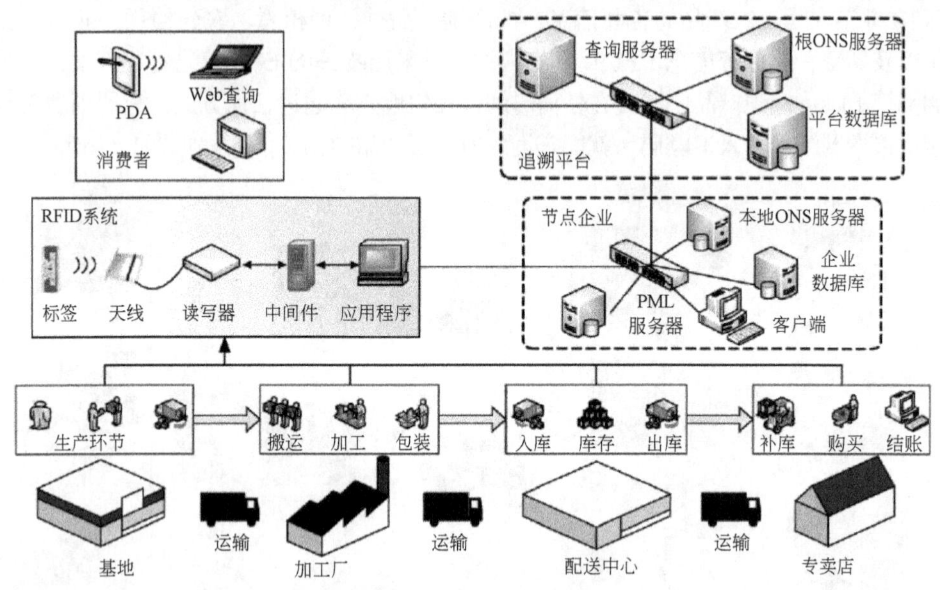

图 2-18 系统原理示意图

平台主要由 Savant、ONS 和 PML Server 三个模块构成，系统架构如图 2-19 所示。

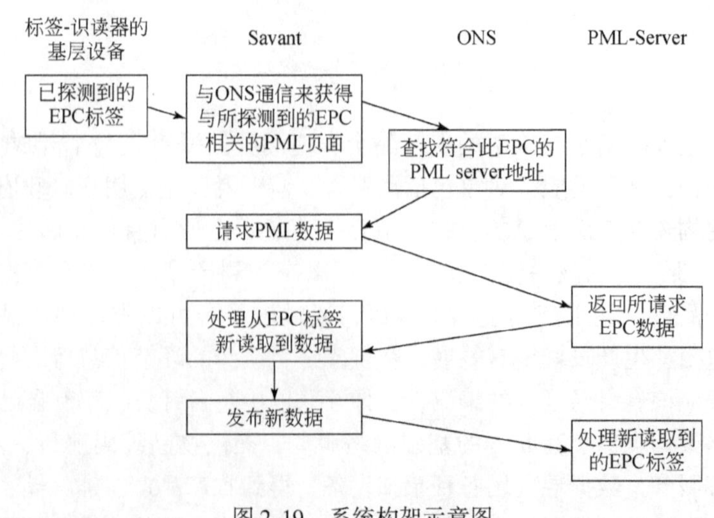

图 2-19 系统构架示意图

基于 RFID 和 EPC 物联网的追溯模式结合了中央数据库式追溯模式和指针式追溯模式的优点。供应链上的节点企业通过 RFID 等相关技术，把产品信息保存到企业自身的 PML 服务器，把 PML 服务器地址注册到本地 ONS 服务器，并把本地 ONS 服务器地址注册到平台根 ONS 服务器，消费者在平台上输入产品的追溯码，通过平台的根 ONS 服务器找到企业的本地 ONS 服务器地址，再通过企业的本地 ONS 服务器访问 PML 服务器以获取产品信息。该追溯模式通过使用 RFID 和 EPC 物联网，大大提高了工作效率和追溯的准确性。通过 EPC 唯一标识产品，实现产品的全球追溯。

如图 2-20 和图 2-21 所示，追溯平台采用 EPCglobal 提出的 EPC 规范，每个节点企业都有各自的 PML 服务器存储数据，而本地 ONS（object name service）服务器中存储着 EPC 编码及其到 PML 服务器地址的映射信息，同时企业还需将 EPC 编码及其到本地 ONS 服务器地址的映射信息存储到系统根 ONS 服务器中。

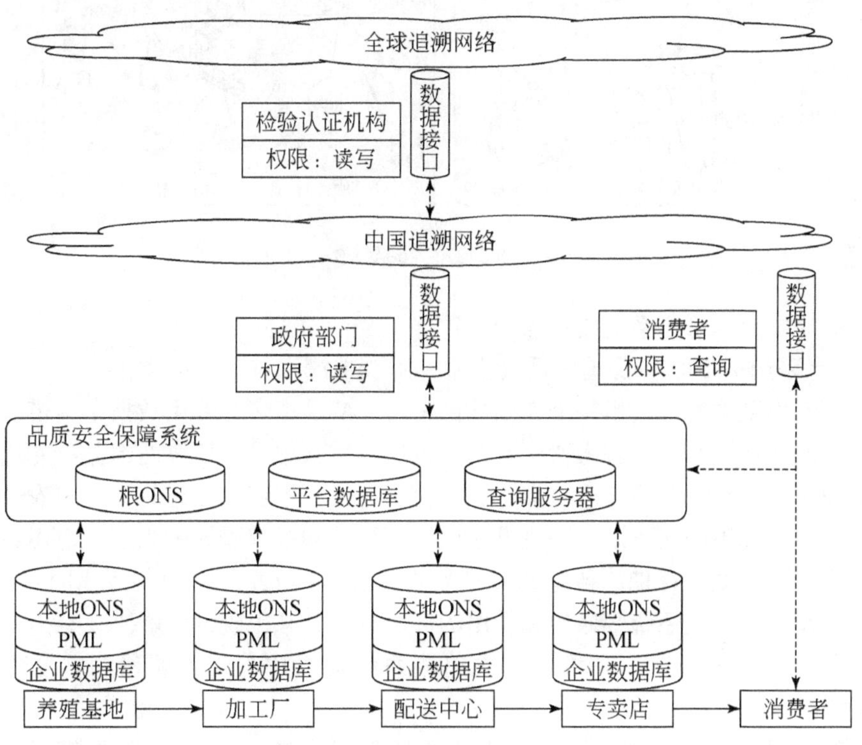

图 2-20　系统原理示意图

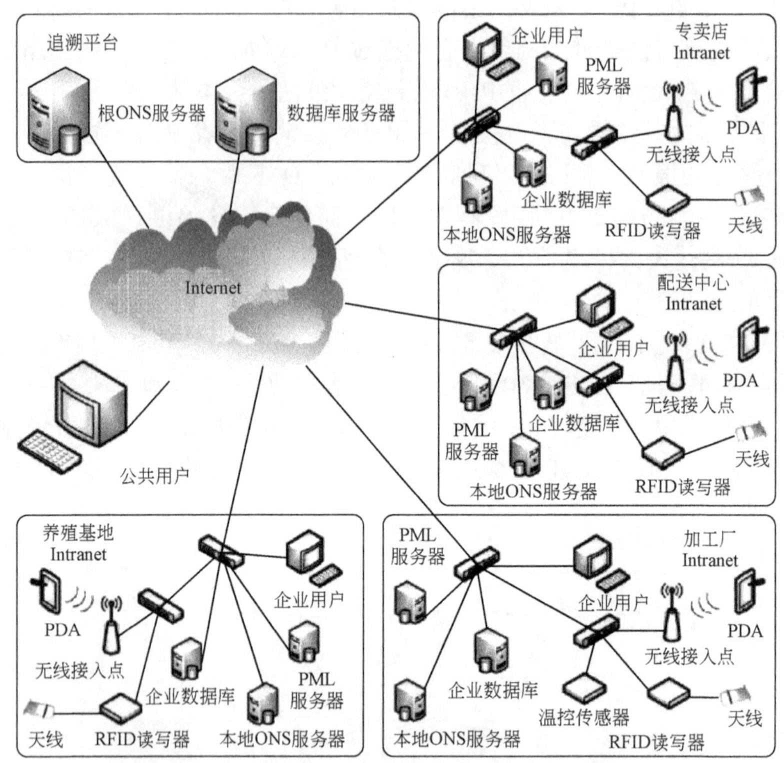

图 2-21 网络结构

品质安全保障子系统创新点如下：

1）采用 1+N 农产品追溯系统模型，解决追溯系统覆盖品类单一、重复建设的问题。模型中的 1 是指一个通用数据平台，N 是指多个专用数据采集模块。模型将农产品追溯系统分解为通用数据平台和专用数据采集模块两部分。专用数据采集模块部分和农产品生产、加工、储存、运输、销售的工艺有关，因农产品品类、时空目标不同而不同，一直是通用农产品追溯系统研究的难题。通用数据平台负责实现数据的存储、传输和查询处理，和具体农产品无关。采用 1+N 追溯系统模型，将追溯系统中通用和专用的部分分离开来，既可以解决现有追溯系统覆盖品类单一的问题，又可以解决追溯系统建设中分工不明确、重复建设的问题。

2）采用 EPC 网络技术，解决追溯系统不能跨越企业边界、数据交互困难的问题。采用 EPC 编码，解决农产品标识的问题；采用 ONS 技术，解决 EPC 编码到 Internet 地址的转换问题；采用 PML，解决农产品动态信息描述和存储、处理问题。在基于 EPC 网络技术的追溯系统中，产、加、储、运、销各个环节中的企业地位是平等的，各自负责自己业务相关的农产品信息的采集、存储和查询服务，数据仍然属于采集它的企业。追溯系统的建立无须从业务上打通供应链的全部企业，企业参与追溯系统也没有被控制的担心和顾虑。

3）研究多功能 PML 服务器，为企业提供多层次的服务，提升企业参与农产品追溯系统建设的积极性和热情。系统可提供面向公众的查询服务，面向政府的监督信息提供服务，面向合作伙伴的业务数据交换服务，面向企业内部的管理服务等，使 PML 服务器成为企业管理信息系统的基础设施和必要组成部分。

6. 主要技术

平台为客户端/服务器（C/S）模式和浏览器/服务器（B/S）模式相结合的分布式系统。在节点企业的内部平台中，采用表示层、业务逻辑层、数据访问层三层体系结构的 B/S 模式；在平台的 ONS 服务中，采用 C/S 模式。采用云计算 SAAS 平台、按需配置，硬软件用多少买多少，绝不浪费；SAAS 租用模式，投入较低成本便能在企业实施该子系统。关键技术主要包括 EPC、ONS、Savant 中间件、可信匿名认证、多智能体系统、PML、JADE、Rop、Rest Web 服务云计算、大数据处理等。

ONS 提供了一个全局的查询服务，用来把一个 EPC 编码转换成一个或多个 NAPTR（NamingAuthority pointer，名称权威指针）记录，通过 NAPTR 记录获取 PML 服务器地址，从而获取产品的详细信息。品质安全保障系统中，ONS 采用 C/S 模式，是一个分层的、分布式系统架构。ONS 系统主要由映射信息、根 ONS 服务器、本地 ONS 服务器、本地 ONS 缓存、本地 ONS 解算器组成。采用的 ONS 传输模型引入了可信第三方——可信认证服务器，对原有模型进行改进：在 ONS 查询机制中增加可信匿名认证过程对 L-ONS 的身份合法性及平台可信性进行认证；物品信息可信匿名传输机制确保物品信息的安全传输，保证了物联网中物品信息的安全性与可信性。ONS 安全传输模型如图 2-22 所示。

（三）运行模式

品质安全保障子系统应由专门的部门负责运行和维护，对消费者免费查询；企业建设 PML 服务器后，便可接入我们提供的溯源数据平台。一个平台是“品质安全保障”，多套系统是“从源头到餐桌”的果蔬、禽肉、水产、粮油等质量安全追溯系统及市场终端追溯管理系统。以上的每套系统都包含内销企业版和外销企业版，并可根据企业规模的大小提供网上 B/S 版或 C/S 版两种系统架构形式。

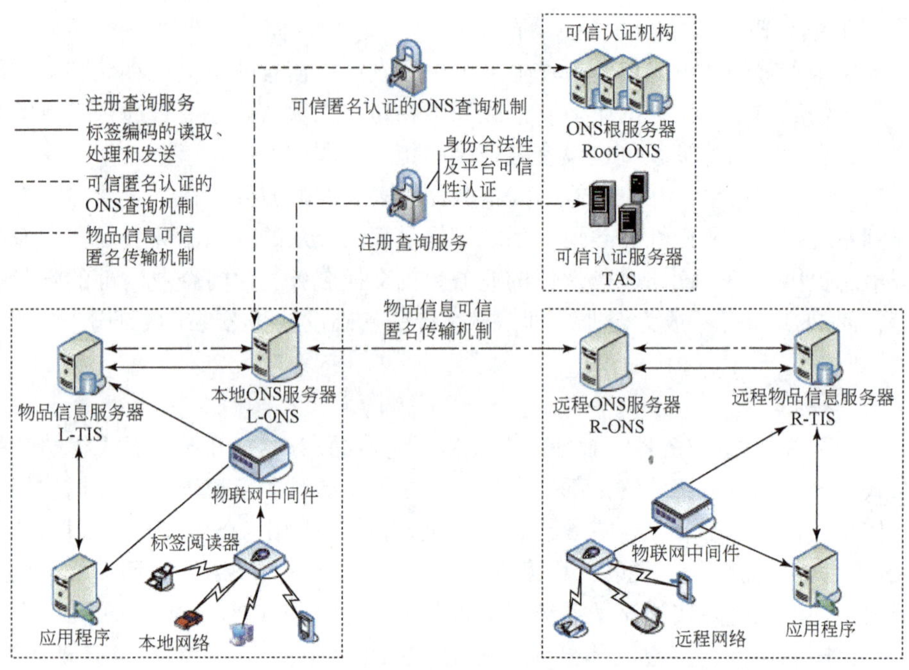

图 2-22　ONS 体系结构图

企业建立可追溯系统的目的主要是为了加强食用农产品安全风险控制，降低安全事故处理成本；向消费者提供食用农产品质量安全信息，获得产品溢价，从而提高收益。声誉较高的企业通过建立可追溯系统将本企业的产品质量安全信息传达给消费者，将进一步提升消费者对本企业产品的信任水平，市场随之扩大，企业声誉和经济效益因此进一步提高。

(四) 应用现状

农产品供应链追溯体系是农产品质量安全管理体系中的重要组成部分，主要的发达国家如美国、加拿大、欧盟国家、日本等，关于农产品追溯的法律建设和系统建设等方面采取了许多积极地措施，在实施过程中积累了丰富的经验。

美国是世界上食品安全监督管理最严格、溯源体系最完善的国家之一。美国食品安全管理的实践证明，集中、高效、针对性强的食品安全监管体系是保障食品安全的关键。“911”事件以后，美国将食品溯源提升到国家安全的高度。其农产品溯源体系的实施主要依赖于各企业、行业的主动性来完成。2002 年，美国发布了《公共安全和生物恐怖主义防备和反应法案》，要求对食品的生产、加工、包装、运输、分销、接收等供应链环节，建立记录保存制度。2003 年 10 月，美国食品与药品管理局（FDA）公布了《进口食品提前通报法规》和《食品企业注册法规》，要求美国所有食品部门，必须向 FDA 登记，并应建立和保持可查询的相关产品生产记录，以便实施食品安全追溯。同年颁布了《美国农场安全和农村投资法》，要求所有易变质的食品必须有“来源国”标签。2004 年 5 月，美国又公布了《食品安全跟踪条例》，要求美国所有从事食品生产、包装、运输及进口的所有企业必须建立并保存相关食品流通的全程记录。2006 年 9 月 30 日起全面强制执行食品安全可追溯制度。

在追溯系统建设方面，英国率先建设了基于互联网的牲畜跟踪系统（CTS）。该系统实现了牲畜整个生命周期的情况记录，养殖者可通过互联网在系统里登记注册新的牲畜，查询其饲养的其他牲畜的情况。澳大利亚建立了国家牲畜标识计划（NLIS），来实现对牲畜的标识和追溯，系统采用由 NLIS 认证的瘤胃标识球或耳标对牛进行标识，牛在流通过程中，设在养殖场和屠宰场的射频读写器将读取其信息，并将这些信息上传到 NLIS 数据库中进行记录。荷兰建立了禽蛋商品理事会的综合质量系统（IKB），是一种质量控制系统，其目的是保证生产链中所有重要活动都在受控情况下进行。把 GHP（良好卫生操作规范）标准与有关转运中动物福利特别条款相结合起来。

基于以上追溯实施情况，国际物品编码协会开发了现有的 EAN · UCC 系统，用于追溯饮料、肉制品、水产品、果蔬等食品。EAN · UCC 系统主要包括编码结构、数据载体（包括条码和电子标签）和数据交换（包括电子数据交换和可扩展标识语言）。编码结构是实现 EAN · UCC 系统对其相关事物及其信息的标识，保证了其标识代码在全球范围内的唯一性。同时，EAN · UCC 系统还提供了其相关内容的标识，如生产日期、认证信息、规格标准，这些代码可直接用条码表示，而且具有非常好的扩展性和兼容性。欧盟国家已经成功实施 EAN · UCC 系统对牛肉、蔬菜等进行食品追溯研究，一旦其牛肉产品出现问题，可以追溯到问题牛的出生地及饲养地；发现问题蔬菜，可以追溯到其种植的田地。目前联合国欧洲经济委员会（UNECE）已经正式推荐 EAN · UCC 系统用于食品跟踪与追溯。

国外食品安全监管体系相对比较成熟，对食品的追溯体系的研究较多，信息系统的建设也比较完善，较为科学、全面和系统的研究了农产品追溯体系，主要包括以下几个方面：标签制度、食品质量安全信息采集和发布、产品的全过程控制、风险评估等。但是，对农产品供应链的追溯的研究还处于起步阶段，农产品属于食品范畴，但有其自身的特殊性，特别是基于农产品供应链条件下，对农产品追溯体系的相关问题缺乏系统性的研究。

在国内，“十一五”期间，国家针对农业信息化建设制定了《“十一五”时期全国农业信息体系建设规划》提出了建设信息应用系统，其中计划建设统一的农产品和生产资料市场监管信息系统。建设网上办公统一平台及针对监管对象的系统模块，实行行政审批和市场监督管理事务的网络化处理。对农药、兽药、饲料、农机、无公害农产品和绿色食品实施网络化监管，探索建立对上市农产品和投入品的质量安全信息可追溯制度。

中国物品编码中心结合国际先进经验和国内情况，先后制定了《水果、蔬菜跟踪与追溯指南》、《我国农产品质量快速溯源过程中电子标签应用指南》、《蔬菜流通追溯体系基本要求（试行)》等果蔬农产品追溯规范和应用指南。

果蔬农产品系统建设方面，“山东蔬菜可追溯信息系统”、“海南省热带水果质量追溯系统”等项目也逐渐得到实施，对农产品从种植、生产、采收到加工包装、运输直到销售等供应链上各环节产生的信息进行记录，从而提高了农产品的质量控制水平和流通效率，该系统使消费者能够方便准确地对所购买商品的种植地、品质、品牌、生产管理、生长周期、检测检验、营养成分等信息进行查询。南京市采用IC卡技术建立了农产品质量管理体系，目前水产品监管的市场准入工作已全面启动，并部分启动果蔬品的IC卡监管系统。

牲畜追溯系统研究方面，北京建立了“牛肉产品追溯应用试点”，项目由产品生产管理系统和追溯公共数据库构成，通过对饲养场、屠宰加工厂直到肉制品消费的各个环节产生的信息进行编码标识、采集，为政府、企业和消费者构建多层次、全方位的食品安全质量信息数据库和公共服务平台，实现从饲养场到餐桌的食品供应链追溯体系。上海市畜牧部门根据上海市最新出台的《上海市动物免疫标识管理办法》，为保证畜产品安全的可追溯性，对猪、牛、羊等牲畜建立了免疫标识，包括耳标和免疫证。目前，消费者可以在上海市农业网上查询猪肉、鸡蛋等农产品的生产履历信息。消费者只需输入“身份查询码”及其生产日期，所购买的肉制品的照片、品名、产地等“身份信息”就可查询出来，实现了源头可追溯。宁波、成都、武汉等地也相继筹划和建立了肉菜追溯系统。

目前国内很重视对农产品追溯体系和追溯系统的研究，但真正的应用系统还较少，各环节信息传递正确性、完整性和流畅性是研究的难点。整体上看我国农产品质量安全追溯应用研究仍处于发展初期，没有深入的研究，与发达国家相比差距非常大，相关管理措施、法律法规、追溯技术手段仍需要深入研究和完善。因此，我国溯源技术和体系的理论及应用研究的发展空间还很大。

第三章　品控物流技术在产业的集成应用案例*

第一节　“黄河三角洲”农超对接生态冷链系统

一、概述

进入21世纪以来，我国农产品物流冷链装备技术迅速发展，基础设施逐步完善，初具规模。但是，冷链物流装备技术发展仍处于较低水平，主要表现在：①运行可靠性与精准度仍处于较低水平，温度控制手段原始粗放，发达国家广泛运用的全程温度自动控制技术没有得到广泛应用；②制冷系统优化和新材料、新工艺、新设备的关键技术研发及推广应用相对滞后于冷链规模发展，能耗和运行成本明显高于发达国家水平；③冷链装备成套设计、制造、安装、维修等环节存在许多关键技术上的薄弱环节。受这些因素制约，长期以来，我国农产品产后损失严重，果蔬、肉类、水产品流通腐损率分别达到20%～30%、12%、15%。随着近年来欧盟、日本、美国等发达国家和地区不断提高进口农产品准入标准，相关质量、技术和绿色壁垒已经成为制约我国农产品出口的主要障碍。因此，自主创新生鲜农产品现代物流冷链装备关键技术，提出设施先进、节能环保、高效适用的物流冷链装备集成和运行质量监控系统解决方案，建立成套工程设计施工示范基地，创建物流冷链样板工程，促进农产品冷链物流发展。这既是促进农业可持续发展的重要举措，也是促进农民稳定增收的重要途径，是提高出口农产品质量，突破贸易壁垒，增强国际竞争力的重要举措。

“黄河三角洲”农超对接生态冷链系统，旨在为搭建农产品现代物流信息和冷链技术服务平台提供高效率、低投入、低能耗和低运行成本的冷链系统解决方案。

针对生鲜农产品物流冷链系统中冷凝器、保温围护结构等主要环节能耗高于

---

* 本章由张长峰、郭风军、聂小宝、黄宝生、张德生、于怀智、侯成杰、林琼撰写。

日、美30%~50%，换热效率低于日、美50%~60%，总体运行成本高于日、美100%以上，运行可靠性低、安全隐患多等制约我国农产品冷链物流发展的瓶颈问题。黄河三角洲农超对接生态冷链系统通过对关键技术的自主创新，研制铝质翼片管式蒸发式冷凝器以提高系统的换热效率；开发泵式钛管制冰机组以提高运行可靠性和安全性；创新节能型防水冷库库体以及阻断水汽渗透和热对流，降低库体保温性衰减以及能耗和维修成本；开发大型多冷藏间冷库控制及运行状态报告系统以实现全程多方位自动调节和远程通信，节约人力成本，降低故障损失；研制一种适用于多工质的调节桶以稳定循环压力，并分离可能形成的液滴而避免压缩机液击现象发生，稳定系统运行，降低压缩机维修成本；开发复叠机组以实现分级制冷，提高机组能效比；开发螺杆多联机组，以换热储液器技术取代虹吸式热工质冷却技术，以降低机房高度要求，减少连接管道和阀门，减少投资，提高施工效率；开发环保高效载冷剂及其使用技术以适应现代生鲜农产品物流配送中心和超市的品质安全、环境保护和低成本要求。黄河三角洲农超对接生态冷链系统还融入自动化、信息化优秀技术成果以实现各链节、各装备组元的协同，形成节能环保、高效实用的集成技术系统，以机电一体化成套和先进设计技术提高个性化服务能力，以主体装备的工厂化施工和操作标准化、规范化建设保障冷链工程质量和低能耗、低成本运行。

生鲜农产品储藏与流通环节中的节能主要体现在制冷系统中，制冷系统的经济性将严重影响企业的运行成本，因此节能降耗成为衡量企业发展前景的一大指标。国内冷冻冷藏设备与国外同类产品相比存在着体积庞大、性能差、能耗高等问题。“黄河三角洲”农超对接生态冷链系统，为此提供制冷系统解决方案，通过相关设备和技术的集成，提高农超对接生态冷链的效果。“黄河三角洲”农超对接生态冷链项目是集速冻、高低温冷藏、预冷、气调、制冰、配送、代理为一体的综合物流系统。该系统在建造的过程中，非常注重库体和制冷设备的节能性，在建造库体时，采用了防水节能型冷库库体的施工方法，降低了工程成本，提高了保温效果，避免了传统冷库在运行过程中保温效果逐年快速降低的现象。在选择制冷系统时，为了降低初投资、减少冷却水系统占地面积、降低运行费用，制冷系统的冷凝器部分采用了铝质翼片管式蒸发式冷凝器。制冰系统用的是泵式钛管制冰机组，有效降低了能耗与人力成本消耗，显著提高了制冰系统的安全可靠性和制冰效率。自动控制方面，采用的是大型多冷藏间冷库控制及运行状态报告系统，在PLC（可编程逻辑控制器）控制的基础上，集成了触摸屏和GSM技术，实现现场参数调整及远程运行状态报告，以及运作全自动化。其他如并联机组技术在项目建设中也被集成应用。

二、生态冷链物流装备构成

(一) R404A/CO_2复叠制冷系统

-40℃普冷温区广泛应用于商用制冷领域，如速冻、冷藏等。采用-40℃温度进行速冻的食品，解冻之后，食品细胞组织不易受到破坏，且营养、色泽等保持较好。然而，目前-40℃温区的制冷机中多采用 R717（NH_3）和 HFC 作为制冷剂。由于 R717 有毒，对食品工业和系统管理人员有不良影响，且近几年冷库氨泄漏事故发生较为频繁，易造成重大人员伤亡事故，已有多城市限制在人群密集区建造以氨为主要制冷剂的大型冷库，因此采用无毒的自然工质成为国内外研究开发的热点。HFC 工质具有较高的 GWP 值，已被国际组织列入近期要淘汰的工质。CO_2是自然界天然存在的物质，消耗臭氧潜值为 0，全球变暖潜值为 1，具有优良的流动和传热特性，良好的安全性和化学稳定性，因此，欧盟已立法促进以 CO_2为工质的制冷系统的研发与推广应用。

“黄河三角洲”农超对接生态冷链系统中，采用了 R404A/CO_2复叠制冷机组对生鲜产品进行速冻，系统以 CO_2作为低温级制冷剂，R404A 作为高温级制冷剂，实现了用于-40℃温区的复叠制冷循环。CO_2低温级在蒸发温度 $t_{01}=-45℃$，蒸发压力 $P_{01}=10.5bar$，冷凝温度 $t_{k1}=-10℃$，冷凝压力 $P_{k1}=26bar$ 的工况下，测试 COP=1.4。该机组系统原理及设备照片如图 3-1 和图 3-2 所示。

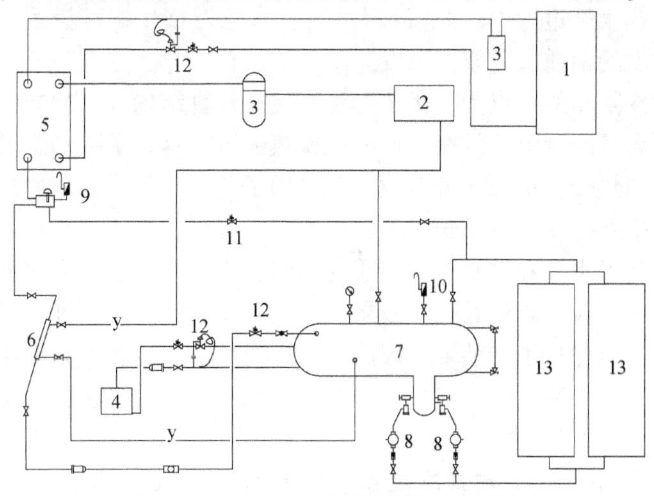

图 3-1　R404A/CO_2复叠制冷机组原理图

1. 高温压缩机组 2. 低温压缩机 3. 油分 4. 维持机组 5. 蒸发冷凝器 6. 回油热交换器 7. 二氧化碳桶 8. 二氧化碳泵 9. 安全阀 10. 安全阀 11. 停机旁通电磁阀 12. 节流膨胀阀 13. 单冻机风机

图 3-2 R404A/CO_2复叠制冷机组

(二) 铝质翼片管式蒸发式冷凝器

冷凝器是制冷系统的主要设备之一，冷凝温度的高低直接影响系统的性能。蒸发式冷凝器为空气显热和水的蒸发潜热换热，比空冷式冷凝器节能，比水冷式冷凝器节省冷却水和占地面积，单位制冷量成本最低，系统性能优越。此外，铝质翼片管式蒸发式冷凝器大大减小了冷却塔和冷凝器之间的冷却水泵功耗，同时风机功耗减小，冷却水损失少，耗水量小。因此，日益广泛应用于制冷空调设备、冷冻等工业生产过程中。“黄河三角洲”农超对接生态冷链系统中，冷凝器均采用自主研发的铝质翼片管式蒸发式冷凝器。

这种蒸发冷凝器的特点为：优选一种铝质翼片管结构作为换热元件结构，采用叉排方式增大了冷凝盘管的换热面积和换热强度，延长了冷却水流经冷凝盘管表面的时间，使热交换更加充分有效。并采用了防锈铝材质，表面进行了抗氧化处理，防腐效果好，使用寿命长；优选出一种空心锥形喷头、最佳喷嘴分布和经济喷水量，降低了水耗和供水电耗；研究风向、水向、工质流向之间的夹角，确定了最有效的进出风方式使其冷凝效果得到充分发挥；采用高性能轻金属铝合金换热部件，很好地保持了清洁度，因此可以广泛用于采用氨或氟的中央空调和冷库制冷系统的节能改造（图 3-3）。经检测，采用铝质翼片管式蒸发式冷凝器的冷库制冷机组，以 R717 作为制冷剂，在检测工况下测试 COP 为 4.9 ~5.5。与传统水冷式冷凝器相比，蒸发式冷凝器节电 65% ~75%，压缩机动力消耗减少 30% ~35%，机组节电 33% ~36%。

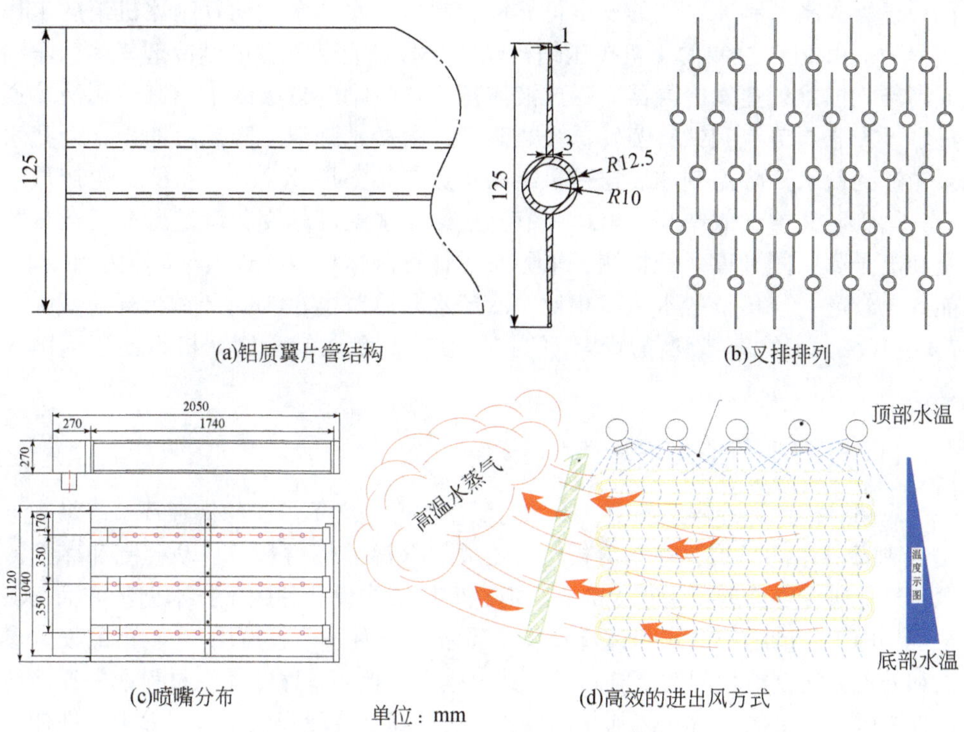

图 3-3　铝质翼片管式蒸发式冷凝器结构图

（三）泵式钛管制冰机组

冰鲜水产需求旺盛带动工业制冰产业崛起。但制冰产业遭遇了如下技术瓶颈：①氨泄漏恶性事件频发令许多城市限制大型氨制冷系统的应用，需以氟代氨；②传统氟利昂制冷剂列入京都协定第一淘汰序列，又需寻求新的非受限制冷剂；③传统载冷剂不能满足大型制冰系统的效率需求，而高效盐水载冷剂的高腐蚀性又带来了新的运行安全与可靠性问题；④节能减排、生产安全、人力成本等政策与市场因素对系统节能技术和智能控制技术提出了更高的要求。“黄河三角洲”农超对接生态冷链系统中，制冰设备采用泵式钛管制冰机组，该机组采用氯化钙水溶液为载冷剂，制冰系统常用蒸发温度范围为-20～-15℃，它的载冷效率较高。在载冷剂关键换热和输送环节采用钛合金材料，降低了设备受腐蚀的可能性，减少了盐水混入冰块引起的食品安全问题；采用钛管内螺纹结构有效提高了换热效率。集成 PLC 和电子膨胀阀集成控制、多台机组并联技术、高效蒸发式冷凝器、工厂化施工、库体节能等自有创新技术，有效降低了能耗与人力成本消耗，显著提高了制冰系统的安全可靠性和制冰效率。泵式钛管制冰机组的工作过程为，由 PLC 控制的多机头压缩机吸收来自钛管蒸发器的制冷剂气体，压缩成高压气体排到蒸发冷凝器冷凝成液体排到虹吸罐。虹吸罐中的制冷剂液体通过电子膨胀阀节流到钛管蒸发器吸热蒸发，给盐水降温。降温后的盐水由盐水泵输送到盐水池降温制冰。这种机组的特点在于工厂化生产、检测，生产周期短；钛管防腐蚀，效率高；PLC 调节，根据盐水温度的变化调节压缩机运行数量和电子膨胀阀开度。经检测，采用泵式钛管制冰机组，以 R717 作为制冷剂，能效比较高；与传统盐水机组相比，冷却水泵可节电 60%，压缩机耗功减少了 7% ~10%。经山东省科技厅组织的技术鉴定，泵式钛管制冰机组已达到国内领先水平（图 3-4）。

(四) 防水节能型冷库库体

农超对接生态冷链系统中，冷库是低温农产品必不可少的储存环节。纵观近 20 年制冷技术的发展，在制冷机组、工质、保温隔热材料、自动控制和库内冷源布局等研究方面取得了重大突破，但在库体结构设计和施工技术创新方面，由于现场施工生产组织形式和运行管理的局限，国内外一直沿用 20 年前的设计参数和处理方法，能耗问题日益凸显，其中最为严重的是库体保温材料在长期运行过程中吸收大量的水汽，使其导热系数大大升高，从而降低了保温效果。即使由西方发达国家采用防浸透能力优异的保温材料建造的冷库，在运行过程中库板体积湿度最高达到 31.1%，常温热导率 λ 高达 0.285W/m℃，比设计规范规定的 0.0448W/m℃高出 536%，导致大量的能源损失，亟须创新防水汽渗透结构和施工技术。

“黄河三角洲”农超对接生态冷链系统中采用国家农产品工程技术中心自主研发的防水节能型冷库库体，这种冷库库体的特点如下：①开发了一种压条结构及其施工工艺，保证了库板材料之间的有效连接，使其具有良好的密封性及其与防水材料、保温材料的热胀冷缩的协同性；②研发了彩镀板-聚苯乙烯保温防水一体化库体结构与施工技术，将实现保温层与防水层的最佳组合，打破了制冷界维持达 40 年之久的“常规”，在提高防水保温效果的同时，简化了库体结构和施工工艺，降低了工程成本和运行成本；③开发了聚氨酯填充结构和施工技术，有效地阻断了通过材料缝隙的对流能量损失，并能在常温至-40℃条件下与基体材料协同变形而长期保持良好的防水保温性能，属低温防水防潮保温一体化材料与技术的应用型创新（图 3-5）。经检测，这种结构的库体透湿系数和吸水率可以为 0，使得材料的保温性能衰减很小，从而在系统运行过程中的耗电量减少，达到节能 20% 的效果。

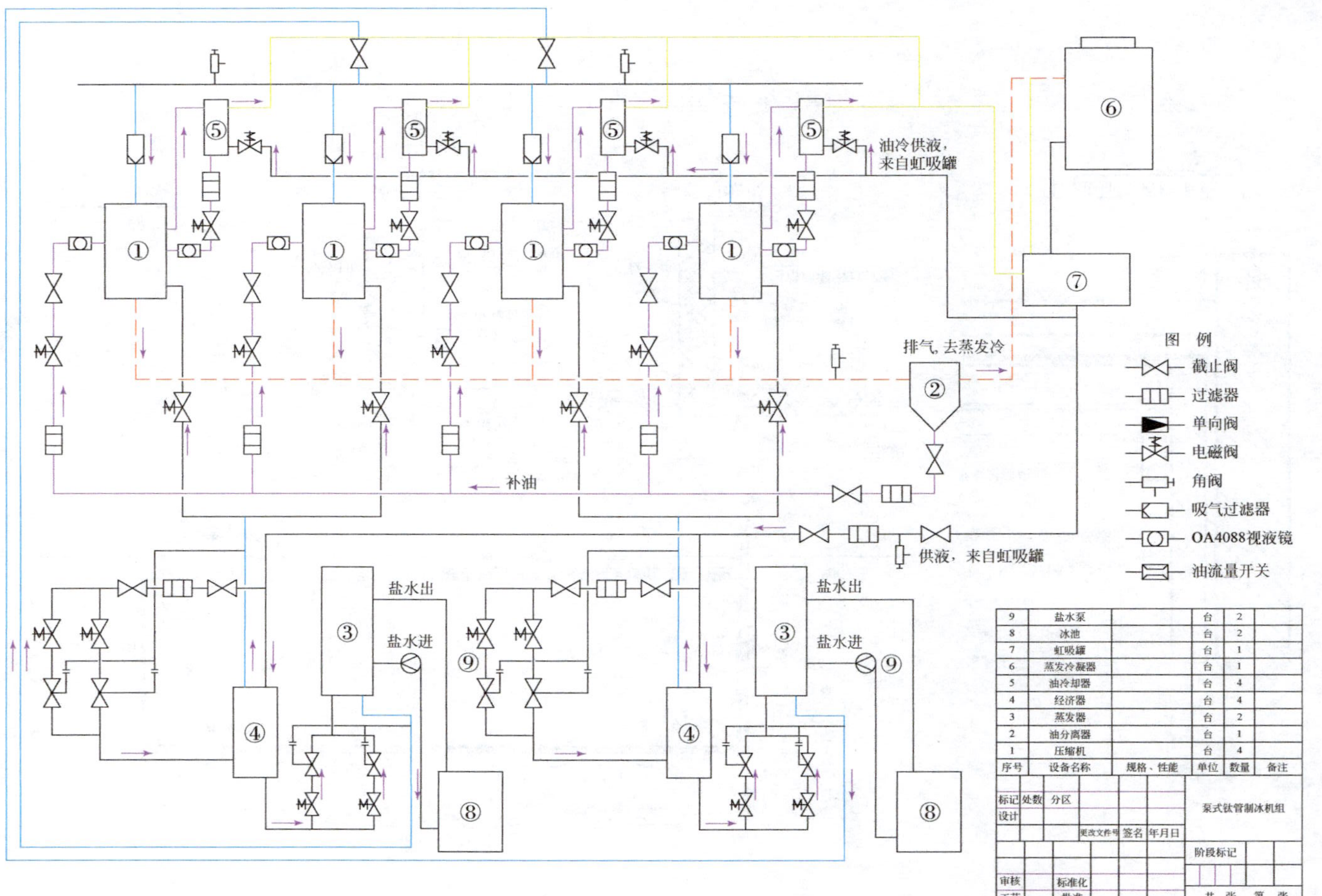

图3-4　泵式钛管制冰机组系统原理图

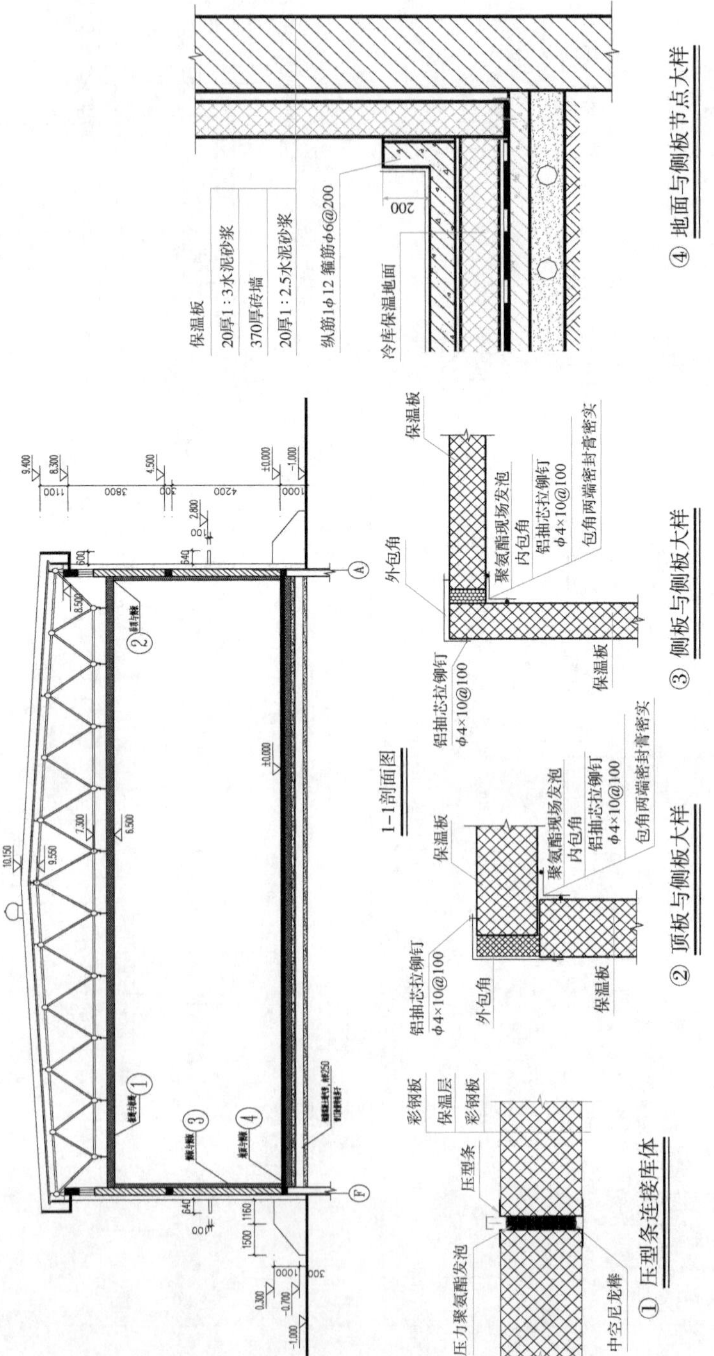

图3-5 防水节能型冷库库体结构示意图

（五）CO_2复叠机组测控系统

目前国内普遍采用 PLC（可编程控制器）来实现对冷库各个系统的自动控制。PLC 的特点是编程灵活，可靠性高，能够适应各种自控要求。但其缺点是成本较高，尤其是在外接扩展时其成本成倍增长，同时其扩展也具有一定的局限性，当控制系统装调后，终端用户随着工况的变化对其参数调整愈加不便，对于用户提出的实时报告等控制要求，部分设计采取引入计算机的方式取代现实仪表，实现数据的监测，但真正实现起来需铺设大量的电线电缆，如果采用分布式管理系统，即在中央控制室设一个 PLC 主站，在每个冷库间设置分站，主站与分站以通信的形式实现互动，虽然可以节省线缆用量和工程施工量，但是庞大的 PLC 系统和过多的 PLC 模块会导致电控成本翻倍（图 3-6）。“黄河三角洲”农超对接生态冷链系统中，研究开发了 CO_2 复叠机组测控系统在目前使用广泛的 PLC 控制的基础上，集成了触摸屏和 GSM 技术，实现现场参数调整及远程运行状态报告；具体实现中：制冷压缩机机组主要是通过压力传感器感应系统的压力，由 PLC 自动控制制冷压缩机机组的开机数量及时间，开启压缩机头的数目由制冷系统所需要的冷负荷大小来决定（通过感应系统管道内的吸气压力来实现）。为了避免压缩机的频繁启动，当某一个冷库内温度达到设定上限值，需要启动压缩

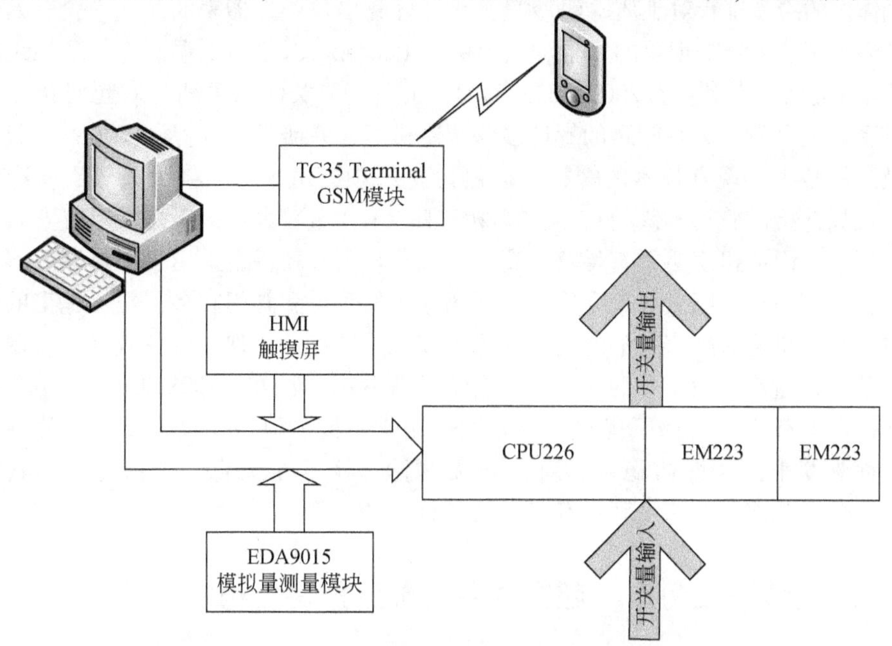

图 3-6　CO_2 复叠机组测控系统原理图

机时，PLC 会自动比较其他冷库的温度，指令所有温度正在上升的冷库开启冷风机。蒸发冷凝器的运行是根据制冷机组的排气压力由 PLC 实现自动控制的。库内风机运行由 PLC 控制，具有风机自动开停、定时自动化霜等功能。冷风机的运行根据触摸屏设定的温度上下限值自动开停；冷风机的融霜运行主要由触摸屏的时间周期参数采用自动控制方式来实现，并能按保护温度退出融霜程序；融霜完毕后设有滴水延时保护，以保证冷风机上融霜的水滴能有足够的时间排出。

如图 3-6 所示，CO_2 复叠机组测控系统在硬件上借助 GSM 模块，上位机利用组态软件编程实现系统运行情况，通过手机短信通知相关人员。该系统在使用过程中，完全达到了开发目标要求，既简化了管理，又保证了储藏食品的质量，还保证了制冷装置的运行可靠性、安全性和经济性。

(六) 调节桶、螺杆多联制冷、载冷剂的技术创新

在“黄河三角洲”农超对接生态冷链系统建设中，国家农产品工程技术中心还研制了适用于常见工质的系列调节桶。并开发了系列复叠低温制冷系统。调节桶由桶体和设置在桶体内的冷凝排管组成，为了增加冷凝排管与工质的接触面积，将桶体内的冷凝排管做成蛇形管形状。当工质温度和压力升高时，调节桶可用作膨胀容器，使工质的压力限制在规定的压力范围内。当工质超临界温度时，可通过设置在桶体内的冷凝排管对工质降温冷凝，并可分离出从蒸发器来的蒸气中含有的液滴，避免压缩机液击现象的发生。其中用于 R404A/CO_2 复叠低温制冷循环系统的 CO_2 调节桶已获专利：ZL200920025164. 4。此外，“黄河三角洲”农超对接生态冷链系统还开发了无虹吸罐的螺杆多联制冷机组，并研发了环保、安全系列载冷剂及运用技术。现有技术的螺杆多联制冷机组中，由于采用虹吸式热工质冷却法，现场连接的管道和阀门较多，现场施工的工作量较大；由于虹吸罐有安装高度的要求，因此机房必须有足够的高度，投资较大。新机组采用了换热储液器技术，克服了采用虹吸式热工质冷却法现场连接的管道和阀门较多，现场施工的工作量较大，机房必须有足够的高度，投资较大的缺点，实现了设备数量少、现场施工的工作量小、投资小的目的。该机组已获专利：ZL200620081926. 9。本系统中所研制的载冷剂有如下优势：①分别适用于不同的制冷温度；②传热分系数大，而黏度小；③性质稳定，对设备无腐蚀；④安全无毒，价格低廉。其中 R404A/CO_2 载冷剂已获专利：ZL200920025163. X。

三、“黄河三角洲”超市绿色无氟温控装备构成

在全国上下贯彻节能减排政策，淘汰落后产能、清洁化工厂、循环经济等一

系列工程取得可喜成就，还民众蓝天白云的今天，遍布全国各地的超市的冷库、冷柜、制冰机等制冷系统，仍然排放着大量的含氟气体，吞噬着大气上空的臭氧层，并且消耗着比国际先进水平的设备高出一倍的能源，成为节能减排的重点。因此，“黄河三角洲”农超对接生态冷链系统针对农产品冷链末端的超市周转冷库和温控展示柜的氟利昂制冷剂的替代、氨制冷剂和有机载冷剂的易燃易爆隐患、$CaCl_2$载冷剂腐蚀设备和污染食品的风险及CO_2应用于超市周转冷库和温控展示柜所带来的高压力和智能网络化技术水平较低所带来的运行可靠性差及效率低与成本高等问题，以承担单位和协作单位在“十一五”期间依托多项国家级、省级重大科技计划项目所建立的科研设备设施以及获得省级鉴定的 R404A/CO_2复叠制冷机组研发成果和通过权威机构严格测试的 R404A 制冷并联机组小试阶段性成果为基础，进一步优选CO_2载冷剂应用于超市周转冷库和温控展示柜的热工流体参数，研制其换热循环装置，同时攻克全天然工质 R717/ CO_2复叠制冷机组和 R717 制冷并联机组工程化应用及规格放大过程中由于CO_2压力较高所带来的成套设计关键技术难题，开展超市周转冷库和温控展示柜自动化、智能化和网络信息化及其传感、接口技术研究，并进行实际应用验证，以期获得以符合京都协定认可的环保工质为制冷剂，以无污染、无燃爆风险的物质为载冷剂，具备智能化和远程监控功能的超市周转冷库、温控展示柜关键技术创新成果，制造国内第一套商用全天然工质超市周转冷库和温控展示柜，建设万平方米级环保节能型冷冻冷藏技术应用示范店。

四、利群集团的生鲜物流温控体系

近年来，全国各地频繁出现食品安全事故，令消费者极为不安，很多具有前瞻性和责任心的企业都不同程度地希望在维护食品安全上作出努力，多数经营生鲜与农产品销售的连锁超市不约而同地将目光聚集在生鲜配送中心的建设上。利群集团正是其中的典型代表之一。2010 年年底，利群集团斥巨资建造的农产品冷链及生鲜物流加工配送中心正式投入运营。该配送中心总面积近 4 万 m^2，分为三个部分：①生鲜加工中心，建筑面积约为 13 000m^2；②蔬果分拣区，面积约为 6000m^2；③冷库（包括冷冻库、冷藏库、气调库），面积约为 20 000m^2。该中心具备生产加工、质量检验、仓储、分拣、配送、信息处理等功能，主要用作蔬菜、水果、肉、禽、蛋、海鲜、面食类等生鲜产品的加工、存储及配送，设计生鲜日分拣能力为 250t，可满足 50 家万平方米以上规格的门店及 1000 家便利店的生鲜商品配送需求，可以支撑年配送额达 12. 6 亿元（图 3-7）。

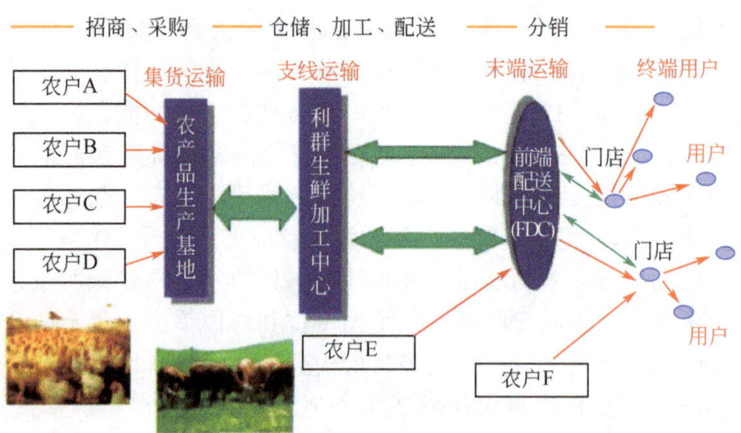

图 3-7 利群生鲜供应链

生鲜产品进入利群生鲜物流加工配送中心后，按需要分三个不同的流向：一是普通蔬果直接进入蔬果分拣区，进行拣选、集货、配送；二是蔬果、肉类进入生鲜加工中心，经过初加工后，再进行储存或分拣、配送。加工中心主要进行蔬果、肉品、主食等的加工处理，设有入货区、原料储存区、加工区、成品包装区、成品储存出货区。为保证生鲜产品的洁净和品质，加工中心对各个区域进行了严格的温度分区和管理。操作人员在进入加工车间前，必须经过一次更衣、二次更衣、风淋、洗手、消毒等清洁环节。目前，该加工中心生产的畜产类的猪肉、羊肉、牛肉以及蔬菜、面包等统一配送到利群各门店销售，其中肉类精加工包装产品约有 60 个品种，蔬菜精包装产品已近 180 个品种。三是部分特殊品种进入冷库储存。利群生鲜物流配送中心与多数该类物流中心有所不同，即冷库用于储存的面积较大，这主要是为了调节农产品在当地市场上的供需矛盾，储存某些季节性强、市场供需不稳定或者属于重要销售品种的农产品。据了解，利群集团目前已开始从产地采购蔬果进行储存，如胶州大白菜、烟台苹果、陕西称猴桃、赣南橙子等，随供需变化陆续投放市场。出库配送上，为确保生鲜商品的品质，物流中心通常进行日配，超市终端也不做隔日销售，会在每天下午或晚上对当日剩余的生鲜产品进行促销处理。

第二节 沾化冬枣电商物流技术集成应用

一、沾化冬枣市场分析

现在人们的生活水平不断提高，人们对水果的需求也由以前的柔性需求逐步变为刚性需求，而且随着人们对生活品质的要求越来越高，人们对水果品质的要求也越来越高，人们已不再满足于仅仅有水果可以吃，而是更希望吃到新鲜、可口的水果。随着电子商务产业的发展，越来越多的人喜欢通过电子商务的方式采购自己喜欢的商品。近几年生鲜电子商务的快速发展为消费者购买高品质水果提供了很好的途径，而具有产地优势的特色农产品最受消费者的青睐，消费者希望足不出户就能买到真正产自原产地的高品质农产品。沾化冬枣作为一种地理因素明显的原产地产品备受生鲜电商和消费者的青睐。而生鲜电商企业往往以原产地、高品质为卖点吸引消费者，价格也远远高于传统渠道，如图 3-8 所示。

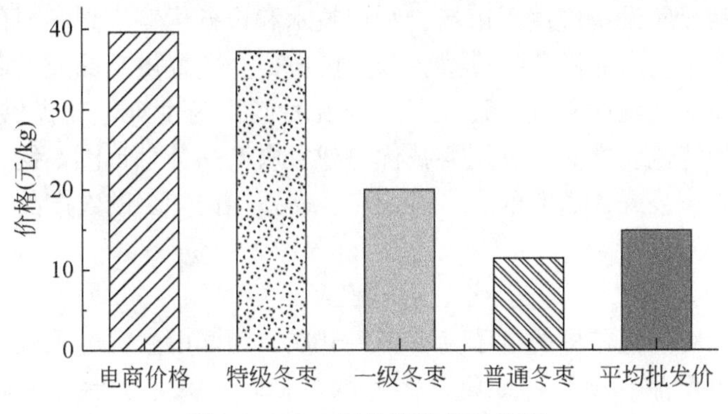

图 3-8 2013 年冬枣价格对比图

虽然，生鲜电子商务市场巨大，前景广阔，但是电子商务企业面临着冷链物流成本高、损耗大、覆盖范围小、品质及仓储供应难以保证等问题。例如，易果网在运营过程中就遇到了进口生鲜食品损耗大的问题；为了保证品质，实行自建冷链物流的方式，但仅能覆盖北京、上海两地。顺丰优选也出现了生鲜食品损耗大的问题。

本项目的目标群体为各生鲜电子商务企业和具有生鲜板块的电子商务企业。本项目将为生鲜电商企业提供销售周期长、品质高的沾化原产地冬枣。目前各生鲜电商企业为吸引消费者，无不突出原产地认证、产地直供等噱头，就是为了证明自己的产品品质好，“我们的冬枣均产自我们的签约基地，经过严格的筛选并采用最先进的技术储藏，具有一流的品质，完全有能力成为各电商企业的当季主打产品”。现有的生鲜电商企业在资本运作和市场营销方面具有很强的实力，但在生鲜产品的储藏保鲜方面却缺少技术和人才，因此目前生鲜电商企业主打的都是当季水果和大棚蔬菜，因当季水果市场竞争大，所以产品利润低，而我们通过先进技术储藏的冬枣可比传统方式延长至少一个月的上市周期，从而有效地避开竞争，大大提高了产品利润。因此，本项目的市场前景广阔。

二、沾化冬枣的电子商务案例

依托山东省农产品贮运保鲜技术重点实验室已有果品保鲜工艺研究基础和技术力量，利用已有的移动绿库设备，针对生鲜电子商务市场，发展冬枣产储运销产业，形成集冬枣种植、采收、储藏、运输、销售于一体的新型商业模式，为生鲜电子商务企业和消费者提供高品质的沾化冬枣。

通过本项目的实施，将重点实验室已有科研成果与技术力量向生产力转化，将已有的移动绿库设备应用于市场，利用技术和设备优势实现冬枣的精准储藏和运输，建立冬枣全产业链营销模式，为生鲜电商企业提供高品质的冬枣，打造中国冬枣第一品牌。在此基础上逐步扩充产品种类，为生鲜电商提供品种更丰富、产品最优质的特色农产品。利用科技优势建立农产品信息追溯系统，为消费者提供真实、可靠、公开、透明的农产品信息，塑造国内知名的农产品品牌。

1. 项目内容

本项目针对沾化冬枣的电子商务销售开展，为国内生鲜电子商务企业提供优质的沾化冬枣产品。项目初期将从冬枣的种植环节入手，涵盖采收、分级、分拣、包装、储藏、运输、销售多个环节。

通过高精度移动绿库、品控包装技术、物联网技术、检验检测技术构建新型供应链模式，为各生鲜电子商务企业提供最优质的沾化冬枣。全程减少物权转移，减少环境变化，明确责任主体，建设监控、检验、追溯三位一体的品控体系。利用储藏保鲜等物流技术优势，结合冬枣产地优势，从冬枣种植管理入手，分拣最优品质的冬枣产品，采用精准储藏保鲜技术，延长冬枣的上市周期，为各生鲜电子商务企业提供最优质、最地道的沾化冬枣，打造冬枣第一品牌。利用冬枣产品塑造企业自有的优质农产品品牌，以此为基础逐步扩大产品种类，目标是将公司发展成为具有自有品牌的生鲜电子商务线下供应商。

在鲁商物流科技有限公司具有农产品全产业链技术及管理经验后，将尝试开展具有更高附加值的技术咨询服务，为其他农产品经营企业、生鲜电商企业提供农产品全产业链技术咨询服务和生鲜农产品供应链管理咨询服务。

2. 实施内容

第一阶段：7 月前，专业技术人员制定冬枣种植基地选择标准；制定冬枣分级标准和收购标准；设计开发专用分拣分级装置；设计低温分拣包装车间布局；

制订分拣、包装、出入库操作规程。公司组织人员招聘，建立创业团队。

第二阶段：7 月至 8 月，销售人员联络潜在客户，拓展销售市场；采购人员寻找合格的种植基地，选择最好的基地进行洽谈并建立商务合作关系。

第三阶段：8 月至 9 月，确定移动绿库停放地点和低温分拣包装车间的地点，然后对场所进行必要的改造；根据预期订货量寻找合适的暂存冷库。

第四阶段：10 月至 11 月，冬枣成熟上市后，利用移动绿库进行预冷和短储，及时销售以满足冬枣上市之初的订单需求。等到冬枣大量收获价格下降后，进行大规模储藏：其中一部分储藏于移动绿库中，用于两个月以后的销售；另一部分储藏于租用的冷库中，用于两个月内的销售。

第五阶段：11 月至 12 月，根据订单情况，陆续将冷库中的冬枣出库并发货，这一阶段以保证冬枣的供货不间断为主，同时通过各种营销手段培养消费者对产品的认可度，形成客户黏性。

第六阶段：12 月至 1 月，与生鲜电商一起大规模开展营销活动，将利用移动绿库储藏的冬枣大量投放市场，利用这一阶段赚取高额回报。

3. 销售策略

本项目销售方式为集中供货式，公司作为供货方向生鲜电商企业集中供货。针对冬枣产品，我们将采用阶段性营销的方式。

1）项目运行初期将全力开展与现有生鲜电商企业的合作，签订订货合同，确定订货量。冬枣上市后，在保证冬枣品质的前提下，根据前期订货单确定采购数量。用于后期销售的 8 万 kg 冬枣采用移动绿库进行储藏，其他冬枣全部租用当地的冷库进行储藏。从冬枣开始上市到上市后的两个月内，所有销售的冬枣均来自租用冷库，产品采用高性价比策略，在同价位产品中实现品质最佳，在同品质产品中实现价格最低，以此扩展市场，提高品牌认知度，保持客户黏性。

2）在冬枣供应进入尾声后，将移动绿库储藏的冬枣集中投放市场，通过与电商企业的商务合作，利用各种营销手段，重点营销已购买过我们产品的顾客。此阶段市场上的产品数量减少，品质下降，并且价格逐渐走高，而我们的产品依然可以保持很好的品质，从而可以获得极高的利润率。

4. 产品定位及定价策略

本项目所销售产品的客户群体为生鲜电子商务企业，终端客户群体为以城市白领为代表的网购群体。

我们产品的价格将根据冬枣上市时间的不同进行差异化定价。

在冬枣上市初期定价较高，主推品牌档次和产品品质，使消费者认可我们产品的品质和品牌的高端定位。

在冬枣集中上市阶段定价平民化，通过大规模的产品营销和优质低价换取客户数量，建立消费者对产品品质和品牌的认知度。由于冬枣是具有明显季节性的产品，必须通过持续的销售和不断的优惠活动使消费者形成购买的习惯，以此保持客户黏性，建立一批有价值的消费群体。

在冬枣常规销售的尾声定价高端化，主要目的是获取高回报率。通过与生鲜电商合作，利用各种营销手段，重点针对具有购买经历的老客户开展营销攻势。

三、冬枣 B2C 物流品控技术流程

冬枣 B2C 物流品控技术流程如图 3-9 所示。

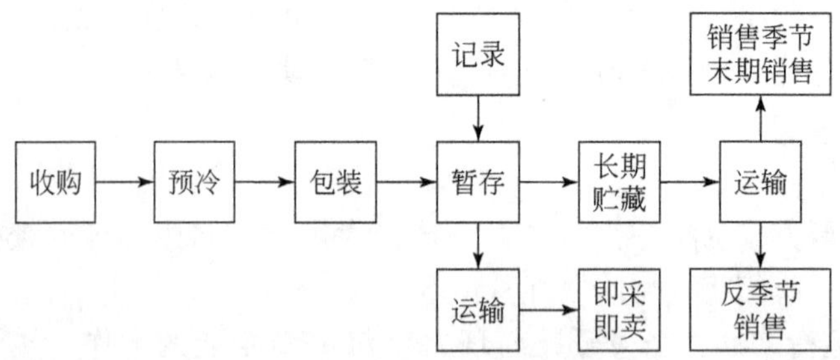

图 3-9 冬枣 B2C 物流品控技术流程

1. 收购

提前联系冬枣研究所和冬枣种植合作社，在冬枣成熟季开始收购，共收购 4 种成熟度的冬枣：青熟、白熟、脆熟（点红）、半红。用于即采即卖的冬枣选用半红，用于短期储藏的冬枣选用白熟和半红，用于长期储藏反季销售的冬枣选用青熟和脆熟（点红）。冬枣收购时使用分拣机对冬枣进行分级筛选，根据不同级别确定收购价格。质量等级要求见表 3-1。

表 3-1 冬枣质量等级要求

项目	要求		
	特级	一级	二级
单果重/g	17 ~ 20	14 ~ 16	12 ~ 13
果形	近圆形或扁圆形	近圆形或扁圆形	近圆形或扁圆形

续表

项目	要求		
	特级	一级	二级
机械伤、病虫害	无	无病虫果，裂口果不超过3%	无病虫果，裂口果不超过5%
色泽	果皮赭红光亮，着色50%以上	果皮赭红光亮，着色50%以上	果皮赭红光亮，着色50%以上
口感	皮薄肉脆，细嫩多汁，浓甜微酸爽口，啖食无渣		皮薄肉脆，浓甜微酸爽口，啖食无渣

2. 预冷

将分级后的鲜枣装入周转筐中，及时入库预冷，预冷使用移动绿库强制开启风机预冷24h（预冷温度为0～2℃）和中集移动式真空预冷设备两种方式进行。待冬枣中心温度降至0～2℃以后再进行包装和储藏。

3. 包装

鲜枣预冷后放入各种规格的保鲜袋中密封，再放入泡沫箱中，泡沫箱用胶带封口后放入纸箱中。包装应选择在具有一定控温条件的冷库或低温车间内进行，包装箱共分为三种规格，分别为2kg、3kg和5kg。冬枣装箱时必须做到无间隙，如存在间隙需用填充物填满，以减少冬枣在运输过程中因碰撞产生的机械伤。

4. 暂存

即采即卖的冬枣放入移动绿库中暂存，等待发货。温度为-1～0℃。

5. 储藏

需短期储藏和长期储藏的冬枣放入移动绿库中储藏，储藏温度为-2℃。

6. 运输

即采即卖产品每天在统一时间发货，交由第三方快递公司运输。储藏一定时间销售的产品根据订单情况集中于一个时间段出库，交由第三方快递公司运输。

7. 记录

冬枣入库后及时记录批次、产地、等级、采收及入库时间等，填写货位标签及货位图。

第三节 蒙阴蜜桃跨境物流技术集成应用

一、概述

蒙阴县在山东省中南部，蒙山北麓，东汶河上游，是沂蒙山区的腹地，地处中纬度，属暖温带季风型大陆性气候，四季分明，气候条件非常适合果品生长，有明显的地域优势。

近年来，蒙阴县充分发挥资源优势、区位优势，按照品种布局区域化、基地建设规模化、生产技术标准化、发展品种优良化的“四化”标准，积极引导果农实行无公害化生产。截至 2013 年年底，全县以桃、苹果、板栗为主的优质果品生产基地面积达到65 万余亩（1 亩≈666. 7m^2），果园面积达到 100 万亩，果品总产达 11 亿 kg，销售收入达到 40 亿元，被评为“全国果品生产十强县”和“全国果品综合强县”之一，其中蜜桃面积 65 万亩，产量 10. 4 亿 kg，是全国蜜桃第一大县，被命名为中国蜜桃之都和中国桃乡，蒙阴蜜桃是农业部地理标志产品，注册了地理标志证明商标。在 2016 年中国品牌价值信息发布会上，蒙阴蜜桃作为初级农产品类地理标志产品，品牌价值达到 266. 44 亿元，居蜜桃类第一位。

品控物流技术是农产品电子商务发展的瓶颈。虽然，生鲜电子商务市场巨大，前景广阔，但是电子商务企业面临着冷链物流成本高、损耗大、品质及仓储供应难以保证等问题。因此，必须通过引进先进的农产品品控物流技术，来保障农产品的品质和商品价值。本项目以蜜桃为代表的蒙阴特色农产品作为对象，建立适合生鲜果品电商物流模式的冷链物流技术体系。针对电子商务这一新型商业模式下果品冷链物流过程中存在的各种问题，开展节点技术研究和集成技术创新，形成电商模式下涵盖蒙阴果品全产业链的新型冷链物流技术体系。

二、蒙阴蜜桃跨境物流技术集成的思路与方法

由国家农产品现代物流工程技术研究中心为蒙阴县农产品产业提供生鲜农产品保鲜技术、包装技术、信息技术，并开展商业模式创新。国家农产品现代物流工程技术研究中心在农产品物流领域开展了大量研究，已建立了一套完善的生鲜

农产品品控物流技术体系。

针对蜜桃等特色水果的电子商务销售新业态，通过高精度智能化移动储运一体化技术、品控包装技术、物流网技术、检验检测技术构建新型供应链模式。全程减少物权转移，减少环境变化，明确责任主体，建设监控、检验、追溯三位一体的品控体系。形成产地收购、储藏、产品干线运输、销地落地短储，加当地配送快递多环节少主体的新型物流供应链模式。

三、蒙阴蜜桃跨境物流技术集成示范流程

蒙阴蜜桃跨境出口至迪拜的流程如图3-10所示。

图3-10 蒙阴蜜桃跨境出口迪拜流程图

采摘及收购：蜜桃的收购采用两种方式，一种是直接到集散市场上进行收购，现场进行分拣；另一种是到蜜桃种植基地，要求采摘人员根据需要进行采摘。两种方式都在露天环境下进行作业，蜜桃收满一车后再运到工厂。通常收购需要一整天的时间，蜜桃通常要到下午6点以后才能入库。

预冷：预冷采用真空预冷车与冷库预冷相结合的方式，蜜桃运回厂区后立即进行预冷，预冷时间根据发货时间决定。蟠桃运回后先不入冷库，只放在冷库穿堂过道内，需进行扫毛加工后再入预冷。

包装：蜜桃在采集装箱当天出库进行包装，目前采用的包装为五层瓦楞纸箱包装，纸箱内放一层（24个）蜜桃，桃之间用纸隔断分割。包装箱内套塑料袋，塑料袋采用纳米袋，纳米袋分挽口、扎口和扎口+1-MCP三种处理方式。

装柜与封柜出口：所有蜜桃等产品包装好后，用叉车将托盘运到集装箱里，然后再通过人工方式进行码放。装柜期间，为避免冷凝器结霜制冷机组不开机。集装箱封箱后开启车载机组进行降温。

海陆联运与开柜验货：集装箱先通过陆运运到青岛港码头，然后由码头统一进行调配吊装到货轮上，该过程需两天；货轮离港经过 18 天海运后到达阿拉伯联合酋长国迪拜阿里港；到港后由迪拜收货方到港口取货柜，然后运至迪拜当地批发市场，该过程需2 ~3 天。

迪拜销售：集装箱运到迪拜当地批发市场后，连同半挂车底盘一同停放在市场上，产品销售完后再将集装箱交还货代公司。此过程如图 3-10 所示。首次实验于6 月中旬开始实施，6 月 16 日完成货物装载，集装箱经陆运至青岛港，于 18 日装入远洋货轮，经过近二十天的海上航行于 7 月 10 日到达阿联酋迪拜，蜜桃好果率超过 95%，所有蜜桃仅用两天时间便销售一空。

2015 年 11 月 16 日，《科技日报》以“一只桃子何以 30 天还能新鲜如初？”为题，报道了国家农产品现代物流工程技术研究中心创新团队为蒙阴蜜桃出口迪拜提供技术服务获得成功。创新团队经过多年的科研探索，逐步形成了一套成熟的农产品跨境物流品控技术体系。指导企业先后实现了蜜桃跨境出口新加坡、孟加拉、坦桑尼亚、泰国和马来西亚等国。

四、智慧物流环境监控技术

对采摘时的大气温湿度、树上果实的内部温度、冷库内的温湿度+气体、集装箱外的温度，以及集装箱内的温湿度+气体等信息进行了全程监控，采集了大量实验数据，将进一步优化蜜桃跨境出口物流品控技术方案。

1. 对鲜桃运输环境全程监控

由于鲜桃属于典型的呼吸跃变型果实，因而对影响呼吸作用的 CO_2、O_2 和乙烯等多源气体的敏感度很强，长途运输过程中易出现失水、失重、快速软化、果实腐烂、果肉褐变等影响品质的质量问题，增加了鲜桃的不耐储藏和易腐性。随着冷链耦合保鲜剂及气调技术的加入，气体成分参数的监测受到越来越多的关注。传统的气体监测设备大多是有源性的，容易受到长途冷链运输环境的限制；并且存在存储容量小、功耗大、体积大以及成本高的技术问题，不能实时、全面地记录长途冷链物流运输过程中的多源性气体参数变化。为了解决上述技术问题，本次实验研制了一套对鲜桃冷链物流环境信息采集的系统装置，包括微控制模块、存储模块、时钟模块、时间控制模块、传感器模块以及供电模块。传感器模块包含温湿度传感器、O_2传感器、CO_2传感器以及乙烯传感器，传感器模块采集的信息通过存储或实时发送两种方式发送到终端（图3-11～图3-16）。

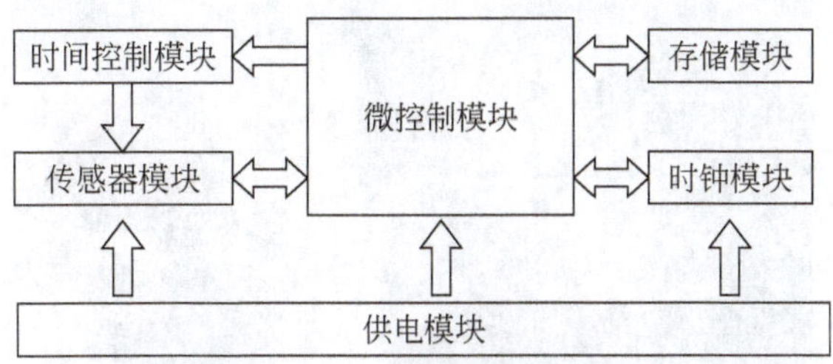

图3-11　环境信息采集框架

图3-12　监测设备实际应用

图3-13　树上果实的内部温度

图 3-14　采摘环境的温湿度采集

图 3-15　集装箱外部的温湿度采集

图 3-16　冷库内的温湿度+气体采集

2. 环境信息变化

本次实验室采集的温湿度、O_2、CO_2以及乙烯等环境信息，通过实时感知鲜桃从采收到销售过程中的关键参数信息，可以及时控制环境信息的变化引起的果蔬品质的变化（图3-17～图3-20）。

图3-17　温湿度、O_2、CO_2、乙烯采集设备安置

图3-18　冷库内温湿度、O_2、CO_2、乙烯数据采集

图3-19　集装箱内温湿度、O_2、CO_2、乙烯采集设备安置

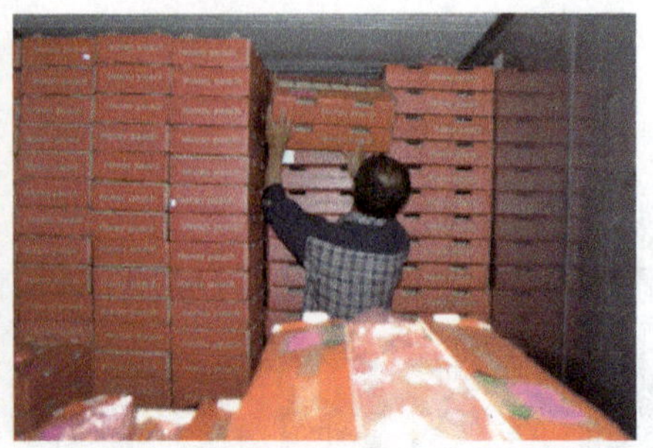

图 3-20 集装箱内温湿度、O_2、CO_2、乙烯数据采集

3. 温度

根据蜜桃物流流程的不同环境，分别采集了蜜桃从采收到预冷到出库后的温度变化情况、蜜桃装入集装箱后海陆联运到迪拜过程中的温度变化情况、集装箱外部温度变化情况。

第四节 水产品无水活运技术集成应用

一、概述

水产品活体运输是鱼类移殖、引种和供应等环节市场活动过程中的一种鲜活流通方式。采用有水运输方式对鲜活水产品进行运输、配送、中转一直都是其唯一的物流模式（图 3-21）。有水运输存在成本高、成活率低、运输量少、运输时间短等诸多不足，是制约我国水产品活体流通市场发展的重要因素。

图 3-21 水产品有水运输实物图

目前，虽然市场上均采用有水运输活鱼，但存在运输时间短、存活率低、安全性低、成本高等劣势。因此，商家为尽量克服上述不足，在运输前或过程中，向水环境中添加麻醉药物以降低应激，方便捕捞与运输，由此大大增加了食用安全性问题。目前，我国的活鱼运输技术还处于比较滞后的状态，运输装备也较落后，因此，研究物理或天然休眠物质、开发活鱼仿生态冷链运输装备并降低制造成本是今后该领域的重点发展方向。

我国当前流通业态可分为两种：一是传统商品批发零售，生产商、经销商都围绕着“场”这一关键要素进行投资经营。另一个是电子商务，是一个“货-流-人”的现代新兴商业模式，这种模式的信息流、资金流都通过线上完成，仓储、运输、配送则在线下完成，然而产品质量安全问题，较传统商业模式面临着更大的挑战。随着电子商务模式的飞跃发展，生鲜产品网店如雨后春笋般的出现，已经形成了一个广阔的销售体系。新型电商模式下，如何实现水产品高效保活物流是亟待解决的问题。传统的水产品有水物流方式，不易于开展干线运输、快递及配送业务，采用新型的无水物流方式代替有水物流，实现终端销售流通是电商发展的必经之路。水产品无水保活物流技术是无污染、安全、优质和高效的绿色保活流通技术，正成为今后新电商模式下水产品活体物流的发展方向。生鲜农产品物流领域是一个巨大的万亿元市场。水产品无水保活物流技术极大地提升了整个生鲜农产品物流行业的技术水平，提高了水产品的运输时间、成活率、运输距离等，为水产养殖企业、零售商、配套装备生产商等带来了巨大效益。同时，该技术减少了生鲜农产品的物流损耗，改善了生鲜农产品的安全、营养和品质，为人们提供了鲜活健康的水产品，营造出农业可持续发展的良好环境，产生了巨大的社会效益。该项成果以冷链技术、物流信息技术、“休眠”及“唤醒”技术为依托，通过技术的集成和成果推广，大大降低了物流过程中的产品损耗，提高了物流间接经济效益，促进了水产品冷链运输和市场配套销售体系的优化和发展。因此，在运输业、包装业、销售业和运输设备制造业等方面，该技术都将产生较大的拉动作用，创造较高的经济效益。

水产品无水保活运输技术是一种绿色环保、无污染、安全、优质、高效的新型活体物流技术。就水产品无水保活技术而言，目前，国内外可供借鉴的经验和技术资料甚少。国内外对水产品保活运输的研究主要集中于有水状态下的流通，而且多采用化学麻醉剂进行有水保活运输流通技术的研究，而对无水保活物流技术的探索较少。在山东省科技发展计划项目《水产品冰温无水保活运输关键技术研究》（项目编号 2011GNC11302）与国家“十二五”科技支撑计划项目《淡水水产品保活冷鲜冷链物流关键技术研发》（项目编号 2012BAD38B03）中先后用泥鳅、大菱鲆、牙鲆、半滑舌鳎、大西洋鲑、波士顿龙虾、黄颡鱼、鲟鱼、鲫鱼、鲤鱼等进行了无水保活试验和生物学机制探索。确定了试验鱼“冷驯化”、储运及“唤醒”过程的关键技术参数，开发出了天然植物源休眠诱导剂，并建立了无水保活物流技术流程。目前，共申请国家专利 24 项，专利授权 16 项，研发产品 5 项，制定标准 3 项，获奖 3 项。经专家验收鉴定一致认为其达到国内领先水平（鲁科成鉴字 2013 第 1132 号）。2014 年 7 月 26 日，《纽约时报杂志》（*The New York Times Magazine*）以《中国低温业十个里程碑》（*Ten Landmarks of the Chinese Cryosphere*）为标题报道了该项技术科研人员在水产品无水保活运输技术领域所取得的相关研究成果。同年 11 月 25 日的《科技日报》，也以《72 小时活鱼运输成为现实》为标题进行了报道。

在第二届中国“互联网+”大学生创新创业大赛总决赛中，国家农产品现代物流工程技术研究中心水产团队组建的鱼飞全球团队以“互联网+水产品无水保活物流集成技术”为创业项目，在全国 118 804 个项目中脱颖而出入围 120 强。由于该项目技术科技含量高，实现了产业的革新，具备广阔的市场前景，商业价值不可估量，最终进入 30 强斩获金奖，并获得最佳带动就业单项奖。

二、技术集成

水产品无水保活物流技术是通过冷驯化、天然植物源诱导休眠剂方式促使各种水产品进入休眠状态，利用温控、气调处理进行无水保活运输，待到达目的地时，以梯度升温“唤醒”方式解除休眠，依靠冷驯化/“唤醒”装备、天然植物源诱导休眠剂产品、智能无水运输车、配送箱、运输盒等装备完成，从而实现水产品无水物流新模式。关键技术流程如下。

停食暂养 → 诱导休眠 → 无水包装 → 低温储运 → 目的地“唤醒”

（一）休眠

休眠是冷血动物的重要特征之一，自然条件下多属季节性反应，是抗御逆境的一种方式。休眠是活鱼无水运输的前提，同时也是无水包装前的重要环节。对冷血动物而言，均存在一个区分生死的生态冰温，或称为临界温度。将活鱼停食暂养 48 h 后，采用缓慢降温方式（速率为 0.2 ~ 3℃/h）将水温降至其生态冰温，从而致使活鱼进入休眠状态。当鱼体休眠时，其呼吸速率明显降低，新陈代谢几乎降至零，基本无任何活动行为，仅受到强烈刺激时才产生缓慢地应激反应。

在生态冰温（临界温度）基础上，我们引入了“冷驯化”这个新概念，并将其应用于活鱼无水运输试验中。冷驯化最早源于植物学，研究长期低温作用对不同植物的影响。从活鱼冷链运输的意义上讲，冷驯化即将水温降低至不同鱼类的生态冰温，并在此温度范围内停食暂养。冷驯化程度直接影响无水保活时间，适度冷驯化能有效地延长保活时间及成活率。休眠的主要作用是减少包装、装载和运输过程中产生的强烈应激，从而实现活鱼无水冷链物流。

(二) 包装

待活鱼进入休眠状态或冷驯化后即可从暂养池中打捞出来进行无水包装。活鱼无水包装是一种特殊的包装方式，区别于普通包装的主要特征在于其充入氧气密封封口。由于在无水状态下，活鱼对环境中氧气吸收利用率大大降低，所以应保证鱼体正常呼吸代谢。

无水包装材料主要包括塑料薄膜袋、橡胶袋、无水运输垫、泡沫箱、聚苯乙烯箱等。目前，无水保活运输方式主要是将休眠鱼体装入专用无水运输盒或运输垫内，放入塑料薄膜袋、橡胶袋或泡沫箱等密闭容器中充入纯氧密封。无水包装是实现活鱼运输的重要环节之一，是维持运输的先决条件。有效地包装结合必备的运输环境才能形成完整的流通路径。

(三) 无水微环境

有水活鱼运输过程中，水温、水质、溶氧、代谢物和密度等是影响其运输时间及存活率的重要因素，而对无水运输而言，包装箱以及车厢内微环境情况是影响运输效率的关键。微环境主要包括厢内大气温度以及波动范围、内部湿度、内部实际震动情况等。

将已包装完成的活鱼转移至车厢内，调节控制车厢内部温度在各种品类的冰温范围内，并控制温度波动范围在0.3～1.0 ℃。车厢内部湿度的控制主要是依靠加湿器实现；在内部结构设计与布置时，则应考虑震动因素，采取防震动措施，降低鱼体损伤或死亡。与有水运输相比，虽然其影响因素较少，但要求精准控制，无论是对装备还是工艺技术均提出更高要求。目前，由于对无水微环境控制精准度不够，并未广泛应用，仅适用于少数品类。根据技术需求改进完善运输装备，才能提高无水微环境调控精准度，最终实现各种水产品无水活运。

(四) “唤醒”

“唤醒”也称为复活，即将休眠状态下的活鱼转入暂养池内（水温为生态冰温范围），通过梯度升温方式使其恢复正常游动状态。“唤醒”是活鱼运输到达目的地后展开的关键操作流程，其关键控制要点在于初始水温与升温速率。初始水温调控主要依据活鱼品类及其生态冰温范围，在长期的试验中，发现初始水温稍偏高于生态冰温可降低应激，加速“唤醒”。若初始水温未调节准确，偏离实际“唤醒”温度较大则导致鱼体不适，甚至降低复活率。升温速率需根据活鱼品类不同而适当调控，其升温过程速率调节复杂。张长峰等对相关鱼类进行了“唤醒”试验，表明梯度升温与升温速率之间的对应关系是：升温至-2 ~ 5℃的温度区间，每小时升温 0.8 ~ 1.5℃；升温至 5 ~ 10℃的温度区间，每小时升温 1.5 ~3℃；升温至 10 ~30℃的温度区间，每小时升温 3 ~5℃。

三、核心产品

国家农产品现代物流工程技术研究中心水产团队立足于水产品物流行业需求，开发的水产品无水保活物流集成技术的配套产品主要包括：冷驯化/“唤醒”系统、天然植物源诱导休眠剂产品、水产品无水运输车、无水配送包装等，如图 3-22 所示。

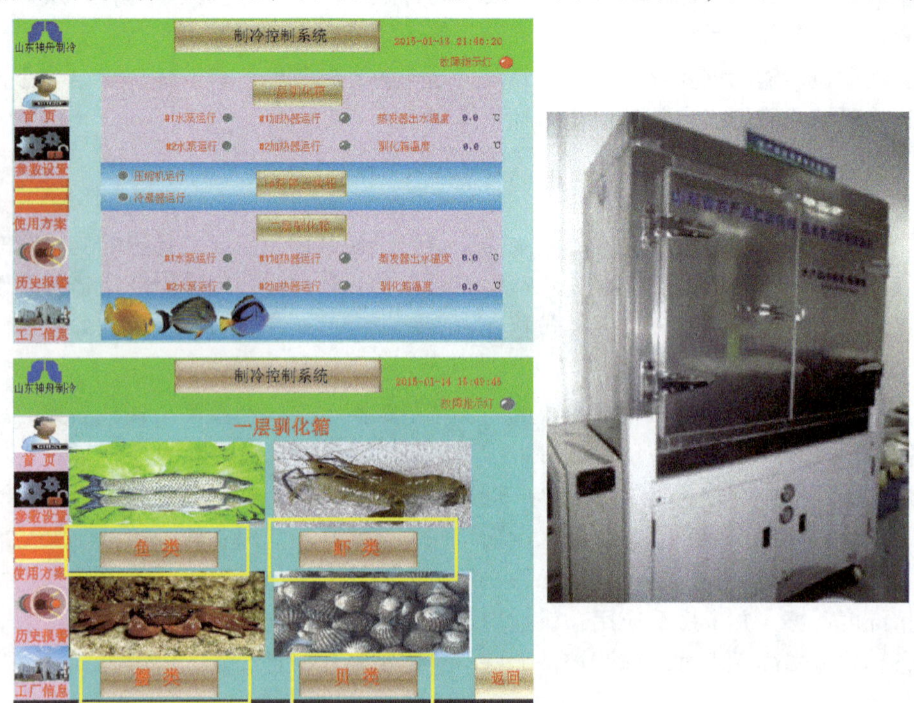

图 3-22 冷驯化/“唤醒”箱及其控制面板

（一）冷驯化/“唤醒”系统

该暂养设施包括过滤系统、水循环系统、温控系统、暂养池（桶）等，通过对水产品停食暂养，并用冷驯化或天然植物源休眠诱导剂让水产品处于休眠状态，减少新陈代谢，提高水产品无水状态下的存活时间及成活率。

（二）天然植物源诱导休眠剂产品

近几年来，国家农产品温控物流工程技术研究中心水产团队通过对醉鱼草和厚果崖豆藤中麻醉、休眠诱导物质的结构与性质研究，采用现代制药技术对复方有效成分或活性部位进行分离纯化，制得了纯天然植物源麻醉、休眠诱导产品，产品有效规避了水产品药物使用残留风险；由于该药材本身就是天然的中草药，对环境无污染，具有显著的生态效益和社会效益（图 3-23 ~ 图 3-26）。

图 3-23 大叶醉鱼草

图 3-24 图厚果崖豆藤

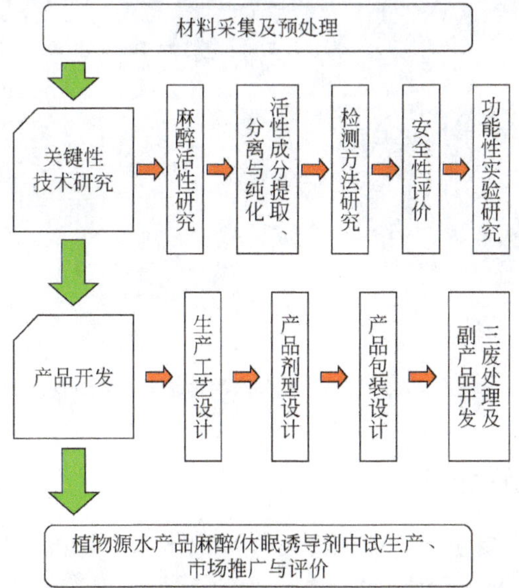

图 3-25 植物源水产品麻醉/休眠诱导剂制备工艺研究

图 3-26 纯天然植物源麻醉/休眠诱导产品及工业化流程

(三) 水产品无水保活运输车

该装备是集气调操控系统、喷雾操控系统、温度操控系统为一体的无水运输车。此车的智能化，信息化程度高，微环境参数均可通过控制面板触屏调节；可运输的产品种类多，广泛实用于各类水产品；各项系统设备完善，运输平稳，安全性高，运输量大。主要用于干线运输或者同城配送（图 3-27）。

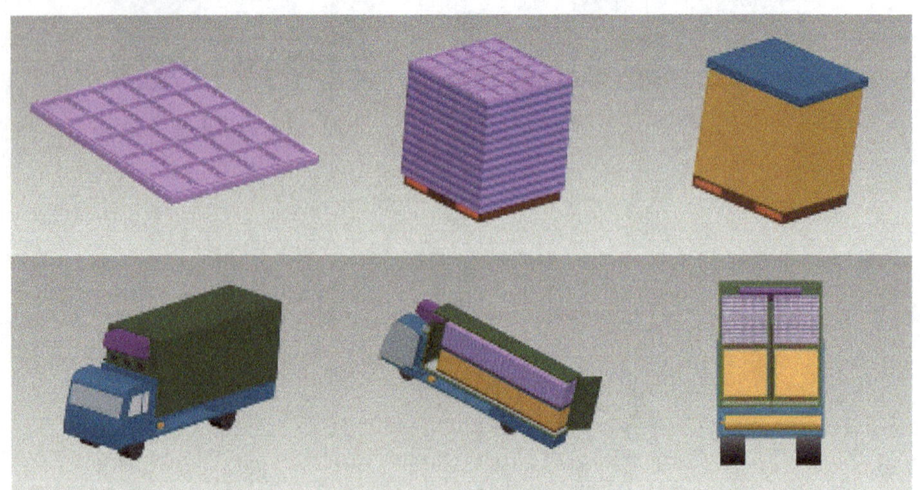

图 3-27 水产品无水保活运输车三维图示

(四) 无水配送包装

无水配送包装主要包括智能化待运（冷驯化）与待售（“唤醒”）暂养装备、无水保活运输箱（桶）、无水运输盒、无水运输网桶等（图 3-28）。

图 3-28　无水配送包装

四、水产品无水保活物流集成技术商业化应用

（一）大菱鲆和半滑舌鳎无水保活陆空联运

2014 年 12 月 12 ~ 16 日，国家农产品现代物流工程技术研究中心水产品冷链物流创新团队采用无水保活技术成功实现了大菱鲆和半滑舌鳎的无水保活陆空联运中试运输试验。

本次运输试验范围包括我国山东至新疆，从山东青岛通用水产养殖有限公司对大菱鲆进行程序化梯度降温，将进入休眠状态的大菱鲆无水陆运至青岛机场，再空运至乌鲁木齐机场，在新疆奔腾生物有限公司协作下，运输至新疆乌鲁木齐红楼大酒店，并全部复活成功（图3-29）。另外，国家农产品现代物流工程技术研究中心水产品冷链物流创新团队在山东昌邑水产公司将半滑舌鳎经梯度降温后无水陆运至济南机场，在新疆奔腾生物有限公司协作下，再空运至新疆乌鲁木齐红楼大酒店，并全部复活成功（图3-30）。

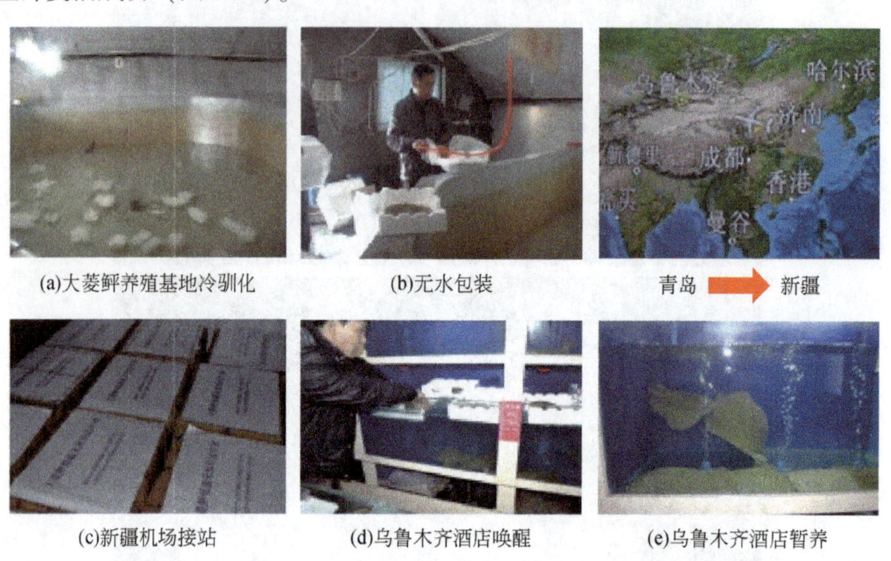

(a)大菱鲆养殖基地冷驯化　(b)无水包装　(c)新疆机场接站　(d)乌鲁木齐酒店唤醒　(e)乌鲁木齐酒店暂养

图3-29　大菱鲆无水保活陆空联运（青岛基地$\xrightarrow[\text{陆运}]{}$青岛机场$\xrightarrow[\text{空运}]{}$新疆乌鲁木齐）

(a)半滑舌鳎养殖基地冷驯化　(b)无水包装　(c)济南机场货运　(d)乌鲁木齐酒店唤醒　(e)乌鲁木齐酒店暂养

图3-30　半滑舌鳎无水保活陆空联运（昌邑基地$\xrightarrow[\text{陆运}]{}$济南机场$\xrightarrow[\text{空运}]{}$新疆乌鲁木齐）

近年来，国家农产品现代物流工程技术研究中心水产品冷链物流创新团队一直致力于鲜活水产品“冷驯化”、储运设备温度精准控制及“唤醒”实施技术方面的探索，积累了大量原创性技术资料，形成了一系列专利技术，推动了水产品科学与技术研究方向的发展。

（二）黄颡鱼无水保活陆空联运

2016 年 1 月 21～24 日，国家农产品现代物流工程技术研究中心水产品冷链物流创新团队采用无水保活技术圆满完成了鲜活黄颡鱼的无水保活陆空联运中试试验，成功实现了淡水鱼无水活运技术的实际应用。

本次中试采用水产品冷链物流创新团队自主研发的结构简单、操作方便、成本低廉的包装将鲜活黄颡鱼通过陆空联运方式从安徽六安运至北京。21 日，在六安华润科技养殖有限公司对黄颡鱼进行冷驯化，结合天然植物源诱导休眠剂诱导其进入休眠状态，22 日凌晨 4 点进行无水包装，并于上午 7 点 40 分陆运至合肥新桥国际机场货运站，再空运至北京首都机场，由杭州农翠贸易有限公司北京办事处人员负责接站，陆运至该公司北京暂养基地进行“唤醒”复活，成活率高达 95% 以上（图 3-31）。

(a)养殖基地冷驯化　(b)无水包装　(c)北京机场接站　(d)北京唤醒　(e)北京暂养

图 3-31　黄颡鱼无水保活陆空联运（六安基地$\xrightarrow[\text{陆运}]{}$合肥机场$\xrightarrow[\text{空运}]{}$北京）

本次中试首次实现了鲜活淡水鱼类无水活运技术的陆空联运，进一步推动了鲜活鱼类无水保活运输技术的市场化应用。

（三）黄颡鱼无水保活快递物流

2016 年 2 月 29 日至 3 月 3 日，国家农产品现代物流工程技术研究中心水产品冷链物流创新团队采用无水保活技术圆满完成了鲜活黄颡鱼的无水保活快递中试试验，这是国内外首次在快递业务上进行的大胆探索，在不远的将来，活鱼快递有望成为现实。

水产品冷链物流创新团队将鲜活黄颡鱼通过顺丰速运（集团）有限公司从安徽合肥快递至济南。2 月 29 日，在六安华润科技养殖有限公司对黄颡鱼进行冷驯化，结合天然植物源诱导休眠剂诱导其进入休眠状态，3 月 1 日凌晨 6 点进行无水包装，并于上午 7 点 36 分用皮卡车运至顺丰速运（合肥高新区国光山水间营业点），3 月 3 日上午 10 点快递到达国家农产品现代物流工程技术研究中心水产品温控暂养实验室进行“唤醒”复活，全程总共耗时 51 h，成活率高达 93.9% 以上（图 3-32）。本次中试采用自主研发的无水保活快递物流技术，在国内外尚属首次。

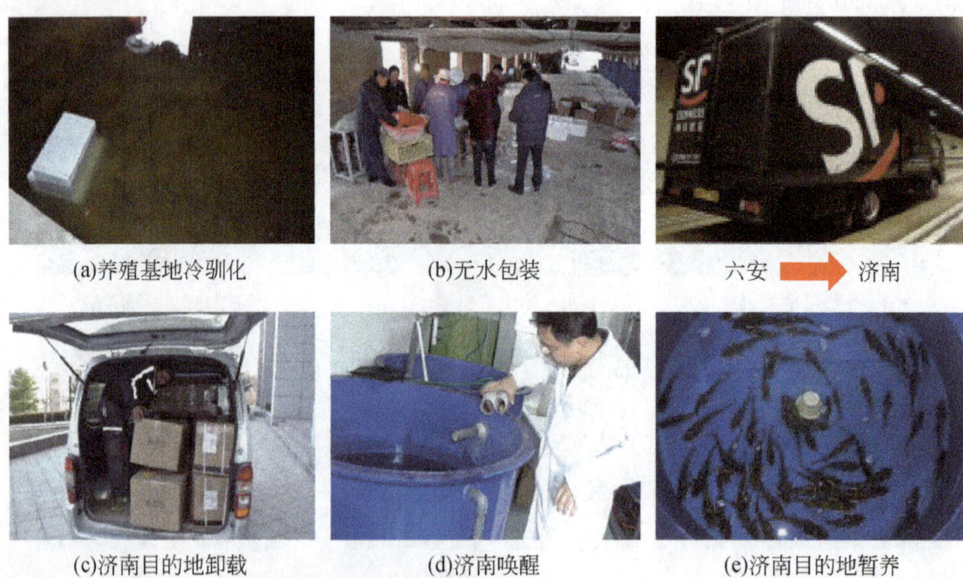

图 3-32 黄颡鱼无水保活快递运输

第五节 山东省海上粮仓与“一带一路”海陆冷链对接工程

一、背景概述

山东省是我国著名海洋与渔业大省，海岸线长达3345千米，近海海域占渤海和黄海总面积的37%，拥有200多处海湾，渔业资源丰富，为山东省水产品的生产加工和对外贸易提供了良好的环境条件。2014年1月，全省农村工作会议上提出：“保障粮食安全，要拓宽思路，树立大食物理念，建设海上粮仓”。2014年12月，山东省人民政府办公厅印发了《关于推进“海上粮仓”建设的实施意见》。山东省连续多年占据全国水产品产量第一的位置，从2010年到2014年产量均占全国比重14%左右。2015年，山东省水产品总产量达902.6万t，水产品出口量达115万t，水产品冷链流通率达40%，超低温储存能力超过6万t，冷藏能力达171.4万t/次，冷链流通量达198.53万t，水产冷链物流综合实力位居全国前茅。2012年我国拥有专业远洋渔船1830艘，2015年拥有专业远洋渔船2512艘，增幅为37.3%；山东省2012年拥有专业远洋渔船217艘，2015年拥有专业远洋渔船428艘，增幅为97.2%，远洋渔船数量整体呈迅猛上升趋势。山东省拥有全国最大的贮藏保鲜库群，省内低温储存能力超过630万t，占全国约18%，居全国首位。拥有规模冷库650座，中小型冷库2000座，冷库总容量630万t。拥有冷藏及保温车辆5800辆，占全省货运汽车总量的0.33%。

行业内，采用HACCP认证等管理体系和标准的企业不断增加，全程低温控制技术越来越引起企业的重视，低能耗、低成本的冷链处理技术广泛推广，“多温层”物流操作理念在部分第三方水产冷链物流公司已经得到运用。而在远洋冷藏物流方面，由于远洋运输规模小、能力低、船队结构不合理、全球物流格局不完善等因素，导致我国远洋运输服务贸易所占据的市场份额较低，抵抗市场风险能力弱。市场占有率过低，严重影响了海运企业的生存与发展。

二、存在问题

山东省水产品冷链物流存在的问题主要包括以下四个方面。

（一）水产企业绝大多数以自营物流为主，冷链物流成本观念淡漠

山东省拥有重点远洋渔业水产品产区，大多数渔业企业只在乎从捕捞端开始到加工销售端的贸易差价，没有精算过冷链物流各环节的成本投入，对敞开式的月台较封闭式的月台耗电成本、除霜成本等增加关注不足。

（二）水产冷链物流标准化、信息化水平不高，“海链”和“陆链”没有对接

水产冷链流通过程中，“远洋捕捞-海上冷冻保存-冷链运输船运输-港口转运或分销-冷链仓储企业”和“冷链仓储企业-冷链配送车辆-批发市场-商超、饭店、高校”各环节真实温控数据的交接率较低。信息不对称，造成水产储运过程损耗大、物流效率低。据调查，在荣成地区，从远洋运输船到港口到当地水产加工或经销企业，大部分是木制托盘和货笼，如果入库，需要更换成企业的金属托盘容器，如果使用标准化的周转箱，可提高作业效率40%左右，节约人力成本30%。由于缺乏科学有效的公共信息平台和数据标准，造成山东省食品冷链信息不对称，冷链食品生产、流通、消费都存在盲目性。互联网、物联网品控技术及数据采集等新技术与平台建设滞后，影响水产品物流的在途质量。

（三）大量生产型企业处在转型期

日本政策投资银行的一份调查报告表明，中国目前冷冻冷藏食品的年人均消费量与欧美发达国家和日本相比，仍存在巨大差距，仅仅是英国（204kg/人）的八分之一，是日本（119kg/人）的1/5。这说明，中国加工食品产业结构的调整方向就是发展冷冻冷藏食品的生产和供给。山东省是我国冷冻食品的主要加工出口基地，一旦这些冷冻食品转向内销，必然会遇到冷链物流配送不发达和成本高的瓶颈，是出口产品转内销没有完善的冷链物流作为品质保障。解决的办法就是加速发展和完善冷链物流配送产业。自2015年以来，很多出口外贸型水产企业，受国际国内经济形势的影响，出口量和经济效益均有不同程度的波动，不少企业表示要打开国内市场，让国人也能吃上高品质的水产品。由于我国地域广阔，这些水产品的干线运输和市内配送环节，都成了水产生产、加工企业的雷区，企业没有专业人才和精力去做，也找不到性价比合适的冷链物流服务企业。

（四）电商水产品上行有技术瓶颈

许多传统企业借力“电商天网”和“互联网+”的大潮，探索转型升级发展之路，冷链物流地网是否能满足不同时空、地域的个性化需求，产品上行“最初

一公里”和下行“最后一公里”成为企业竞争的关键和核心。根据生鲜电商迅猛发展的需要，应对水产品冷链物流新工艺、新技术、新型高效节能的移动式冷却装置、冷藏运输设备车辆、单元化标准储运器具、包装、质量安全追溯设备和技术等进行集中攻关与研制。应支持城市配送环节中对冷冻、冷藏、保温等冷链物流关键技术和设备的创新与研发。

三、技术需求

（一）尽快实现冷链物流同线、同标、同质

“同线、同标、同质”（“三同”，其中“同线”指共同生产线，“同标”指共同生产加工标准，“同质”指相同产品质量）工程有可能促进食品供求结构改革。据日本总务省的家计调查（2 人以上家庭），2013 年日本家庭的食品支出结构如下：生鲜食品（内食）的支出比重为 31. 5%（随着经济发展和食品工业的发达，比重呈逐年下降趋势），加工食品 28. 6%（战后以来呈逐年上升趋势，目前处于稳定状态），在外就餐（外食）17. 2%（从供给侧看，经济高速增长时期以来，逐年增加，高峰时比重达到 25% 左右，目前也呈稳定状态），调理食品（中食，熟食类）12. 3%，饮料 5. 8%，酒类 4. 6%。随着经济和食品工业化的发展，消费者的食品消费结构呈现出如下规律：初级生鲜农产品需求减少，对加工食品、外食和中食的需求增加。

我国的食品需求结构也会出现类似日本的变化。“同线、同标、同质”平台的冷冻食品以及冷藏食品，如果与超市、便利店、餐饮等食品流通企业密切合作，超市等流通企业大力发展 PB 食品的 OEM 委托加工（日本零售企业的 PB 食品价格比食品企业的 NB 产品低 20% 左右，据调查 80% 的零售企业和餐饮企业都不同程度委托食品企业加工 PB 产品），餐饮连锁店实行中心厨房模式的工业化生产，不仅充分利用了食品出口企业的产能，也有利于增加超市、便利店的利润，降低餐饮企业的成本。

山东省是我国冷冻食品的主要加工出口基地，自 2015 年以来，莱城地区的泰祥等许多出口外贸型水产企业，受国际国内经济形势的影响，出口量和经济效益均有不同程度的波动，不少企业表示要打开国内市场。但是，这些冷冻食品转向内销，必然会遇到冷链物流配送不发达和成本高的瓶颈，出口产品转内销必须有完善的冷链物流作为品质保障。让国人也能吃上高品质的水产品和加工调理食品，解决的办法就是加速发展和完善冷链物流配送产业。由于我国地域广阔，这些水产品和冻品的干线运输和市内配送环节，都成了水产和冻品生产、加工企业

的“雷区”，企业没有专业人才和精力去发展物流服务，也找不到性价比合适的冷链物流服务企业。在目前我国冷链物流配送产业现状下，无论是线上还是线下冷冻、冷藏、生鲜食品交易，最大的瓶颈就是物流。因此，实施“三同”食品交易平台项目，必须与冷链物流配送的标准化、信息化、系统化、网络化建设融合发展，实现“双三同”才有可能。所以，我们可在水产品生产领域、流通领域、销售终端，探索建立流通环节的“同线（运输线）、同标（数据交接标准）、同质（服务质量）”体系，让消费者明明白白购物，优质产品卖出好价格，高价格享受高品质。通过国家积极鼓励实施的三同公共交易平台和一二三次产业融合发展，围绕共性问题，努力突破制约产业升级的瓶颈，初步建成布局合理、设施先进、上下游衔接、功能完善、管理规范、标准健全的水产品、冻品冷链物流体系，实现生产流通企业的品牌共建和“双三同”标准体系。

（二）冷链物流配送环节成为制约水产企业点上平台销售业务开展的瓶颈，对冷链物流服务提出了高效、不断链等要求

冷链物流是物流领域科技含量最高、服务受众最广、与食品安全关系最为密切的第三产业形态。鑫发集团拥有先进的化验设备及专业的研发队伍，全封闭的生产车间，整套国际先进水平的金枪鱼流水线作业设备，可以说生产高品质产品具备了坚实的技术保障。2012 年投资新建的超低温冷链加工基地项目，总投资 5.5 亿元，建成 1.5 万 t 的-60℃超低温冷库和精加工工厂，拥有面积 2 万 m^2 的金枪鱼生食鱼片加工车间和面积 3 万 m^2 的金枪鱼罐头生产车间。日加工金枪鱼片能力 30t，日生产金枪鱼罐头产品 50～60t。当该公司产品试图通过互联网渠道销售时，却遇到了冷链物流无数据、无标准、无规范，产品配送距离短、区域窄、追责难的冷链物流尴尬。经过调研发现，水产冷链物流的“六大环节”（生产、加工、贮藏、运输、销售、消费）“三大时空”环境（外界环境、贮藏环境和包装环境）的基础数据研究尚属空白，研究领域理论的缺失不能很好地指导产业实践，极大地制约了微观企业的科学操作。

（三）冷链物流基础设施陈旧，达标率不高，标准化任务重

冷链物流基础设施投入对拉动内需、促进经济发展、带动大众创业有着极为可观的社会效益。根据第一物流网数据，普通仓库造价 400 元/m^2，冷库由于需要备保温系统，所以造价高于 2000 元/m^2，建一座中大型冷库成本至少 2000 万元。同时，冷库运营耗电量巨大，1m^2 冷库月耗电至少为 20 元。除冷库建设和运营，冷链运输成本也比普通车辆高出 40%～60%。有关数据显示，2015 年山东省每万人人均冷库保有量约为 649t，居全国第四位，省人均冷库容积仅为

0.162m³/人，高于全国0.058m³/人的水平，低于美国0.357m³/人的水平。山东省近1亿人口，仅拥有冷藏车5800辆，而日本是15万辆，美国25万辆。

（四）一二三产融合潜力巨大

全省从事农产品冷链物流业务的规模企业（年收入800万元以上）达到160家，独立核算的专业冷链物流公司100家左右，以盖世物流、希捷荣庆物流、维尔康等为代表的第三方冷链物流企业正在快速发展。

四、提升水产品冷链物流的重点任务和实施路径

（一）常规业态仍需大力扶持，培育“双三同”品牌共建示范企业

从发达国家的加工食品需求结构看，冷冻冷藏加工食品的消费量比重普遍比较高，据日本政策银行调查，2013年，英国的冷冻冷藏食品人均年消费量最高，达204kg，加拿大为201kg，德国为193kg，美国为183kg，法国为170kg，日本在发达国家中最低，但也达到119kg。而我国则只有25kg。我国冷冻食品企业中规模以上企业数量在2012年仅有292家，产值在方便食品制造行业（产值占仅占食品总产值的3.24%）中占20.1%，也就是说，冷冻食品在方便食品中所占比重只有0.65%。这说明我国冷冻冷藏食品的发展空间很大，我们推行食品供给侧结构性改革，主攻方向应该选定冷冻冷藏食品产业。

数据显示，山东省的食品产业最发达，产能最大，出口最多，占全国60%左右，其中对日本市场出口最多，占对外出口的60%以上。山东的丰富食品资源，吸引了许多食品外商投资企业到山东举办三资食品企业，山东的食品企业也积极开展食品加工出口贸易，出口的主要对象是日本。可以说，在山东域内形成了一个以对日出口为主的食品出口加工贸易产业群，分布在威海市、烟台市、青岛市、日照市、潍坊市等县域经济地带。

山东对日出口的加工食品主要是冷冻业务包装食品，适合在日本冷链物流高度发达的市场环境流通。根据实施食品“三同”工程的宗旨，主要是帮助出口企业开拓国内市场。在目前我国冷链物流配送产业现状下，无论是线上还是线下冷冻、冷藏、生鲜食品交易，最大的瓶颈就是物流。因此，实施“三同”食品交易平台项目，必须与冷链物流配送的标准化、信息化、系统化、网络化建设融合发展才有可能。

所以，在水产品生产领域、流通领域、销售终端，分别选定典型企业，开展品牌共建培育和示范工程。首先，在以下品类中选定生产或加工企业：金枪鱼、

鲅鱼、带鱼、秋刀鱼、鱿鱼、鳕鱼、鲣鱼等市场主流产品，建立“同线（生产线）、同标（生产标准）、同质（产品质量）”体系，引导差异化经营，避免同质化竞争和畸形价格战；其次，采用生产加工企业推荐、行业组织推荐和企业自荐相结合的方式选定各品类冷链物流服务优良企业，探索建立流通环节的“同线（运输线）、同标（数据交接标准）、同质（服务质量）”体系；再次，采用生产加工企业推荐、行业组织推荐和企业自荐相结合的方式选定终端销售商超或农批市场，通过追溯体系，让消费者明明白白购物，优质产品卖出好价格，高价格享受高品质。

现在实施“三同”食品公共交易平台工程，应在山东胶东地区实施，建立冷冻冷藏食品物流配送网络，取得经验，复制到全省，逐步覆盖全国。在省物流与采购协会调研中发现，山东的冷冻食品行业不是产能过剩，而是产能严重不足，是短板。国内的产品是先进的发达国家型产品，应通过国家积极鼓励实施的“三同”公共交易平台，随着冷链物流配送产业的发展，冷冻冷藏食品行业将迎来快速发展的时代。

“十三五”期间，正值冷链物流业发展的战略机遇期和黄金发展期，仍需大力发展常规业态，促进传统产业的升级和配套完善。在政策上鼓励扩大产能，增加供应。

根据山东省水产品冷链物流业发展状况，选择一批产业发展急需、市场潜力大、创新能力强、示范作用大、规划前景好且前期基础较好的领域，围绕共性问题，努力突破制约产业升级的瓶颈，争取利用5年时间，初步建成布局合理、设施先进、上下游衔接、功能完善、管理规范、标准健全的水产品冷链物流体系。

（二）布局电商水产天网和冷链物流地网，打通水产品上下行通道

综合考虑水产品生产布局、居民消费水平、交通区位等因素，坚持因地制宜、优势互补，协同发展，避免恶性竞争，优化冷链物流资源配置，科学规划冷链物流市场建设。打通水产品冷链物流服务对电子商务发展的瓶颈，引导“互联网+冷链物流”互促发展，解决冷链物流领域信息不对称问题，缓解流通业高成本、低效率的问题。降低货品腐损率、降低运输和存储成本、提高服务水平。

通过“海上山东”网站、中国水产商务网等，推广现代冷链物流理念与技术，加大全程冷链物流对保障食品安全重要性的宣传。聘请行业内知名专家和科研机构对冷链基地建设进行前期科学规划论证，并给予资金支持。在整体规划的基础上，尽快出台促进冷链物流产业发展政策，强化区域合作和提高整体运行效率，突出建设和发展重点。依托生产、加工企业和水产品市场交易中心，打造从沿海到内陆的冷链物流体系。尽快形成可复制的经验，加快在全省范围推广。提

高各级行政主管部门的冷链信息采集和处理能力，提高行业监管和质量保障能力。到2020年末，扶持不低于50家优秀冷链物流企业，实现对冷链物流各环节信息的实时监控和及时回传分析。

（三）支持科研机构强化冷链物流标准技术支撑和质量管理

建立水产品冷链物流标准规范体系，鼓励企业采用国家标准及国际先进的技术标准。加快制定水产品冷链物流行业急需的关键标准。推动现有水产冷链物流操作规范标准的宣贯和实施。推动利用检验检测认证技术提升企业水产品冷链物流质量管理水平。

建立水产品冷链物流标准化服务公共平台，梳理并大力宣贯已有水产品冷链物流国家标准，在水产品原料处理、加工与包装、冷却冷冻、冷库储藏、包装标识等环节，引导行业协会和企业制定急需的相关国家和团体标准，围绕水产品冷链物流系统信息化建设、水产品质量全程监控和质量追溯制度的建立和发展，采用或制定数据采集、数据交换、信息管理等信息类标准。支持行业协会推动冷链物流标准的宣贯和开展行业评估工作，鼓励企业参与相关服务和管理体系认证。鼓励研究机构和行业协会加强对主要贸易国相关冷链标准和国际贸易中技术性贸易壁垒措施的研究，支持龙头企业强化进出口能力。

鼓励第三方检验检测机构开展水产品物流配套检测能力建设。加强企业品牌建设，支持冷链物流企业参与国家星级冷链评估、山东省省长质量奖和山东服务名牌评选，积极争取使用“厚道鲁商”品牌。推进区域品牌创建工作，支持集群中形成一批特色优势产业区域品牌，支持争创优质水产品生产基地。

鉴于水产品对冷链物流的刚需要求，尤其应建立“海链”+“陆链”的数据交接规范以及水产品在各物流环节，即六大环节：“生产”“加工”“贮藏”“运输”“销售”“消费”中，在三大环境：“时空大环境”“车厢中环境”“包装小环境”下，最佳的3T［即温度（temperature）、时间（time）、品质忍耐度（tolerance）］指标大数据库。

（四）着力提高水产冷链物流信息化水平

推进冷链信息技术的应用，提升冷链物流管理的信息化水平，实现全程物流管控，做到各环节的高效联动和对接，打造智慧冷链物流生态链。

依托各类水产品优势产区、重要物流集散地、重点冷链物流企业，建立区域性水产品冷链物流公共信息平台，培育20家具有现代化冷链物流服务能力的配送中心。通过信息技术实现生产、加工、销售、冷链物流数据交换和信息资源共享。支持建设水产品电商平台，充分利用现有的企业管理和市场交易信息平台，建立健全冷链物流的信息收集、处理、发布和线上交易系统。

（五）强化水产冷链物流标准化工作

推进标准化物流器具（托盘、包装等）的普及应用，提高物流周转和操作效率，探索海链与陆链统一标准体系建设。水产品冷链物流对时空物流要素要求高，理论上跨学科、跨领域，高度统一的标准制定难度大。强化标准化工作提高冷链物流效率，提升冷链物流服务水平。另外，成型的水产品冷链物流“大数据”还是空白，标准问题一直是制约中外冷链深入合作的重要因素，由于国内冷链标准不完善、水平低，或者有标准无监管，有标准不执行，很多国外品牌宁可自建冷链物流体系，也不寻找国内冷链物流企业合作。

重点深化落实冷链物流既有技术、操作、管理类标准的宣贯，支持相关行业组织加强行业自律，提升专业服务能力，积极推进《物流企业冷链服务要求与能力评估指标》等门槛类优质国标的推广和评估工作，积极开展细分品类和环节的标准修制定工作，着力加强电子商务模式下水产品冷链物流标准体系建设，探索制定水产品冷链物流强制标准，推进团体标准制定。依据《托盘标准》等国标，推动标准化托盘、包装箱的批量使用，减少流通环节，降低流通成本。

一是选定龙头水产企业，建立“海链”和“陆链”的操作标准体系，打通信息孤岛，选定适合实际情况的物流标准化单元容器，建立托盘（或其他容器）的循环公用体系（图3-33）。

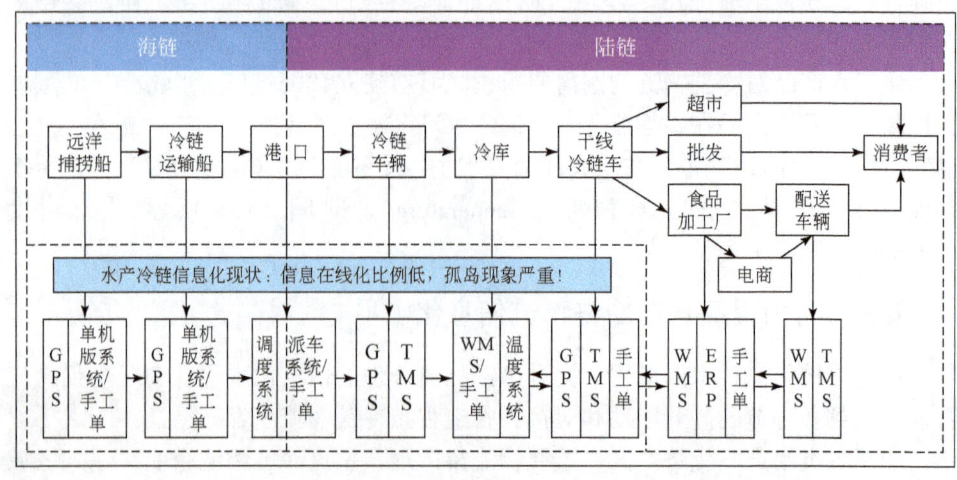

图3-33 “海链”与“陆链”对接不畅示意图

二是联合国内有实力的科研机构，组织开展水产物流标准的环节标准制定和大数据研建。

三是支持行业协会依据相关国家标准和行业标准开展冷链物流领域行业评估等自律工作，通过支持优秀企业做大做强，减少劣质服务企业的市场生存空间，营造良好的行业氛围。

（六）加强水产冷链物流人才队伍建设

加强水产品冷链物流行业的人才培养，推动高素质人才队伍建设。引导和推动省内高等学校、职业学院建立交叉研究机构。鼓励行业协会、企业及有关高校结合国内外实践开展冷链物流职业技能培训和继续教育，建立产学研联盟，形成多层次的人才教育、培训体系。

实施路径包括推动山东省商业职业技术学院等省内涉渔涉冷职业院校设置水产品冷链物流相关学科专业、开设相关课程，发展冷链物流职业教育，开展冷链物流职业技能培训，形成多层次的人才教育、培训体系，为水产品冷链物流发展提供更多的高层次复合型专门人才。尽快组建省级水产品流通行业协会，充分发挥行业组织和龙头企业对冷链物流人才培养的推动作用。

（七）加快水产冷链物流装备与技术升级

改善水产品冷链物流设施设备条件，鼓励生产企业冷链物流服务外包，推进第三方冷链物流发展，实现从产地到销地的一体化冷链物流运作。新建或改建一批技术先进、节能环保、智能高效的冷库仓储设施，实现在生产流通各环节的品质可控性和安全性。鼓励冷链物流企业、相关水产品生产加工企业，改造和完善冷库基础设施，提升冷链运输能力，社区、商超等终端冷链设施要进一步升级配套，支持企业信息化、智能化升级。主要任务一是消除企业内部信息不通畅、温度数据信息和货物信息分离现象，支持企业进行信息化系统的升级换代；二是建立基于三方机构的信息平台，实现区域内“车-货-库-柜”的信息共享。

重点加强大宗水产品批发市场等重要水产品物流节点的冷藏冷冻设施建设，选择30个有不同温区及技术装备要求的高价值特色水产品，引导水产企业改造生产流水线及温控设施，加强产品预冷等低温初加工设施建设，加强分级、包装、预冷等商品化处理和冷藏储存环节建设。鼓励水产品加工、流通和销售企业购置预冷保鲜、冷藏冷冻、低温分拣加工、冷藏运输工具等冷链设施设备，提高冷链处理能力，减少“断链”现象。推广预冷、初加工、储存保鲜和低温运输技术，发展产销一体化冷链物流。

(八) 打造水产品冷链物流信用体系建设工程

避免“劣币驱逐良币”现象，探索建立水产冷链领域“黑名单”，打造水产品冷链物流信用体系。

通过“抓两头-带中间”的形式，让好企业好服务获得好的市场收益，让劣质企业、不按照规范流程操作的企业逐步缩小市场空间，要么退出市场，要么被迫升级。通过推进信用记录建设和共享，推动信用信息的整合共享，构建守信激励和失信惩戒机制，建立水产品冷链物流信用评价体系。

五、保障措施

(一) 完善政策保障措施

积极争取中央预算内资金对我省水产品冷链物流项目的支持，将从事主要水产品运营的第三方冷链物流企业纳入国家、我省物流企业税收优惠政策范围。发挥省财政股权引导基金对创新能力强、示范作用大、规划前景好的水产品冷链物流的支撑和引领作用，对冷链物流企业的用水、用电、用气价格与工业企业基本实现同价，支持冷链运输企业自购冷藏车、冷冻车，减轻企业运营压力。将水产品品类纳入鲜活农产品运输“绿色通道”工程，适当放宽对水产品冷链运输车辆的城市交通管制。引导冷链运输企业使用清洁能源，并给予车辆改装政策优惠或购置补贴。支持公益性或半公益性的仓储配送基地建设。

(二) 整合各类资源

鼓励企业加快升级改造步伐和配套协作，采用现代经营理念、管理手段和运作模式，提高冷链物流整体质量与效率。鼓励企业兼并联合，通过企业兼并重组、参股控股、合资合作等方式，整合现有水产品生产、加工、批发市场、冷链物流企业的冷链物流资源。引导传统的冷藏运输企业在整合原有资源基础上，通过并购等形式，拓宽物流服务领域。

(三) 鼓励创新发展

通过技术创新、模式创新的融合，结合“大众创新、万众创业”的时代要求，突破冷链物流关键技术，推动集成、配套的关键技术成果向冷链物流企业转化与应用扩散。鼓励通过引进先进的水产品品控物流技术，保障品质和产品价值。鼓励开展节点技术研究和集成技术创新，形成电商模式下涵盖水产品全产业链的新型冷链物流技术体系。支持高精度移动贮运技术、品控包装技术、物联网技术、检验检测技术构建新型供应链模式，实现全程减少物权转移，减少环境变化。引导企业在产地、销地建设低温保鲜设施，实现产地市场和销地市场冷链物流的高效对接。

（四）加快监管体系建设

针对不同品类的易腐食品，从冷链装备、保鲜工艺、信息技术等方面进行综合数据分析，建立水产品冷链物流数据仓库智能决策系统。建立健全水产冷链物流流通加工、储存、运输、中转等主要环节的监管和追溯体系，重点建设消费端的查询系统，并畅通反馈渠道。在冷链建设重点工程中，同步建设监管和检测设施。依托现有监管和检测资源，进一步提高主要生产基地、加工基地、配送中心、中转中心、进出口口岸的查验和检测能力，提高监管水平，完善追溯体系。

（五）加强组织协调

建立常态化的部门间协调沟通和信息共享机制，形成工作合力。建立发展改革、经信、财政、科技、国土资源、农业、交通、海洋与渔业、商务、供销及相关行业协会、重点企业等部门和单位定期联席工作机制，协调解决冷链物流发展中的突出矛盾和重大问题，研究落实冷链产业发展重大问题，加强冷链物流产业政策与财税、金融、土地、科技等政策的衔接配合，形成有利于促进产业发展的体制机制和服务体系。

六、绩效分析

通过水产品冷链物流体系构建及品控对策研究课题发现的问题和提出解决方案的实施，通过技术创新、模式创新的融合，结合“大众创新、万众创业”的时代要求，突破冷链物流关键技术，推动集成、配套的关键技术成果向冷链物流企业转化与应用扩散。通过研发先进的水产品品控物流技术，保障品质和产品价值。开展节点技术研究和集成技术创新，形成电商模式下涵盖水产品全产业链的新型冷链物流技术体系。支持高精度移动贮运技术、品控包装技术、物联网技术、检验检测技术构建新型供应链模式，实现全程减少物权转移，减少环境变化。引导企业在产地、销地建设低温保鲜设施，实现产地市场和销地市场冷链物流的高效对接。通过水产品冷链物流体系构建及品质控制方案的实施，未来2～3年内有望实现如下目标。

一是培育打造具有国际影响力大型冷链物流企业2～3家，企业具备海链、陆链、多式联运仓干配一体化透明供应链体系。

二是依托大型渔业水产企业、冷链物流企业，打造山东威海等优势区域为一二三产融合、品牌共建海洋渔业国际名城。

三是水产品冷链星级物流企业达到50家以上，单元标准化储运体系初步建成。

四是培育3～5个以水产品上行技术为支撑的电商小镇。通过数据支撑标准，标准支撑品牌，品牌供应链再造海上粮仓和区域经济新优势。此项工作也是促进县域经济、省域经济供给侧改革的思路探索和模式创新，必将对水产品上行，即水产品电子商务的发展产生积极影响，对带动山东区域发展、实现国家战略有着重要意义和作用。

第四章　冷链物流标准体系的构建*

党的十八大以来，国家领导层就标准化工作做出了一系列重要论述。这些重要论述是做好新时期标准化工作的根本依据。

标准化工作是事关经济社会发展全局的战略工程，是实施创新驱动发展战略的内在要求，是实现产业发展规模化、集约化、现代化的重要途径。加强标准化工作，实施标准化战略，是一项重要和紧迫的任务，对经济社会发展具有长远的意义。标准是国际经济科技竞争的“制高点”，是企业、产业、装备走出去的“先手棋”。既要着力提高中国标准水平，增强中国标准硬实力；又要全面谋划和参与国际标准化战略、政策和规则的制定，提高我国在全球经济治理中的制度性话语权。

标准决定质量、标准决定品牌，有什么样的标准就有什么样的质量，只有高标准才有高质量。谁制定标准，谁就拥有话语权；谁掌握标准，谁就占据制高点。针对物流服务业，尤其在冷链物流领域，只有提高全社会、相关产业链条企业的标准化意识，才能开辟了冷链物流标准化工作的新境界。国务院于2015年3月11日出台了《国务院关于印发深化标准化工作改革方案的通知》（国发〔2015〕13号）指出：“当前节能降耗、新型城镇化、信息化和工业化融合、电子商务、商贸物流等领域对标准的需求十分旺盛”。国家标准化管理委员会会同国家发展和改革委员会等15个部门，于2015年7月24日共同印发了《物流标准化中长期发展规划（2015-2020年）》〔国标委服务联（54）号文〕，冷链物流标准体系建设及应用推广工程作为一项重点工程推进，要求结合国家食品药品监管有关规定，开展城乡食品和药品冷链配送服务、温度控制、服务质量及评价等标准的制修订，探索制定食品、鲜活农产品物流环节的安全类强制性标准，研究借鉴国际先进经验，完善我国食品、鲜活农产品冷链运输和运输设备的相关标准，加强冷链运输车辆车型及其安全、环保等方面的技术标准的制修订，推动运输车辆标准化、专业化，探索制定肉类、水产品等农副食品和速冻食品物流环节的安全强制性标准。加强冷链物流标准的培训宣传和推广应用，鼓励企业建设全程温控和可追溯标准体系。

---

* 本章由范志强、张长峰、于怀智、王国利撰写。

随着国民经济的快速发展，人们生活水平逐渐提高，对食品质量的要求也越来越高，尤其对生鲜农产品品质和安全的要求更高。我国是农业生产和消费大国，但不是农业现代化强国，和发达国家相比，我国农业总体水平还是很低。据统计，我国各类易腐食品总产量达8000亿t，成为世界上最大的易腐食品生产和消费国，约占全球产量和消费量的四分之一。

2015年，我国蔬菜产量为77 403.56万t（年度进口总量为27万t，出口数量为1019万t）。2014年度，我国水果产量为26 142万t，禽蛋产量为2893万t，猪肉产量为5571万t，牛肉产量为689万t，羊肉产量为428万t，水产品产量为8481万t，速冻成品产量为528万t，乳制品产量为4500万t。

当前我国需要冷链服务的产品市场，预计总价值超过3万亿元，如果冷链占比按最保守的5%计算，整个冷链流通市场超过1500亿元。如此庞大的产业需求，可以预见冷链的市场发展空间还很大。

我国蔬菜水果、水产品、肉类在采摘、运输、储存等环节因腐损率分别高达30%、15%、12%，损失达千亿之巨。另外，非正式统计约有80%左右的水果、蔬菜、肉类和水产以传统的车厢（常温和保温车）方式进行运输。据中国物流与采购联合会冷链物流专业委员会统计，2015年果蔬、肉类、水产品的冷链流通率已分别达到10%、26%、38%，这些数字虽有所提升，但与欧美发达地区相比还有很大差距，它们的冷链流通率基本都在95%以上。冷链物流成为农产品低损耗流通最为有效的保障手段，农产品冷链物流作为一个庞大而复杂的运作体系，各环节之间紧密关联，更需要一个完备的标准体系来支撑和维护其有序发展。

第一节 冷链物流标准体系建设基本概况

一、农产品冷链物流标准体系构建的必要性

（一）农产品冷链物流的特点

农产品冷链物流在运作过程中表现出以下特点。

（1）高成本性

农产品冷链物流以保证农产品品质为目的，以保持低温环境为核心，其冷链系统比一般常温物流系统要求更高，为保证始终处于规定的低温条件，必须安装温控设备，使用的冷藏车或低温仓库需采用先进的信息系统，所以农产品冷链物流的成本较高。另外，生鲜农产品生产和消费分散，市场供求及价格变化较大，

天气、交通等各种不确定因素较多，容易发生因资产专用性和不确定性造成沉淀成本和机会成本，增加物流链的运作费用。

（2）复杂性

农产品冷链物流的参与者多，物流市场空间范围大，常常形成众多不同类型的物流链条，系统较复杂。另外，农产品在流通过程中，产品品质随着温度和时间的变化而变化，不同产品都必须要有对应的温度和储藏时间，这就大大增加了农产品冷链物流的复杂性。

（3）时效性

生鲜农产品具有难包装、运距短、易腐烂、储藏时间短等特点，这就要求必须在较短的时间内储运及销售。

（4）协调性

由于生鲜果蔬等不易储藏，要求农产品冷链物流必须高效运转，物流过程中的每个环节都必须高度协调，这样才能保证整个链条的稳定运作。此外，还有物流损耗大、市场力量不均衡、农户或个体储运者在物流链中的利益难以得到保障等特点和难点。

（5）信息技术要求高

农产品冷链物流具有精益性和敏捷性的双层特征，既要求着眼于各物流环节综合成本的最小化，又要求物流速度快、市场反应灵敏；而农产品物流体系复杂，参与主体多，信息不对称程度较高；物流过程中需要基于安全性的质量监控或实时跟踪，从而需要高度的信息化技术支撑。

（二）农产品冷链物流标准化的重要性

冷链物流关乎食品和药品的安全，影响国计民生，特别是农产品冷链物流，一头连着农民，一头连着市民。农产品冷链物流如何才能发展得好？离不开冷链设施、冷链技术为基础的支持，设施、技术、规范的更新迭代，需要标准先行！所以冷链物流标准体系的构建是重中之重。

农产品冷链物流标准体系是冷链物流标准化建设的基础，研究和编制冷链物流标准体系是冷链物流标准化的基础性研究工作，也是建立标准化体系的开端。标准体系是描述冷链物流整个范围、规模和应达到标准化程度的工作蓝图。

农产品冷链物流标准体系是冷链产品质量安全的重要保证，冷链物流是一个上下游各环节协同运作的过程，在产品流通的各个环节中，要保证产品质量安全就必须要做到有标可依。目前，我国冷链物流系统企业之间的关系较为松散，缺乏协同合作的意识及依据标准，导致我国冷链物流效率低下，农产品品质安全难以保障。冷链物流标准体系要求各流程之间有标准交接规范，各流程交接的数据标准和流程标准应明确。冷链物流标准体系是指导性的技术文件，标准体系的建立有利于加强冷链物流标准的统一，促进冷链物流标准的协调发展，因此，科学合理的标准体系建设是冷链产业的顶层设计，也是产品质量安全的重要前置条件和保障。

（三）构建农产品冷链物流标准体系的目的

一方面，冷链物流过程需要全程进行温度控制，这是高耗能过程，需要从能源节约的角度制定完善标准体系。另一方面，冷链物流对象产品多为易腐产品，如果过程管理不规范，极易造成产后损耗，造成极大的资源浪费，完善的标准体系可有效减少社会资源的浪费。总而言之，构建农产品冷链物流标准体系的目的是为了减少资源浪费，降低交易、谈判成本，提高运作效率。

二、我国农产品冷链物流标准体系构建的历程

我国农产品冷链物流起步较晚，我国的冷链物流最早产生于20世纪50年代的肉食品外贸出口，因此改装了部分保温车辆，20世纪六七十年代开始在生鲜农产品产后加工、储藏及运输等环节逐步得到应用。20世纪八九十年代我国冷链物流逐渐建立并规范，初步形成了较为完整的冷链物流体系，1982年我国颁布了《食品卫生法》，从而推动了食品冷链的发展，农产品冷链也开始起步。进入21世纪以后，冷链物流在国内和国际贸易量与物流总量的比重大大增加，冷链物流开始向信息化、自动化及智能化方向发展，冷链物流标准处于萌芽阶段。2004年年底，国务院在《中共中央国务院关于进一步加强农村工作提高农业综合生产能力若干政策的意见》中明确提出，各地要加快建设以冷藏和低温仓储运输为主的农产品冷链系统。根据国务院2009年颁布的《物流业调整和振兴规划》要求，2010年发展和改革委员会编制的《农产品冷链物流发展规划》正式发布，在分析我国农产品冷链物流发展现状和问题的基础上，提出了到2015年我国果蔬、肉类、水产品等农产品冷链物流发展的目标、主要任务、重点工程及保障措施。2015年7月，《物流标准化中长期发展规划（2015—2020年）》〔国标委服务联（54）号文〕发布。

三、我国农产品冷链物流标准化体系存在的问题

（一）我国冷链物流标准领域存在空白、交叉重复、矛盾现象

（1）冷链物流标准领域还有很多空白没有填补

目前虽然某些品类或单品的冷链流通规范（要求）已经出台，但相对而言

仍存在很多盲区和空白。一是由于冷链物流涉及品类和环节的复杂多样，系统难度大，冷链追溯难，监管难等问题，一些规范和标准难以落地，既存在“无法可依”的情况，也存在“有法不依，有法难依”的现象；二是我国南北地区温差较大，“南果北运，北粮南送”本身就存在因纬度差异带来的大环境温度变化的问题，很难统一规范；三是从事冷链物流业务的主体劳动力大多为司机、操作工等，专业知识水平不高，不能从一线及时反映出冷链物流的欠缺和不足，以形成标准化公约；四是成型的冷链物流“大数据”还是空白，标准问题一直是制约中外冷链深入合作的重要因素，由于国内冷链标准不完善、水平低，或者有标准无监管，有标准不执行，很多国外品牌宁可自建冷链物流体系，也不寻找国内冷链物流企业合作。

(2）冷链物流标准中存在交叉重复现象

不同地方标准存在交叉重复现象，我国冷链物流标准的制定由各产业技术组织、科研机构、各行业组织协会根据各自特点来制定各自的标准，制定和发布的标准多存在交叉重复现象。例如，上海地方标准《食品冷链物流技术与管理规范》(DB31/T 388—2007)、河北地方标准《食品冷链物流技术与管理规范》（DB13/T 1177—2010）中在食品冷链流程、冷藏储存、批发交易、配送加工和销售终端等流通环节的温度控制上存在重复现象。上海地方标准《食品冷链物流技术与管理规范》(DB31/T 388—2007）和深圳地方标准《食品冷链技术与管理规范》（SZDB/Z 41—2011）中“冷链”“冷冻食品”“冷藏食品”“冷库”“冷藏运输设备”等概念是相同的，在冷藏储存、批发交易等环节中存在交叉重复现象。

不同领域的冷链物流中也存在重复现象，如《水产品冷链物流操作规程》(DB12/T 563—2015）和《果蔬冷链物流操作规程》（DB12/T 561—2015）在货品标识、储存、运输等环节存在重复现象。

国家标准、行业标准和地方标准三者之间关系混乱，标准制定的主体不明确，缺乏协调性，内容上存在一定的重复性。例如，我国标准《畜禽肉冷链运输管理技术规范》(GB/T 28640—2012）中的包装及标识、储存、装卸载、运输环节和天津地方标准《畜禽肉冷链物流操作规程》(DB12/T 562—2015）中货品包装与标识、储存、运输环节及农业行业标准《生鲜畜禽肉冷链物流技术规范》(NY/T 2534—2013）中包装、储存、运输环节和环节内容上存在重复现象，在上述三个标准中这三个环节又贯穿在各个标准中，存在交叉现象。在《畜禽肉冷链物流操作规程》和《生鲜畜禽肉冷链物流技术规范》中冷链物流的概念也存在重复现象。

(3）冷链物流标准中基本术语存在矛盾现象

在已颁布的冷链标准中所涉及的基本术语不统一。如“冷链物流”这一术语，在GB/T 18354-2006中定义为以冷冻工艺为基础、制冷技术为手段，使冷链物品从生产、流通、销售到消费者的各个环节中始终处于规定的温度环境下，以保证冷链物品质量，减少冷链物品损耗的物流活动。在《食品冷链物流技术与管理规范》中定义为，为保持新鲜食品及冷冻食品等的品质，使其从生产到消费的过程中，始终处于低温状态的配有专门设备的物流网络。在《生鲜畜禽肉冷链物流技术规范》中定义为从生产到消费全过程中，产品始终处于低温状态进行生产加工、储运、运输、批发和零售等实体流动的过程。“活动”、“网络”、“过程”，从对“冷链物流”的定位上就没有统一起来。

再如，“冷藏食品”这一术语不同标准中也不统一，在《食品冷链物流技术与管理规范》（DB31/T 388—2007）中冷藏温度要求在7℃以下，而在《食品冷链技术与管理规范》（SZDB/Z 41—2011）中要求中心温度始终维持在8℃以下。

（二）冷链物流标准化推行部门缺少统一性、协调性

冷链物流属于跨部门、跨行业的特殊服务业，冷链物流标准的制定涉及食品生产加工、仓库建设、特种车辆运维、制冷工艺、食品安全、物流操作等多个环节和产业，在统筹工作相对不力的情况下，标准制定、推广、贯彻落实会出现各自为战的局面。现行的标准化体系以部门为主，制约了冷链物流各相关产业标准化之间的统一性和协调性。标准的管理部门除国家统一的标准管理部门外，还有政府和行业的各职能部门，而不同的产业技术组织、科研机构则分散在各个政府部门、各个行业中。部门的分割使得标准运作缺乏协调沟通，标准化技术组织和科研机构按照传统的分工在各自的产业领域进行标准化工作，相互之间难以交流和配合，难以形成完整的体系，这给标准化体系建设带来了许多不利因素。

（三）企业标准化意识淡薄，部分标准推广落实难

当前，企业存在着冷链物流标准意识淡薄的问题。多数中小企业鉴于对成本的衡量及不规范市场环境的考虑，对标准实施应用并不看重。而大部分冷链物流标准多为推荐性标准，不具有强制性，从而在冷链物流行业并不成熟的现实环境下约束力极低，对冷链物流企业指导作用非常有限，导致多数企业对标准的选择和应用极度欠缺。

（四）标准制定缺乏实践经验，对实际运作指导不足

我国冷链物流标准还处于起步阶段，缺乏实际经验和基础研究。由于我国冷链物流相关企业冷链物流标准化工作需求不足，导致企业参与标准起草工作的积极性不高，一定程度上影响了标准的实用性。企业参与标准化工作力度不足，并

未指定对应的企业标准，在标准指定工作中缺乏解决实际问题的方法，实际运作指导性不足，无法针对其发展需求对行业标准化工作提出实用性的意见和建议。

（五）冷链物流设备标准化程度低、结构不合理

我国冷链物流起步较晚，市场需求还没有形成足够的规模，很多冷链物流企业都是从传统物流企业、肉类加工企业转型的中小企业，多数冷库和车辆都是由原来的常规仓库、仓储型仓库和车辆改装的。企业间的设备不能整齐划一，有的企业为追求低成本运作，刻意降低购买设备的成本，造成冷链物流设备远低于大型企业，难以实现行业标准化，无法实行企业标准化规范和管理。此外，我国冷链物流基础设施存在结构不合理，部分冷库扎堆建设，导致资源浪费，如东部地区冷库多中西部地区冷库少，肉类冷库多果蔬气调库少，销地冷库多产地冷库少，冷冻库多冷藏库少等。

（六）国际标准采用比例低

随着经济全球化的发展，我国与世界农业发展更为紧密，农产品冷链物流也面临着全球化的进程。这就要求我国的冷链物流标准具有较强的国际性，与国际冷链标准体系相一致。我国冷链物流起步较晚，在标准的制定中较少考虑与国际标准的接洽。受我国技术、管理水平及经济的制约，我国冷链物流标准体系国际化还有较长的路要走。因此，我国应加强与国外冷链物流标准化机构的合作与交流，积极开展冷链物流标准化领域的国际交流，及时跟踪国际物流标准化动态及技术发展趋势，加大对国际标准化组织制定的国际冷链物流标准和发达国家冷链物流标准的研究力度。借鉴其标准化建设经验，探索适合我国国情的冷链物流标准体系建设新思路。

第二节　星级冷链物流企业标准介绍及评估办法

一、我国冷链物流领域的产业标准

《物流企业冷链服务要求与能力评估指标》（GB/T 31086—2014）国家标准由国家农产品现代物流工程技术研究中心等 8 家国内冷链物流领域知名机构、社会团体和企事业单位历时 4 年时间联合制定，最终于 2014 年 12 月 22 日经国家质量监督检验检疫总局和国家标准化管理委员会联合发布。鉴于《物流企业冷链服务要求与能力评估指标》很强的操作性和指导性，被业界誉为我国冷链物流领

域的第一产业标准，是冷链物流领域从业入门标准。

中国物流与采购联合会冷链物流专业委员会作为国内最权威的冷链物流行业组织，从 2015 年 7 月 1 日开始，在国内冷链物流领域大力推行《物流企业冷链服务要求与能力评估指标》国家标准。冷链物流企业星级评估工作由中国物流与采购联合会牵头负责组织管理，联合国内三十多家省级物流领域行业组织所属的评估机构，根据《物流企业冷链服务要求与能力评估指标》国家标准规定，从组织、设施设备、信息化、人员、流程管理、应急预案、冷链物流辅助服务功能等方面对物流企业的冷链服务能力提出要求。

二、星级冷链物流标准推行的意义及目的

此标准的出台和贯彻，将进一步推动我国冷链物流发展，加快推进冷链物流产业标准化服务体系建设，促进冷链服务的量化管理与评价，进一步提升居民食品安全保障。

《物流企业冷链服务要求与能力评估指标》国家标准作为《物流企业分类与评估指标》（GB/T 19680）的延伸和细分领域的细化完善，主要是评估物流企业的冷链服务能力，验证物流企业的冷链服务基本和必备条件，以作为市场需求寻找冷链物流服务供应商的有效依据。对供需双方而言，一定程度上规避技术和经营风险，节约考察成本，量化服务标准。

《物流企业冷链服务要求与能力评估指标》的宣贯执行将对物流企业从事农产品、食品冷链服务所应满足的基本要求，以及物流企业冷链服务类型、能力级别的划分起到专业指导和引领，适用于物流企业的农产品、食品冷链服务及管理，对规范物流企业冷链服务行为、提高物流企业冷链服务水平具有重要的指导作用。

三、星级冷链物流企业的评估办法

《物流企业冷链服务要求与能力评估指标》明确了冷链物流服务的相关术语和定义，规定了物流企业从事农产品、食品冷链服务所应满足的基本要求，以及物流企业冷链服务类型、能力级别划分及评估指标，作为冷链物流市场对冷链物流企业选择的依据，具有较强的可操作性。

星级冷链物流企业的评估是基于企业自愿、严格执行标准、冷链物流服务特点、公开公平公正原则，从设备设施、管理与服务、信息化水平三个方面对冷链物流企业或物流企业的冷链服务水平进行评估。

对具备冷链服务能力的物流企业，按照其服务能力高低，依据评估结果分为★★★★★级、★★★★级、★★★级、★★级、★级五个等级，五星级最高，依次降低。截至 2016 年 9 月，全国已评出了三批星级物流企业，总计 38 家国家星级冷链物流企业，标志着我国冷链物流领域领军团队正在形成。

四、冷链物流企业星级评估工作流程

1）参评企业必须取得《物流企业分类与评估指标》（GB/T19680—2013）规定的相应资质。

2）参评企业对照《物流企业冷链服务要求与能力评估指标》国家标准中的具体指标进行自检，根据自检结果申报相应等级。

3）从中国物流与采购联合会或其冷链物流专业委员会网站上（网上申报系统建好之前）下载并填写《冷链物流企业星级评估申报表》（简称《申报表》），同时提供相应的附表和附件，详见《申报表》。

4）企业《申报表》及相关材料一式两份，报省（市）冷链评估办进行初审，省（市）冷链评估办初审通过并盖章后，由省（市）冷链评估办转报中物联冷链评估办进行复审（地方冷链评估办自收到企业递交申请之日起十日内完成初审工作并将意见报中物联冷链评估办）；企业所在地尚无评估机构的，直接报送中物联冷链评估办。在初审及复审环节，若各级评估办做出受理申请的决定，则通知申报企业及企业所在地评估机构。对不受理的，应向申报企业说明不受理的原因。

5）在通过复审（初审）流程后，中国物流与采购联合会将对完成上述环节的企业下达现场评估通知书，省（市）冷链评估办根据评估办通知，负责协调组织现场评估工作，评估组由三至四名审核员组成评估组，按照异地评估的原则，评估组负责人由中物联指派。

评估组依据评估计划、评估流程要求对照标准实施评估，对企业申报材料逐项进行核实，评估结束后将现场形成现场评估报告，由评估组组长填写，并由评估组所有成员及企业负责人签字盖章。评估组作为现场评估的第一责任人，必须保证评估的真实性。

6）现场评估结束后，评估报告及现场收集材料由省市评估办统一收集后报中国物流与采购联合会冷链物流专业委员会评估办公室，中国物流与采购联合会冷链物流专业委员会评估办公室对本批次所有通过现场评估的企业进行整理后报中物联冷链委审定，审定结果由中国物流与采购联合会统一在其网站上进行 7 天公示。

7）公示期间没有疑义的，评估结果生效，由中国物流与采购联合会在其官方媒体及报刊上统一发布公告，并在由中物联召开的授牌大会上向获得冷链物流企业星级资质的企业颁发牌匾和证书。

8）复核：冷链物流企业星级评估结果的有效期为3年，有效期届满前半年内由中物联冷链评估办统一组织复核，复核以现场评估为主，按本办法第九条至第十二条办理。

9）晋级：冷链物流企业获得星级资质后，因经营规模扩大、设备设施条件有重大改善的，参评企业可以提出晋级申请，晋级评估按前述程序办理。

10）冷链物流企业星级评估后，若在有效期内发生安全性等问题，视情况而定，中国物流与采购联合会有权力降低其星级等级或取消其星级资质。

第三节　其他冷链物流标准介绍

近年来，随着从国家到地方各环节对物流的重视，物流标准在不断地完善。

2006年12月，商务部办公厅印发了关于《超市食品安全操作规范（试行）》的通知，规定了超市生鲜食品的储存、运输和加工的操作规范。

2007年1月，商务部发布了《国家储备冻肉储存冷库资质条件》行业标准，规定了国家储备冻肉储存冷库的质量管理体系、环境、设施设备、管理、安全、人员及资信等方面的要求。2007年8月，上海市《食品冷链物流技术与管理规范》地方标准规定了食品冷链流程、冷藏储存、批发交易、配送加工和销售终端等流通环节的温度控制、质量卫生管理要求（不包括生产环节）。集贸市场可参考本标准执行。

2008年6月，全国物流标准化技术委员会冷链物流分技术委员会（冷标委）正式成立，该委员会具有标准的管理、规划、组织和审批职能，参与冷链物流标准的制定。

2012年针对冷链物流由西安交通大学、中国物流技术协会、北京邮电大学等8家单位颁布了共同起草的首个国家标准《冷链物流分类与基本要求》（GBT 28577—2012），该标准规定了冷链物流的相关术语和定义、冷链物流分类和冷链物流的基本要求，适用于冷链物流管理。同年，还颁布了《药品冷链物流运作规范》（GB/T 28842—2012）、《食品冷链物流追溯管理要求》（GB/T 28843—2012）、《畜禽肉冷链运输管理技术规范》（GB/T 28640—2012）等关于食品、药品、畜禽肉冷链物流的国家标准。

在政策的大力督导下，我国农产品冷链物流快速发展。但我国农产品冷链物流标准还很不完善。目前发布的冷链物流相关标准有200余项，涉及不同的行业，包括食品（果蔬、花卉、水产品、禽肉、奶及奶制品、速冻食品）、医药（生物制品）、其他产品（感光胶片、化工原料等）。由于标准体系的不具备和标准的匮乏，直接影响了行业规模化、现代化的发展，甚至阻碍了整个产业的进步。农产品冷链物流系统作为一个庞大而复杂的共性连体系，最有效的管理手段之一就是实行标准化。通过标准化来统一和简化每个环节和节点，使得效率更高、成本更优。我国农产品冷链物流虽处于发展初期，但良好的内外部环境及发达国家的经验都让大家认识到，建设农产品冷链物流体系标准化是良好发展的首要环节。

我国农产品冷链物流标准制定工作进程不断加快。2014 年 12 月《物流企业冷链服务要求与能力评估指标》《水产品冷链物流服务规范》两项国家标准正式发布，《食品冷链物流追溯管理要求》国家标准在食品领域开展试点。《物流企业冷链服务要求与能力评估指标》已于 2015 年 7 月 1 日在全国范围正式推广执行。

《鲜活甲壳类海产品冷链运输规范》《肉禽类冷链温控运作规范》两项行标正式立项。《道路运输、食品与生物制品冷藏车安全要求及试验方法》（GB 29753—2013）于 2014 年 7 月开始执行，国家发展和改革委员会等联合出台《关于我国物流业信用体系建设的指导意见》。

2017 年 5 月 9 日，中国物流与采购联合会发布 2017 年第 2 号公告，批准发布团体标准《冷链物流从业人员能力要求》，该标准规定了冷链物流从业人员的考核、评估、聘用、教育和职业培训。标准的发布实施将有助于优化冷链物流人才结构，规范大专院校制定相关课程，为冷链物流从业人员培训提供指导意见。该标准将于 2017 年 6 月 1 日起正式实施。

第四节　冷链物流标准工作展望

一、不断深化标准工作，以构建三大标准体系为顶层设计

自 2015 年以来，从以国家标准化管理委员会、国家发展和改革委员会为代表的标准主管负责部门，到以中国物流与采购联合会冷链物流专业委员会、全国冷冻空调设备标准化技术委员会为代表的行业标准制定协会，再到冷链行业龙头企业和科研院校专家，都在加快冷链空白领域的标准制定，以及整个冷链物流标准体系的完善。从冷链物流的基本分类与要求，到水产、肉类、餐饮、乳制品、海产品，再到冷藏车、冷库、冷藏箱，冷链物流的标准化进程不断加快。

推进标准化物流器具（托盘、包装等）的普及应用，提高物流周转和操作效率，重点深化落实冷链物流既有技术、操作、管理类标准的宣传并贯彻实行，支持

相关行业组织加强行业自律，提升专业服务能力，积极推进《物流企业冷链服务要求与能力评估指标》等优质国家标准的推广和评估工作，积极开展细分品类和环节的标准修制定工作，着力加强电子商务模式下水产品冷链物流标准体系建设，探索制定水产品冷链物流强制标准，推进团体标准制定。例如，依据《托盘标准》等国家标准，推动标准化托盘、包装箱的批量使用，减少流通环节，降低流通成本。

一是联合国内有实力的科研机构或组织，完善和构建冷链物流领域的三大标准体系，即知识标准体系、人才标准体系和产业标准体系。当前看，产业标准体系可以《物流企业冷链服务要求与能力评估指标》及其评估办法作为核心标准建立，人才标准体系可以《冷链物流从业人员职业资质》作为核心标准建立（图 4-1 和图 4-2）。

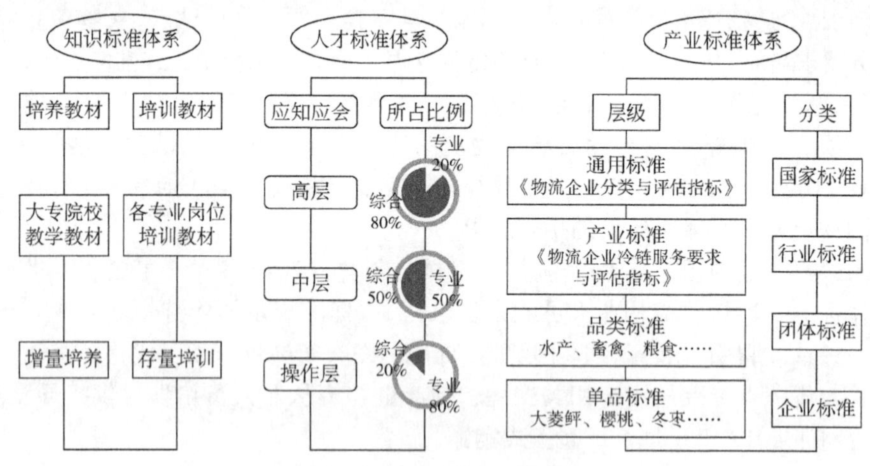

图 4-1　三大标准体系建设架构图

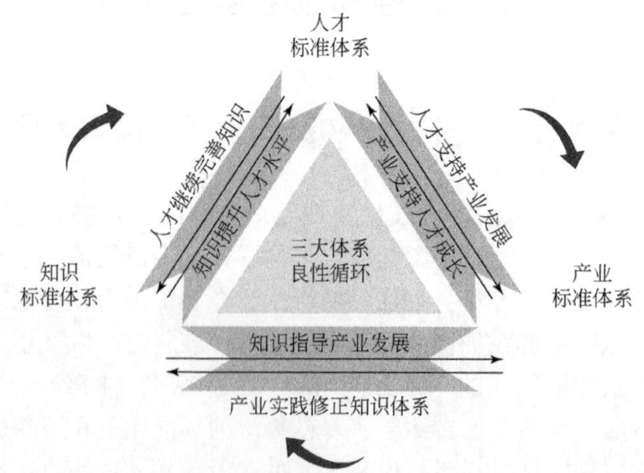

图 4-2　三大标准体系良性循环示意图

二是支持行业协会依据相关国家标准和行业标准开展冷链物流领域行业评估等自律工作，支持优秀企业做大做强，减少劣质服务企业的市场生存空间，营造良好的行业氛围。

三是开展“一仓星带双运星”综合冷链标准体系。通过《物流企业冷链服务要求与能力评估指标》国家标准，全面开展星级冷链物流企业的评估认证，尤其要重视、鼓励和支持较低星级的企业参评。鉴于仓储型企业对运输型企业运力的刚性需求及一定主导权，我们针对仓储型（或冷链食品生产加工）企业，提出对运输车型、运输质量的强制要求，以保证全程品控，所以一个仓储型星级企业必须要求两个或以上运输型星级企业为其服务，才有利于打造冷链物流名牌企业，改善整体冷链运行环境。

四是通过行业组织开展公开评估，深入企业，发现问题，了解企业需求，进而完善标准体系，并对冷链物流知识体系的建设提供一线数据和案例。所以加强水产品冷链物流行业的人才培养，推动高素质人才队伍建设，建立产学研联盟，形成多层次的人才教育、培训体系，也是一件非常紧迫的事情。

二、亟须建立适应电子商务模式的农产品冷链物流标准体系

现代新型农产品流通模式为农产品电子商务，农产品电子商务是冷链行业发展的一大亮点。农产品电子商务的蓬勃发展使得各种生鲜电商如雨后春笋般出现，但据统计有99%的生鲜电商都在亏损。主要原因是冷链设施的购置、全程冷链的设计与配送、消费者理念的培育都需要大量成本的投入，另外，还有未成熟的冷链仓储及配送条件，专业冷链第三方企业缺乏以及电商模式下农产品冷链物流标准不健全，快件在装载时不加分区进行混装，所以“一双鞋也能毒死人”，这严重制约生鲜农产品的安全性。因此亟待建立相关装载的标准，哪些可以混装，哪些不能，哪些在上，哪些在下等，这都需要逐步规范。面对当前生鲜电商的火热和国家对冷链物流产业的空前重视，亟须面向需求，建立电子商务模式下农产品冷链物流标准体系。

三、探索农产品冷链物流强制标准，推动团体标准制定与推广应用

对食品及食品流通企业而言，在经济下行和最严监管力度的双重压力下，一方面是运用互联网、大数据、云计算等信息技术，加快企业两化融合建设，逐步实现对生产、流通、消费全过程关键信息的采集、管理和监控，提高企业各个环节的管理效率和效能；另一方面则是实施标准化战略，鼓励企业采用国际国内先

进标准（国际标准、国家标准、行业标准、地方标准、团体标准、企业标准），开展质量标准体系的认证，提高产品、服务的档次和层次。

国家领导层提出今后标准将严格界定标准的层级，控制国家标准和行业标准的数量，对涉及健康、安全、环保制定强制性的国家标准，由协会等依据市场需求制定团体标准，让标准真正解决现实问题。2016 年，中央一号文件《中共中央国务院关于落实发展新理念加快农业现代化实现全面小康目标的若干意见》指出要完善冷链物流体系，开展冷链标准化示范工作。相对于国家标准、行业标准、地方标准、企业标准，人们对团体标准这个概念还稍显陌生，但标志着我国标准工作市场化改革拉开了序幕。团体标准作为市场协同类标准要发挥协同作用，第三方机构有着天然的协同优势，协会等社会组织是制定市场协同类标准的主体。市场协同类的团体标准缘于利益协同而制定，利益共同体共同遵守。尤其在农产品冷链物流行业中，企业的利益关系到其发展前景，团体标准是利益的驱动，局部的、可以竞争的、自愿的、满足于一个局部群体的需要。尝试农产品冷链物流团体标准的制定，有利于提升利益共同体的利益，提升其工作效率，有利于朝着市场导向发展。

四、支持冷链相关标准化工作机构的建立

《物流标准化中长期发展规划（2015—2020 年）》中要求“着力提升物流标准的适用性，强化普及应用，加强实施信息反馈、效果评估和监督管理，创新实施推广模式”，并将“冷链物流标准体系建设及应用推广工程”作为一项重点工程来推动。为深入实施标准化战略，充分发挥标准化在自主创新、产业竞争和国际贸易中的重要技术支撑作用，鼓励和引导有关企业、事业、社团等单位积极开展标准化工作，推动全省经济社会又好又快发展，结合部分地市冷链物流资源丰富、水产品贸易产业规模大等地域性产业特色，可以探索成立“水产冷链物流工作组”。

中长期看，工作组的成立有利于地区产业结构的调整和转型升级，工作组可以在生鲜食品流通、冷链物流、农产品物流、水产品物流等专业领域开展标准化推动工作，为解决多边贸易摩擦提供技术支持，降低商贸活动的谈判、贸易成本，为“大众创业，万众创新”提供技术保障。

五、通过标准化，促进品牌化

在供应链上下游推行标准化工作，引导和扶持我国食品、农产品领域生产企

业和流通企业打造共生品牌，好的食品原材料，好的加工工艺，如果没有全程冷链保障，到消费者手里都是零。因此鼓励生产加工企业选择星级冷链物流企业，就像麦当劳四十多年来一直选择夏晖物流一样，愿意为高品质物流服务支付高成本，看似在流通环节支出较大，但是却保障了食品优质，保证了市场占有率，在实行“品牌化”的战略道路上，最终保障的是企业的利益最大化。

冷链物流的标准化体系建设是一个中长期的工作，不是一朝一夕之事，同时还要与时俱进不断引进新技术，适应新形势，不断改进完善既有标准，建立健全新标准。这样做只有一个目的，那就是帮助企业利用冷链标准体系，以较少的能源消耗，较低的谈判成本、操作成本，较流畅的操作流程、交接过程，最大限度地维持农产品、食品、药品等冷链物品的品质，最大限度地保障人民群众食品安全和药品安全。

第五节　冷链物流四大工程与示范省标准体系建设探索

一、标准化支持冷链物流领域四大工程建设

商务部《关于做好中央冷链物流和重要产品追溯体系建设示范项目申报工作的通知》中在支持冷链物流发展方面提出四个主要任务与工程。其中第二项专门对冷链物流标准化建设提出明确要求：推动冷链物流标准化建设，促进标准推广应用。完善冷链物流标准体系，推动标准更新，弥补标准体系短板，形成“不断链”的冷链物流整合性标准体系。支持相关企业实施冷链物流标准，规范冷链物流操作和管理，提高流通标准化水平。支持冷链设施标准化改造，促进冷链物流运输标准化器具使用，降低流通损耗，提高流通效率。由此可见，冷链物流标准化的重要程度。

另外的其他三项分别对冷链物流信息化体系建设、冷链物流硬件和冷链物流从业人员素质三个方面提出了支持方向。冷链物流的信息平台建设、数据统计口径、设施利用率和流通效率方面都离不开统一标准；基础设施的标准化在“产-加-储-运-消-销”六大环节的实物交接方面也非常关键，如果冷库封闭式交接货通道、月台、货架标准化都不标准，将大大降低流通效率；冷链人才方面正如前面章节所讲，没有专业教材，更没有专业人才，没有相对标准化的冷链物流知识架构、知识点和知识体系，无法输送标准化的冷链人才。

这四大工程的提出，对冷链领域的标准化体系也给出了四大方向性指引，值得深入研究与推进。

二、《关于加快发展冷链物流保障食品安全促进消费升级的意见》中对标准化的要求

2017 年 4 月，国务院办公厅《关于加快发展冷链物流保障食品安全促进消费升级的意见》(国办发〔2017〕29 号) 出台，此文件涉及部门广，支持力度空前，且有很强的操作性。第二章重点讲述了《健全冷链物流标准和服务规范体系》，要求按照科学合理、便于操作的原则系统梳理和修订完善现行冷链物流各类标准，加强不同标准间以及与国际标准的衔接，科学确定冷藏温度带标准，形成覆盖全链条的冷链物流技术标准和温度控制要求。

依据食品安全法、农产品质量安全法和标准化法，率先研究制定对鲜肉、水产品、乳及乳制品、冷冻食品等易腐食品温度控制的强制性标准并尽快实施。积极发挥行业协会和骨干龙头企业作用，大力发展团体标准，并将部分具有推广价值的标准上升为国家或行业标准。鼓励大型商贸流通、农产品加工等企业制定高于国家和行业标准的企业标准。研究发布冷藏运输车辆温度监测装置技术标准和检验方法，在相关国家标准修订中明确冷藏运输车辆温度监测装置要求，为冷藏运输车辆的温度监测性能评测和检验提供依据。针对重要管理环节研究建立冷链物流服务管理规范。建立冷链物流全程温度记录制度，相关记录保存时间要超过产品保质期六个月以上。组织开展冷链物流企业标准化示范工程，加强冷链物流标准宣传和推广实施。中国重型汽车集团和中国物流与采购联合会冷链物流专业委员会研究院在本领域密切合作，已取得了初步成果。

三、冷链物流标准化建设的山东模式

山东是食品和农产品出口大省，加快推进我省冷链物流标准体系建设，对山东省转型升级提质增效、海上粮仓、食安山东、农村电商等新战略新经济发展，都有着重要的推动作用。山东省在以下方面做了积极探索，并取得一定效果。

1. 开展“一仓星带二运星”星级冷链企业评估

据相关行业协会掌握的资料显示，一个星级冷链仓储型企业有很多货运企业为其园区提供运输和配送服务，所以我们要继续大力开展《物流企业冷链服务要求与能力评估指标》(GB/T 31086—2014) 的宣贯工作，着力推进国家星级冷链物流企业评估工作，推进“一仓星带二运星”的评估体系构建。摸清冷链领域冷库的存量资源和他们的分布运营情况，支持仓储型企业对运输型企业（或自有

运输车队）提出用车标准、服务标准和数据对接要求，实现产业倒逼升级。

2. 搭建冷产、冷储、冷运、冷销各环节三次产业融合标准化体系

冷链的断链问题一直困扰业界，归根结底，就是“实物交接和数据交接”的流程标准体系建设滞后。目前的冷储管理环节是比较规范的，干线冷链运输也以其高效、快捷、低价形成了市场需求，在冷销环节上传统商贸物流的商超和零售终端只有少数冷柜装有实施温度检测系统。山东省目前正是通过部分冷库、部分车辆和部分商超的冷柜实施温度的在线化监控，搞示范建设工程，把模式路径打通，把冷链三网数据标准链体系建立起来。与中物联冷链委紧密合作，通过数据采集和云平台建设，打造“链库、链车、链柜”冷三网平台，同时考虑与商务部全国资源和地方城市、企业资源对接兼容性、数据接口、异构模式等软硬件兼容的标准建设问题。

3. 电商与物流两大行业的融合推进

电商冷链物流与传统物流有着较大差别，其中多品类、多批次、小批量、快速度跨时空的 B2C、C2C 特点，就是与传统冷链物流的最大差别。鉴于电商冷链领域温控物流品控大数据缺失、标准化滞后的情况，国家农产品现代物流工程技术研究中心提出了“时空”概念，并且深入研究“3T 指数”、农产品上行“最先一公里”和下行“最后一公里”、数据交接等问题。加大科技投入，解决三产融合中，接二连三、隔二连三，接二连一、隔二连一电商业态的关键技术集成和瓶颈制约。推进“2623”工程建设，形成数据支撑标准，标准支撑品牌，品牌支撑供应链体系的良性循环。

此外，鲁商集团加大科技创新力度，开展分类农产品、食品物流品质劣变规律等方面的基础研究，加强冷链物流过程品质劣变控制技术工艺、智能监控、信息数据管理、绿色包装、节能环保冷链运输工具和先进陈列销售设备等集成技术的研发。重点加快节能环保冷库、先进的航空冷藏设备技术、铁路冷藏设备的自主研发，集中研制新型高效节能的分级预冷装备、大容量冷却冷冻机械、移动式果蔬预冷装置、新型环保安全制冷剂制冷装置、专用保温厢、质量安全追溯装置、新型蓄冷材料等。加大科技成果转化力度和先进装备的推广，提升全行业的设施设备和集成技术水平。为冷链行业各业态发展提供技术支撑。

4. 山东“海上粮仓”战略催生水产冷链类新兴产业快速发展

山东省人民政府办公厅于 2014 年底出台了《关于推进“海上粮仓”建设的实施意见》（鲁政办发〔2014〕49 号）。“海上粮仓计划”拟建设全国优质高端

水产品生产供应区、渔业转型升级先行区、渔业科技创新先导区、渔业生态文明示范区，对水产冷链物流提出了要求，鉴于水产品对冷链物流的刚性需求，以双“三同”、双追溯，“海链”与“陆链”对接为重点的冷链物流企业的标准化和品牌打造，对支持海上粮仓建设，将起到重要作用，力求打造山东经济发展新动能，缩短动能转换的换挡期。

5. 开展复合型人才培养培训工程

山东省商务部门非常重视冷链物流人才培养。支持高等院校设置冷链物流相关学科专业和教材编纂，发展职业教育和继续教育，形成多层次的人才教育、培训体系，推动人才队伍建设。强化人才交流，坚持“引进来”和“送出去”相结合，鼓励相关行业协会、企业引进市场急需的冷链物流专业人才，引导企业员工到高等院校进行职业再教育。2017 年，山东省商务厅通过政府购买服务方式确定由山东省物流与采购协会实施“山东省冷链物流人才培训项目”，面向全省冷链物流行业及相关从业人员开展总规模 500 人的专业培训。培训共分四期举办，在济南、潍坊、菏泽、威海四市分片区实施，采取理论和实操相结合方式开展。此轮培训对示范省建设的人才支持将起到重要作用。

参考文献

白硕 . 2004. 科技促进农民收入持续增加的障碍与对策研究 . 农业技术经济，(2)：34-37.

曹荣，薛长湖，刘淇，等 . 2008. 一种复合型生物保鲜剂在牡蛎保鲜中的应用研究 . 食品科学，29（11）：653-655.

陈绍慧 . 2010. 生鲜农产品（FAP）供应链时空运行优化的研究 . 武汉：华中科技大学出版社 .

陈舜胜，彭云生，严伯奋 . 2001. 溶菌酶复合保鲜剂对水产品的保鲜作用 . 水产学报，25（3）：254-259.

丁永军，杨信廷，张景春，等 . 2008. 用于农产品质量追溯系统的汉信码编译码引擎 . 农业工程学报，24（增刊 2）：161-165.

顿珠次仁 . 2010. 磁场和冷冻作用对水团簇特性及 Cu（Ⅱ）跨膜行为的影响研究 . 天津：天津大学硕士学位论文 .

付雄新，周受钦，谢小鹏 . 2010. 农产品物流运输装备智能监测与跟踪技术 . 农机化研究，32（8）：166-169.

郭斌，钱建平，张太红，等 . 2011. 基于 Zigbee 的果蔬冷链配送环境信息采集系统 . 农业工程学报，27（6）：208-213.

韩利英，张慜 . 2009. 鲫鱼保活条件对存活率的影响 . 食品与生物技术学报，28（5）：642-646 .

胡定寰，杨伟民 . 2001. 论科技创新在“农超对接”中的作用机理 . 理论研究，(8)：48-50.

胡位荣，张昭其，蒋跃明，等 . 2005. 采后荔枝冰温贮藏的适宜参数研究 . 中国农业科学，38（4）：797-802.

季缃绮，王国利 . 2009. 物流产业最需要振兴的是什么——论科技在物流业发展中的作用 . 中国商贸，29：133-134.

姜沛宏，张玉华，陈东杰，等 . 2016. 基于多源感知信息融合的牛肉新鲜度分级检测，食品科学，37（6）：161-165.

姜沛宏，张玉华，钱乃余，等 . 2015. 基于机器视觉技术的肉新鲜度分级方法研究 . 食品科技，40（3）：296-300.

靳兰香，李明泉 . 2008. 现代物流理论与实践研究 . 北京：中国商业出版社 .

匡勇，张晨 . 2008. 国内外冷链物流的发展现状比较研究 . 科技和产业，8（8）：47-52.

李桂峰 . 2008. 苹果果肉褐变机理和近红外无损检测技术研究 . 杨凌：西北农林科技大学博士学位论文 .

李军民，朱有志，唐浩. 2007. 国外农业产业链运作经验对中国的启示. 世界农业，(2)：22-24.

李莉，田士林. 2006. 1-MCP对苹果梨采后生理效应和品质的影响. 福建林业科技，33 (4)：156-158.

李淼，郁丽丽，张艺宝，等. 2014. 三种不同冷冻保护剂对小鼠附睾冷冻效果的比较. 中国实验动物学报，22 (2)：62-65.

李云飞. 2008. 食品高压冷冻技术研究进展. 吉林农业大学学报，30 (4)：590-595.

李志文，张平，王罡，等. 2012. 1-MCP处理对乍娜葡萄常温货架期保鲜效果的研究. 保鲜与加工，12 (3)：6-10.

梁伟军. 2010. 我国现代农业发展的路径分析：一个产业融合理论的解释框架. 求实，(3)：69-73.

凌宁波，朱凤荣. 2006. 构建由超市主导的生鲜农产品供应链. 农村经济，(7)：116-118.

刘璐，岳峻，张健，等. 2010. 水产品冷链管理决策模型的构建. 农业工程学报，26 (8)：379-384.

马亚红，钟力生，胡慧玉，等. 2012. 交变电场作用下离子碰撞对NaCl溶液冰晶结构的影响. 低温工程，(6)：14-17.

马亚红，钟力生，胡慧玉. 2012. 电场对低温保存生物组织介电特性影响的研究. 绝缘材料，45 (5)：49-52.

马亚红，钟力生，胡慧玉. 2012. 交变电场对鸡血红细胞悬液低温保存特性的影响. 低温工程，(2)：22-25.

牛尚. 2011. 构建绿色循环产业链解决食品安全难题. 中国畜牧兽医报，(14)：24.

钱建平，杨信廷，李明，等. 2009. 以PDA为终端的便携式农产品智能配送系统. 农业工程学报，25 (增刊2)：298-302.

宋燕平. 2007. 农业产业链的技术创新特征研究. 物流技术与应用，27 (15)：85-87.

孙传恒，刘学馨，丁永军，等. 2010. 基于嵌入式Linux技术的农产品流通追溯系统设计与实现. 农业工程学报，26 (4)：208-214.

孙伟，徐晓斌，徐传骧. 2007. 静电场作用下H_2O偶极极化对冰晶形成过程的影响. 西安交通大学学报，41 (2)：232-235.

孙伟，徐晓斌，张宏，等. 2007. 交变电场作用下离子扰动对$KMnO_4$水溶液相变过程的影响. 西安交通大学学报，41 (10)：1233-1241.

孙耀吾，杨智. 2001. 论绿色农业产业化的主体. 财经理论与实践，22 (5)：7-9.

孙永海，赵锡维，鲜于建川. 2004. 基于计算机视觉的冷却牛肉新鲜度评价方法. 农业机械学报，35 (1)：104~107.

陶斐斐，王伟，李永玉，等. 2010. 冷却猪肉表面菌落总数的快速无损检测方法研究. 光谱学与光谱分析，30 (12)：3405~3409.

万新民. 2010. 基于近红外光谱分析技术和计算机视觉技术的猪肉品质检测的研究. 南京：江

苏大学硕士学位论文.
汪定伟，王俊伟，王洪峰，等.2006. 智能优化方法. 北京：高等教育出版社.
汪庭满，张小栓，陈炜，等.2011. 基于无线射频识别技术的罗非鱼冷链物流温度监控系统. 农业工程学报，27（9）：141-146.
汪之和，张饮江，李勇军.2001. 水产品保活运输技术. 渔业现代化，(2)：31-37.
王凯.2004. 加强我国农业产业链管理的战略思考. 科技与经济，17（1）：52-55.
王凯.2004. 中国农业产业链管理的理论与实践研究. 北京：中国农业出版社.
王琦.2013. 冰温保鲜技术的发展与研究. 食品研究与开发，34（12）：131-132.
王强，段玉权，詹斌，等.2008. 国外冷链物流发展的主要做法与经验. 经济问题探索，12（2）：89-91.
王伟，彭彦昆，张晓莉，等.2010. 基于高光谱成像的生鲜猪肉细菌总数预测建模方法研究. 光谱学与光谱分析，30（2）：411～415.
邢斌，杨信廷，钱建平，等.2011. 基于遗传算法的规则包装农产品三维装箱模型. 农业工程学报，27（8）：237-241.
徐国胜.2013. 不同冷冻保护剂对-80 ℃冰箱冷冻保存血小板效果分析. 中外医学研究，11（19）：144-145.
徐焕良，陆荣和，彭增起，等.2007. 基于产品生命周期管理的肉品车间生产跟踪及追溯体系研究. 农业工程学报，23（12）：161-166.
徐军.2006. 磁场发生装置的制作和低频磁场对生理盐水冰晶生长影响的研究. 镇江：江苏大学硕士学位论文.
杨士章，徐春仲.1996. 果蔬贮藏保鲜加工大全. 北京：中国农业出版社.
张辉玲，胡位荣，庞学群，等.2006. 冰温与 SO_2 缓释剂对龙眼贮藏的影响. 园艺学报，33（6）：1325-1328.
张利庠，张喜才.2007. 我国现代农业产业链整合研究. 教学与研究，V（10）：14-19.
张晓磊，庞广昌，Zhang X L. 2009. 冬眠技术在鲜活水产品和禽畜运输领域的应用及发展趋势. 食品科学，30（19）：331-334.
张玉华，孟一，姜沛宏，等.2015. 近红外技术对不同动物来源肉掺假的检测. 食品工业科技，36（3）：316-319.
张玉华，吴升刚，孟一，等.2015. 鸡肉品质劣变的电子鼻分析. 食品工业科技，36（14）：53-56.
张云华，杨晓艳，孔祥智，等.2004. 发展绿色农业技术面临的难题与出路. 生态经济，(s1)：216-218.
周子鹏.2013. 弱磁场对食品冻结过程影响的研究. 济南：山东大学硕士学位论文.
Acton E, Morris G J. 1992. Method and apparatus for the control of solidification in liquids: United States, WO 99/20420.
Artes F, Martinez J A. 1995. Effects of vacuum cooling and packaging films on the shelf life of salinas

lettuce. Paris : Proceeding of international conference on refrigeration and quality of fresh vegetables.

Artes F, Martinez J A. 1996. Influence of packaging treatments on the keeping quality of salinas lettuce. Lebensmittel Wissenschaft and Technologies, (29): 664-668.

Barbrin E L, Llobet E, Barin E L, et al. 2008. Electronic nose based on metal oxide semiconductor sensors as an alternative technique for the spoilage classification of red meat. Sensors, 8 (1): 142-156.

Chow R, Blindt R. , Chivers R. , et al. 2003. The sonocrystallisation of ice in sucrose solutions: primary and secondary nucleation. Ultrasonics, (41): 595-604.

Chow R. , Blindt R. , Chivers R. , et al. 2005. A study on the primary and secondary nucleation of ice by power ultrasound. Ultrasonics, (43): 227-230.

Desmond E M. , Kenny T A, Ward P, et al. 2000. Effect of rapid and conventional cooling methods on the quality of cooked ham joints Meat Science, (56): 271-277.

Ellis D I, Broadhurst D, Kell D B, et al. 2002. Rapid and Quantitative Detection of the Microbial Spoilage of Meat by Fourier Transform Infrared Spectroscopy and Machine Learning. Applied and Environmental Microbilogy, 68 (6): 2822 ~ 2828.

Everington D W. 1993. Vacuum technology for food processing//Turner A. Food technology international Europe. London: Sterling Publications Ltd.

Fernάndez P P, Otero L, Guigno B, et al. 2006. High- pressure shift freezing versus high- pressure assisted freezing: Effects on the microstructure of a food model. Food Hydrocolloids, 20 (4): 510-522.

Fujisaki Y, Amano M. 2007. Core unit for refrigeration unit and refrigeration unit including the core unit: United States, US20090199570A1.

Gunter A. 1983. Hofmann. Deactivation of microorganisms by an oscillating magnetic field: United States, US4524079.

Guo G Q. 2001. How Green Products Are Accepted by Different Consumer Group in China . USA-China Business Review, 12: 65-69.

Hanyu Y, Ichikawa M. , Matsumoto G. 1992. An improved Cryofixation method - Cryoquenching of small tissue Blocksduring microwave irradiation. Journal of Microscopy-Oxford, (165): 255-271.

Hofman W J, Trienekens J H, Zuurbier P J P. 2001. Information and Communication Technology (ICT) for Food and Agribusiness. Chainman agement in agribusiness and the food industry, Proceedings of the Fourth International on Ference.

Houska M, Sun D W, Landfeld A, et al. 2003. Experimental study of vacuum cooling of cooked beef in soup. Journal of Food Engineering, (59): 105-110.

Houska M. , Landfeld A, Sun D W, et al. 2002. Mathematical modelling of vacuum cooling of beef. Prague : In Proceedings of the 15th international congress of chemical and process engineering.

Houska M. , Podloucky S, Zitny R. , et al. 1996. Mathematical model of the vacuum cooling of liquids. Journal of Food Engineering, (29): 333-348.

Inada T, Zhang X, Yabe A, et al. 2001. Active control of phase change from supercooled water to ice by ultrasonic vibration 1. Control of freezing temperature. International Journal of Heat and Mass Transfer, (44): 4523-4531.

Jackson T H, Ungan A. , Critser J K. , et al. 1997. Novel microwave technology for cryopreservation of biomaterials by suppression of apparent ice formation. Cryobiology, (34): 363-372.

James S J. 1997. Secondary chilling of meat and meat products// Meat refrigeration—why and how? UK: University of Bristol.

Leroy B, Lambotte S, Dotreppe O, et al. 2004. Prediction of technological and organoleptic properties of beef Longissimus thoracis from near- infrared reflectance and transmission spectra [J] . Meat Science, 66 (1): 45-54.

Lévy J, Dumay E, Kolodziejczyk E, et al. 1999. Freezing kinetics of a model oil- in- water emulsion under high pressure or by pressure release. Impact on ice crystals and oil droplets. Food Science And Technology- Lebensmittel- Wissenschaft & Technologie, 32 (7): 396-405.

Mbarki R, Sadok S, Barkallah I. 2009. Quality changes of the Mediterranean horse macherel (Thachurus mediterraneus) during chilled storage: The effect of low- dose gamma irradiation [J]. Radiation Physics and Chemistry, 78: 288-292.

McDonald K, Sun D W, Kenny T. 2001 . The effect of injection level on the quality of a rapid vacuum cooled cooked beef product. Journal of Food Engineering, (47): 139-147.

McDonald K, Sun D W. 2000. Vacuum cooling technology for the food processing industry: A review. Journal of Food Engineering, (45): 55-65.

Mohan C O, Ravishankar C N, Srinivasa Gopal T K, et al. 2009. Biogenic amines formation in seer fish (Scomberomorus commerson) steaks packed with O_2 scavenger during chilled storage [J]. Food Res Internat, 42: 411-416.

Owada N, Kurita S. 1999. Super- quick freezing method and apparatus therefor: United States, US6250087B1.

Park B, Windham W R, Lawrence K C, et al. 2002. Proceedings of SPIE, 4816: 308.

Riach G. 1993. Magnetic apparatus and method for extending the shelf life of food products: United States, US005527105A.

Sun D W. 1999. Effect of pre- wetting on weight loss and cooling times of vegetables during vacuum cooling: United States, US996119.

Sun D W, Wang L J. 2000. Heat transfer characteristics of cooked meats using different cooling methods. International Journal of Refrigeration, 23 (7): 508-516.

Sun D W. 2000. Experimental research on vacuum rapid cooling of vegetables // Advances in the refrigeration systems, food technologies and cold chain. Paris: International Institute of Refrigeration.

Wang L J, Sun D W. 2001 . Rapid cooling of porous and moisture foods by using vacuum cooling technology. Trends in Food Science & Technology, 12 (5-6): 174-184.

Wang L J, Sun D W. 2002. Modelling vacuum cooling process of cooked meat part 1: Analysis of vacuum cooling system. International Journal of Refrigeration, (25): 854-861.

Wang L J, Sun D W. 2002. Modelling vacuum cooling process of cooked meat part 2: Mass and heat transfer of cooked meat under vacuum pressure. International Journal of Refrigeration, (25): 862-871.

Zhang X, Inada T, Yabe A, et al. 2001. Active control of phase change from supercooled water to ice by ultrasonic vibration 2. Generation of ice slurries and effect of bubble nuclei. International Journal of Heat and Mass Transfer, (44): 4533-4539.

Zhang Z H, Sun D W. 2003. Temperature and weight loss profiles of vacuum cooling of sliced cooked carrot. Washington D C : Proceeding of the 21st IIR international congress of refrigeration.

Zhang Z H, Sun D W. 2004. Effects of cooling methods on cooling efficiency and quality of cooked rice. Montpellier: In Proceedings of the ICEF 9—9th international congress on engineering and food.

Zheng L Y, Sun D W. 2004. Vacuum cooling for the food industry—a review of recent research advances. Trends in FoodScience & Technology, 15 (12): 555-568.

跋

当前，我国正处于经济增速趋缓、结构调整、动能转换的重要拐点。同时也是人民群众对食品安全与质量要求更高，消费全面升级的重要阶段。发展互联网+高效供应链是扩大总需求、推进供给侧结构性改革的重要举措。伴随经济全球化，物流互联互通的国际化和物流服务的共享化，市场和各业态对产品生产和移动价值的实现产生了更加精细、个性化和集成化的技术、模式需求。而且发展模式并不仅仅局限于一个企业、一个地区或一个国家，技术和模式创新也不限于某个学科和专业。企业和业态间的竞争已经上升到供应链与供应链之间智慧化、透明化、共享化的包容性竞争。物流领域的政、产、学、研、用，产、加、储、运、销（消），进入了一个社会科学和自然科学大协同、大集成的宽领域创新时代。新模式、新技术加快了新业态、新产业再造，新业态、新产业供应链管理和技术需求也发生很大的变化，也给供应链升级提供了新的支撑和创新空间。新经济的物流短板绝不是仅是价格和规模竞争的能补齐的，单纯靠价格和低质量规模竞争的时代逐渐远去。国内外产业的实践已证明，供应链是管理，也是一种业态，发展供应链是与新经济发展最匹配的新业态和新模式。农产品供应链集成技术是新业态、新模式发展的重要支撑。未来，企业和区域经济的竞争，一定是打造优质供应链生态圈竞争。我们这支科技与产业紧密融合“特混舰队”，将根据新经济的风向标，驶向构建以数据、标准、品牌为基础；以道德、法律、科技为支撑；以安全与品质生产、消费为目标的农产品产销透明供应链生态圈的彼岸。

国家冷链食品产业技术创新联盟理事长 陈昆松

2017年7月17日